사랑, 은혜, 그리고 믿음

성경 속 여백 여행

이종구 지음

쿰란출판사

이 책을 ______________님에게 드립니다.

추천의 글

글과 말은 인간의 의사소통에 있어서 가장 비중이 큰 매체이다. 이와 관련해서 우리는 사람을 네 종류로 분류할 수 있다. 첫째는 말을 하는 사람, 둘째는 이 말을 문자화(文字化)하는 기록자, 셋째는 쓰여진 글을 읽는 사람, 넷째는 쓰지도 읽지도 않는 사람이다. 첫째는 학자, 스승, 지도자이며, 둘째는 저술가요, 셋째는 독자요, 넷째는 문맹자이다.

이 책의 저자 이종구 목사님은 목회자로서 바쁜 시간을 쪼개어 가르치고 글을 쓰는, 첫째와 둘째 부류에 속하는 부지런한 분이다. 그는 대학과 대학원에서 철학을 전공한 후 뒤늦게 하나님의 부르심을 받고 신학을 공부한 뒤 목사로 임직하여 개척교회에 심혈을 기울임과 동시에 크리스찬 신문에 오랫동안 글을 기고해 캐나다 지역사회와 문화에 크게 기여해 오고 있다.

그의 주옥 같은 글들이 모여서 지난 2008년에 《인생은 사랑하기에도 짧은 시간입니다》라는 책이 출판되었다. 이 책이 독자들의 찬사 속에 완판된 뒤, 이번에 두 번째 책 《성경 속 여백 여행》이 빛을 보게 되었다.

먼저 저자의 줄기찬 노력과 끈기 있는 저술 활동에 찬사를 보낸다. 일반 대학과 대학원에서 철학을, 그리고 신학대학원에서 신학을 전공한 저자의 해박한 지식으로 두 분야의 가교 역할을 한 이 책은 철

학적 깊이와 심원한 기독교 진리를 가장 평이하고 알기 쉬운 표현을 통해 독자의 마음을 사로잡는다. 어려운 세상을 지혜롭게 살아온 많은 경험의 풍부한 내용, 그리고 번뜩이는 유머감각 또한 누구나 이 책에서 끝까지 눈을 떼지 못하게 한다.

저자는 예리한 분석, 관조자의 눈, 번뜩이는 아이디어, 새 시대를 직시하는 패러다임, 그리고 깊은 신앙심을 이 책에 모아 놓았다. 그러므로 신자(信者)나 불신자(不信者) 간에 누구나 부담 없이 진리의 광맥을 찾아 접할 수 있다.

내가 신학교에서 교수로 있을 때 신학생인 저자 이 목사님을 만나 지금도 옛 정을 잊지 않고 교류하고 있다. 이해가 상반되면 등을 돌리는 냉혹한 사회에서도 언제나 한결같은, 이처럼 귀한 교제 또한 잊을 수 없다.

이 책이 피곤한 인생길을 걷는 사람들에게 깊은 신앙심과 인간애(人間愛)의 오아시스에서 휴식을 취하는 일에 보탬이 될 것이라 확신하기에 주저없이 추천한다.

시애틀에서

김철환 목사

책머리에

흔히 이런 이야기를 한다.

"만약 클레오파트라의 코가 1센티미터만 낮았어도 세계 역사가 달라졌을 것이다."

"만약 고구려가 삼국 통일을 했다면, 지금 우리나라는 세계 최강국이 되었을 것이다."

사실 역사를 가정한다는 것은 큰 의미가 없다.

그런데 만약 성경 속의 이야기가 조금 달라졌다면 어떻게 결과가 나타났을까? 그리고 성경에 미처 기록하지 못한 이야기를 다 기록하였다면 어떤 말씀이었을까?

이런 궁금증이 어느 날 머릿속을 맴돌았다. 그러나 그것은 흔히 역사를 가정해서 돌아보는 것과 같은 흥미 위주의 가벼운 생각과는 다르다. 왜냐하면 성경은 박제(剝製)된 역사의 기록이 아니요, 지금도 살아서 우리의 생각과 행동, 그리고 영혼을 지배하는 살아 계신 하나님의 말씀이기 때문이다. 그래서 성경 속의 모든 사건과 이야기들이 오늘을 살아가는 우리에게 살아 있는 교훈을 주고 있음은 물론이요, 언제나 우리의 영혼을 살아 숨쉬게 하고 맥박을 뛰게 하는 생명의 호흡으로 다가오고 있는 것이다.

따라서 믿음의 선진들은 그 위대한 믿음을 우리에게 생생하게 전해 주고 있다. 반면에 실패한 믿음의 사람들도 넘어지고 실패한 믿음

의 역사를 통해서 오늘 우리를 새롭게 연단하고 있는 것이다.

그렇다면 성경 속에 등장하는 인물들은 모두 우리를 향한 예수 그리스도의 구원 사역에 직·간접적으로 관계가 있는 것이다.

이제 우리는 긴 여행을 떠나려고 한다. 이 여행은 성경 역사의 시계 바늘을 거꾸로 돌려 떠나는 여행이다. 그러나 이것은 결코 단순한 과거 회귀의 여행이 아니다. 다시 말해, 요즘 유행하는 성지 순례 여행 같은 것이 아니라는 것이다. 역설적(逆說的)으로 말하면, 이 여행은 오히려 미래로의 여행이다. 지난 과거의 온갖 영광과 질곡(桎梏)의 역사를 통하여 오히려 찬란한 소망의 미래로 나아가기 위한 완벽한 준비 여행이라고 할까.

많은 사람들이 이 여행에 동참하기를 바란다. 이 여행을 통해 우리는 여러 사람들을 만날 것이다. 인류 역사상 가장 장수했던 사람 므두셀라도 만나고, 또 골치 아팠던 예수님의 수제자 시몬 베드로도 만날 것이다. 그런가 하면 아버지의 유산을 미리 챙겨 집을 떠난 탕자도 만나고, 예수님을 은 30에 팔아먹은 천하의 패륜아 가룟 유다도 만날 것이다. 그러나 우리가 이 여행에서 진정 만나고 싶은 사람은 바로 예수 그리스도이다. 그리고 거기서 우리는 미처 성경에서 다 하지 못한 진리의 말씀을 들을 수 있을 것이다. 이것이 이번 여행의 목적이다.

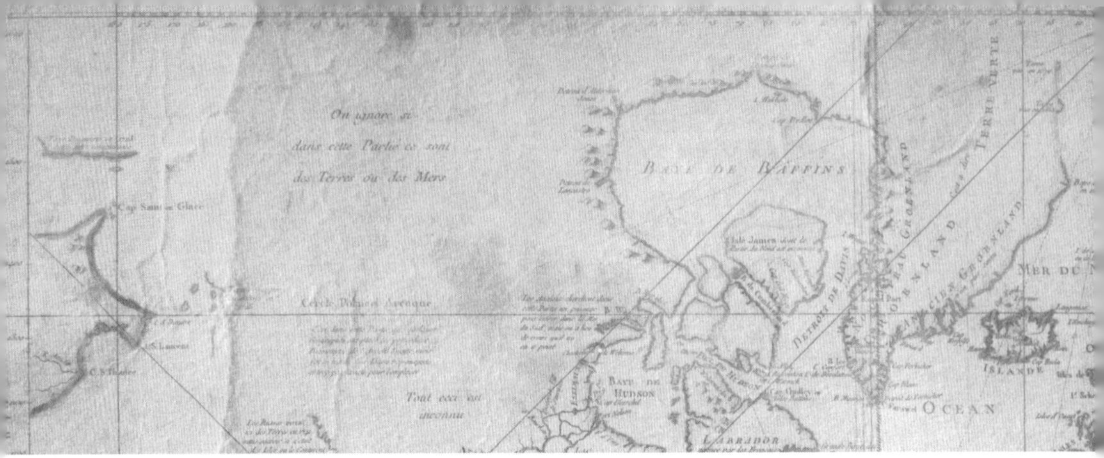

글자로 쓰여진 성경이 깊고 넓은 대해(大海) 같다면, 글자 없는 성경 속 흰 여백은 깊은 산골 어느 곳에서 지금도 여전히 넘쳐흐르고 있는 작은 옹달샘 같은 것이라고나 할까. 이 책은 단순히 재미있게 꾸며낸 픽션은 물론 아니다. 그리고 가벼운 상상이나 가정의 이야기도 아니다. 이것은 예수 그리스도의 한없는 은혜의 이야기이다. 그리고 하나님의 뜨거운 사랑의 이야기이다. 또한 믿음의 사람들이 남긴 진솔한 은혜의 이야기이다. 그러면 이제부터 다 채워지지 않은 성경의 긴 여백 속을 함께 여행해 보기로 하자.

나와 함께 이 여행에 가장 먼저 동참하여 지난 시간 척박한 개척교회의 길을 걸어온 아내 남숙에게 무한한 감사와 사랑을 전하며…….

2015년 12월

밴쿠버에서 **이종구**

목차

므두셀라,
그 이름의 수수께끼

창세기 5장 25-27절

"므두셀라는 일백팔십칠 세에 라멕을 낳았고 라멕을 낳은 후 칠백팔십이 년을 지내며 자녀를 낳았으며 그는 구백육십구 세를 향유하고 죽었더라."

*가을 들판의 세 사람

구름 한 점 없는 파란 하늘이 여느 때보다 유난히 더 높아 보이는 어느 가을날, 드넓은 초원 위에서 양 떼들이 제멋대로 흩어져 풀을 뜯는 모습이 여유롭다. 그런가 하면 스산한 산들바람이 풀밭 위를 스쳐가는 소리가 귀에 송송하니 그 어느 때보다도 마음이 평온하다.

이 아름다운 대자연 속에, 므두셀라와 그의 아들 라멕, 그리고 손자인 노아가 초원의 한자리에 앉아 모처럼 한가한 시간을 보내고 있다. 이렇듯 삼대(三代)가 마주앉아 이런 시간을 가진 것이 언제였는지 모른다. 그런데 그 평온하던 침묵의 시간을 깬 것은 세월의 연륜이 묻어나듯 하얗게 센 긴 머리와 나풀거리는 수염이 파란 하늘과 어우러져 더욱 신비로운 느낌을 갖게 하는 할아버지요, 아버지인 므두셀라였다.

"노아야, 오늘은 너희 증조할아버지 이야기를 들려줄게."

할아버지 므두셀라의 말에 어린 노아는 눈이 휘둥그레지더니 이내 홍조 띤 얼굴이 더욱 밝아졌다. 그리고 그 순간 라멕의 얼굴에서는 아버지 므두셀라가 무슨 이야기를 하려는지 알아차렸다는 듯이 빙그레 작은 미소가 피어났다.

"네, 할아버지, 좋아요. 증조할아버지는 어떤 분이셨어요?"

노아가 므두셀라 앞으로 가까이 다가왔다. 어린 노아의 고사리 같은 손을 꼭 잡은 므두셀라는 약간의 분위기를 잡더니 동화 속 이야기를 꺼내듯 슬슬 이야기 보따리를 풀어내기 시작한다.

"노아야, 너희 증조할아버지는 참 신실한 분이셨지."

"아, 그래요? 얼마나 신실한 분이셨는데요?"

손자 노아의 천진난만한 질문에 므두셀라는 잠시 깊게 주름진 두 눈을 감았다가 이내 다시 뜨더니 말을 잇는다.

"너희 할아버지는 하나님과 3백 년을 동행하셨던 분이었지."

"네? 뭐라고요, 할아버지?"

어린 노아는 할아버지 므두셀라의 말이 이해가 잘 안 간다는 듯이 해맑은 두 눈을 깜빡거리더니 한쪽 눈끝이 쫑긋 올라간다. 살아온 세월의 연륜을 말해 주듯 잔뜩 주름진 두 눈을 반쯤 감은 므두셀라는 이야기를 계속한다.

"에녹 할아버지는 언제나 하나님의 말씀에 순종하며 신실한 삶을 사셨지. 하나님과 동행했다는 것은 바로 거룩하신 하나님과 함께 생활하셨다는 뜻이야. 더 쉽게 이야기하면 에녹 할아버지는 하나님과 친구처럼 아주 가깝게 지내셨다는 뜻이지."

어린 노아는 할아버지 므두셀라의 이야기가 잘 이해되지 않았다. 노아는 고개를 갸우뚱거리며 다시 질문한다.

"할아버지, 하나님은 이 세상 만물을 창조한 분이시잖아요. 그리고 우리는 모두 그분이 지으신 피조물이구요. 그런데 어떻게 창조주와 피조물이 함께 친구가 될 수 있어요? 그리고 하나님은 저 멀리 아주 높은 하늘에 계신 분이 아니세요? 그런데 어떻게……."

노아는 할아버지 므두셀라의 말을 듣다 보니 그동안 그의 아버지 라멕에게서 듣고 배운 하나님에 관한 지식에서 너무 벗어나 있다는 느낌이 들었다.

"그래, 노아야. 네 말도 틀린 것은 아니구나. 피조물인 사람이 어떻게 창조주인 하나님과 친구가 될 수 있겠니? 그런데 하나님께서 그렇게 하셨지. 그것은 바로 너희 증조할아버지가 너무 신실하고 거룩하셨기 때문이야. 그래서 하나님은 언제나 너희 증조할아버지와 함께 있고 싶으셨던 것이지."

므두셀라의 말이 그래도 이해가 잘 안 된다는 듯이 노아는 고개를 갸우뚱거린다. 다시 므두셀라의 말이 계속된다.

"그래도 이해가 잘 안 되니? 그러면 이렇게 생각해 봐. 노아야, 내가 너를 얼마나 사랑하니?"

"하늘만큼 땅만큼."

노아는 주저하지 않고 벌떡 일어나 두 손을 높이 들며 자신에 대한 할아버지의 사랑을 표현했다.

"그래, 맞아. 노아야, 내가 너를 하늘만큼 땅만큼 사랑하지. 그러니 나는 언제나 너와 함께 있고 싶은 거야. 마찬가지로 하나님도 너희 증조할아버지를 하늘만큼 땅만큼 사랑하셨지. 그래서 그분과 친구가 되어 3백 년을 동행하신 거야."

므두셀라의 말에 이제 이해가 되었다는 듯이 노아의 얼굴빛이 갑자기 밝아졌다.

"아, 그렇군요. 할아버지, 이제 알 것 같아요."

두 사람의 대화를 옆에서 듣고 있는 라멕의 얼굴에 작은 미소가 번졌다. 므두셀라는 계속 이야기를 이어간다.

"하나님께서 그분을 얼마나 기뻐하셨는지 몰라! 그래서 이 세상에서 하늘나라로 빨리 데려가셨지. 그 대신 그분은 세상 사람들이 모두 겪는 공포스러운 죽음을 겪지 않고 저 하늘나라로 승천하셨단다."

므두셀라의 말을 듣고 있던 노아의 눈이 갑자기 커졌다.

"네? 할아버지, 지금 뭐라고 말씀하셨어요? 죽지 않고 하늘로 올라가셨다구요?"

"그래, 그렇고 말고."

"에이 그게 말이 되나요? 어떻게 사람이 죽지 않고 하늘나라로 올라갈 수 있어요? 사람들은 모두 죽잖아요."

"그것이 하나님의 은혜지. 노아야, 사람들이 평균 몇 살 정도를 사니?"

"한 7-8백 년 정도 살지요."

"그래, 네 말이 맞아. 그런데 너희 증조할아버지 에녹은 365세에 하늘나라로 데려가셨어. 보통 사람들의 평균 나이의 절반 정도를 겨우 사셨지. 하나님께서 그분을 빨리 만나기를 바라셨거든. 그 대신 하나님께서 이 세상 사람들이 모두 겪는 죽음을 면하게 해주신 것이지. 얼마나 영광스러운 일이니?"

"와, 우리 증조할아버지는 참 좋으셨겠다."

"그럼, 그렇고 말고."

"근데 할아버지, 난 죽음이 두려워요. 나도 증조할아버지처럼 죽지 않고 하늘나라로 갔으면 좋겠어요."

"그래, 너도 너희 증조할아버지처럼 신실한 믿음의 삶을 살면서 하나님과 동행한다면, 하나님께서 어쩌면 너에게도 그런 축복을 주실지 몰라."

"할아버지, 할아버지는 증조할아버지가 하늘나라에 가시는 것을 보셨어요?"

"그럼, 보았고 말고."

동화 속의 다음 이야기가 궁금하여 귀를 쫑긋하고 앉아 있는 어린 아이처럼 갑자기 노아의 얼굴빛이 조금 전보다 더욱 밝아졌다.

"어느 날 내가 너희 증조할아버지와 함께 바로 이 들판에 나와 있을 때였지. 그날도 오늘처럼 맑고 밝은 가을날이었어. 그런데 갑자기 저쪽 하늘에서 무지개가 서린 듯한 구름 기둥 같은 것이 내려오더니 너희 증조할아버지를 감싸는 거야. 그리고 그 순간 너희 증조할아버지의 몸이 흡사 새의 깃털처럼 아주 가볍게 하늘로 천천히 오르시는 거야. 그때 증조할아버지의 모습은 하늘의 태양보다 더 빛나셨지. 얼굴에 환한 미소를 지으며 하늘로 오르시는 증조할아버지의 모습은 너무 눈이 부셔 제대로 바라볼 수도 없는 지경이었어. 그 모습이 너무도 황홀하고 신비하여 수백 년이 지난 지금까지도 이 할아버지의 뇌리에 생생하게 남아 있단다."

므두셀라의 이야기를 듣고 있는 어린 노아의 얼굴에 갑자기 일곱 무지개 같은 빛이 서렸다. 그 순간 노아의 모습은 이 세상의 그 무엇보다 더 아름다워 보였다.

*곤혹스러운 성경

초신자들이 성경을 읽을 때 제일 먼저 부딪치는 곤혹스러운 책이 바로 구약 성경의 레위기이다. 우리가 잘 아는 대로 레위기는 구약 시대에 하나님께 드리던 제사에 관한 규례를 기록해 놓은 책이다. 지금으로 말하면 예배 의례에 관한 책이다. 따라서 레위기에 관한 어느 정도의 지식 없이 그냥 읽으면 무슨 뜻인지 잘 이해하기 어렵다. 또한 계속 반복되는 듯한 비슷한 문장이 지루하여 읽기에 힘이 든다.

레위기 외에도 부분적으로 곤혹스러운 곳이 또 하나 있다. 민수기에 나오는 인구 조사에 관한 기록이다.

"OO 지파의 계수함을 입은 자가 OOO명이요, OOO 지파의 계수함을 입은 자가 OOOO명이라."

끝없이 이어지는 숫자에 머리가 아플 지경이다. 그리고 또 하나 곤혹스러운 부분이 있다. 오늘 우리가 읽은 족보에 관한 기록이다.

"누가 누구를 낳고, 누가 누구를 낳고, 또 누가 누구를 낳고 OOO세에 죽었더라."

구약 성경에서 이런 내용을 읽을 때마다 초신자는 물론이요, 오래 믿은 신자일지라도 말씀을 제대로 이해하지 못하면 결코 은혜로울 수 없다. 그러나 재미없고 곤혹스러운 그 말씀 가운데 깊이 스며 있는 하나님의 섭리를 올바로 깨닫고 묵상한다면 참으로 넘치는 은혜에 감격할 것이다.

본문도 마찬가지이다. 본문은 므두셀라에 관한 기록이다. 본문은 모두 세 절에 지나지 않는다. 그리고 세 절 모두 짧고 단순하다. 므두셀라가 자녀를 낳았고 969세에 죽었다는 기록이다. 문자로만 보면 특별한 내용이 없는 평범한 기록인 것 같다. 그러나 이것은 겉으로는 단순해 보이는 말씀이지만, 여기에는 참으로 놀라운 하나님의 섭리와 넘치는 사랑이 응어리져 있다. 그런데 그 사실을 알고 있는 사람은 그리 많지 않은 것 같다.

'빙산의 일각'이라는 말이 있다. 극지방의 바다에는 크고 작은 빙산들이 떠다니고 있다. 규모가 큰 빙산은 웬만한 산과 같은 크기이다. 그런데 그 빙산들은 거의 대부분 바닷속에 잠겨 있어 극히 일부분만 물 위에 노출된다. 따라서 실제 크기가 얼마나 되는지 눈에 보이는 것으로만 가늠하기 어렵다. 따라서 바다 위로 노출된 극히 작은 일부분만을 실제 크기로 믿고 항해를 하다가는 거대한 빙산에 부딪쳐 배가 파손되고 말 것이다.

성경을 어찌 빙산에 비교할 수 있겠는가마는, 그것은 살아 계신 하나님의 말씀이기 때문에 피조물인 인간이 단순하게 이해하기는 어렵다. 어쩌면 우리가 이해한다고 하는 하나님의 말씀은 빙산의 일각만도 못할 것이다. 성경은 하나님의 감동으로 기록된 계시의 말씀이다. 어느 곳, 어느 구절을 펼쳐도 그곳에는 살아 계신 하나님의 섭리가 나타난다. 따라서 우리는 성경을 대할 때마다 거룩한 말씀 앞에 겸손한 자세로 나아가야 한다. 사도 요한이 기록했듯이 말씀은 곧 로고스(Logos)이기 때문이다.

> "태초에 말씀이 계시니라 이 말씀이 하나님과 함께 계셨으니 이 말씀은 곧 하나님이시니라"(요 1:1).

성경을 읽어 보았는가? 또 지금 읽고 있는가? 그렇다면 그 영원한 말씀 앞에 어떤 모습으로 서 있는가?

본문 말씀은 교회에서 성경 퀴즈 시간에 흔히 나오는 문제 중 하나이다.

첫 번째 퀴즈이다. 인류 역사상 가장 오래 산 사람은 누구인가?

답은 서두에 언급했던 므두셀라이다.

두 번째 퀴즈이다. 므두셀라는 몇 살까지 살았는가? 답은 969세까지 살았다.

세 번째 퀴즈이다. 하나님은 왜 므두셀라를 이처럼 장수하게 하셨을까? 이번에는 정답을 둘 중에서 하나 골라 보기 바란다.

① 모든 사람 중에서 가장 의로운 삶을 살았기 때문이다.

② 자세히는 모르겠지만 하나님의 뜻이 있는 것 같다.

이렇게 문제를 내면 답을 고르기가 참 쉽다. 무조건 ②번이다. 자세히는 모르겠지만 하나님의 뜻이 있는 것 같다. 그런데 이것은 정답인 것 같으면서도 사실은 정답이 아니다. 왜냐하면 하나님의 뜻이 있는 것은 사실인 것 같은데, 하나님의 뜻이 무엇인지 잘 모르기 때문이다. 인류 역사상 가장 장수했던 사람 므두셀라, 천 년에서 불과 31년 모자란 969세까지 살았던 사람 므두셀라, 그는 과연 누구일까? 이 사실이 궁금하지 않는가?

필자(筆者)는 중·고등학교 시절, 므두셀라라는 인물이 참으로 궁금했다. 므두셀라는 어떤 사람이기에 그렇게 장수의 축복을 누렸을까? 그 이유를 알게 된 것은 오랜 시간이 지난 뒤였다. 그리고 그것을 알고 난 다음, 인간을 향한 하나님의 크신 사랑에 감격했다. 거의 천 년의 장구한 세월을 산 사람, 그러나 신비의 베일에 가려 있는 사람 므두셀라. 이제부터 그의 비밀을 하나씩 벗겨 보도록 하자.

*므두셀라, 그 이름의 의미

구약 시대에 등장하는 한 인물에 대해 알아보려면 우선 그 이름의 의미부터 살펴보아야 한다. 대부분 그 이름이 그와 깊은 관계를 맺고 있기 때문이다. 그러면 므두셀라라는 이름의 의미는 무엇일까? 므두셀라는 '창 던지는 사람', '그가 죽으면 심판이 온다'는 의미이다. 다른 사람들의 이름에 비해 조금 특이하다. 그 이름의 의미를 구체적으로 분석해 보자.

먼저 '창 던지는 사람'이라는 의미이다. 고대 히브리 민족은 아직 국가 형태를 갖추지 못하고 있을 때, 각 부족들끼리 마을을 이루어 살고 있었다. 그런데 그 부족들마다 창을 가장 잘 던지는 무사가 있었다. 부족들은 서로 전쟁을 할 때마다 가장 창을 잘 던지는 무사를 선두에 내세웠다. 가장 창을 잘 던지는 사람은, 곧 그 부족의 선봉장이라 할 수 있었다. 따라서 부족 간의 전쟁에서는 언제나 선두에 서서 자기 부족의 병사들을 이끌고 있는 선봉장, 즉 가장 창을 잘 던지는 자가 최고의 표적이었다. 따라서 적의 선봉장인 창을 가장 잘 던지는 자를 죽였을 때 사실상 그 전쟁은 끝이 났던 것이다.

두 번째, '그가 죽으면 심판이 온다'는 의미에 대해 알아보면 이 말은 '창 던지는 자'의 의미에서 확대된 것이다. '창 던지는 자', 그가 죽으면 정말 그 부족은 모두 끝장이었다. 다시 말해, 창 던지는 자가 죽으면 그 부족들은 모두 종말을 맞았던 것이다.

이처럼 므두셀라는 결코 좋은 의미가 아니다. 아름다운 의미도 아니다. 어딘가 음울하고 저주스러운 의미이다. 그런데 왜 그의 부모는 사랑하는 아들에게 이런 이름, 곧 므두셀라라고 지었던 것일까? 그 진실을 알아보기 위해 먼저 므두셀라의 아버지를 추적해 보자.

*하나님과 동행했던 에녹

므두셀라의 아버지는 누구인가? 에녹이다. 그러면 에녹은 어떤 사람인가? 에녹은 엘리야와 더불어 육체의 죽음을 겪지 않고 하나님 나라로 승천한 영화로운 사람이다.

> "에녹은 육십오 세에 므두셀라를 낳았고 므두셀라를 낳은 후 삼백 년을 하나님과 동행하며 자녀를 낳았으며 그가 삼백육십오 세를 향수하였더라 에녹이 하나님과 동행하더니 하나님이 그를 데려가시므로 세상에 있지 아니하였더라"(창 5:21-24).

성경에 나타난 에녹에 관한 기록은 간단하다. 그러나 이 말씀에서는 두 가지가 눈길을 끈다.

첫째는, "하나님과 동행하더니"라는 기록이다. 에녹은 하나님과 300년 동안 동행했던 사람이라는 것이다. 온갖 죄악이 관영했던 그 당시 에녹은 오직 하나님만 바라보며 날마다 신실하고 거룩한 삶을 살았다. 그런 에녹을 하나님께서는 참으로 기뻐하셨다. 따라서 하나님은 에녹을 빨리 만나고 싶어하셨다. 그래서 그를 365세에 하나님 나라로 부르셨다. 하나님은 의로웠던 에녹과 하루라도 빨리 함께 있고 싶었기 때문이었다. 그 대신 하나님은 에녹에게 한 가지 큰 축복의 선물을 주셨다. 그것은 인간이면 누구나 겪어야 하는 육체의 죽음을 면하게 해주신 것이다.

그러면 에녹은 어떤 사람이었을까? 신약 성경의 두 곳에 그에 관한 기록이 있다. 먼저 히브리서를 살펴보자.

> "믿음으로 에녹은 죽음을 보지 않고 옮기웠으니 하나님이 저를 옮기심으로 다시 보이지 아니하니라 저는 옮기우기 전에 하나님을 기쁘시게 하는 자라 하는 증거를 받았느니라"(히 11:5).

에녹은 '하나님을 기쁘시게 하는 자'였다고 히브리서 기자는 기록하고 있다. 다시 말해, 에녹은 언제나 하나님께 순종하며 거룩한 삶을 살았던 믿음의 사람이었던 것이다. 이번에는 유다서를 찾아보자.

> "아담의 칠세 손 에녹이 사람들에게 대하여도 예언하여 이르되 보라 주께서 그 수만의 거룩한 자와 함께 임하셨나니 이는 뭇사람을 심판하사 모든 경건치 않은 자의 경건치 않게 행한 모든 경건치 않은 일과 또 경건치 않은 죄인의 주께 거스려 한 모든 강퍅한 말을 인하여 저희를 정죄하려 하심이라 하였느니라"(유 1:14-15).

유다서 기자는 에녹이 예언자였음을 증거하고 있다. 에녹은 예언자로서 그 당시 하나님을 떠난 경건하지 않은 사람들에게 심판의 메시지를 전하며 회개를 촉구했던 것이다. 그렇다면 이제 에녹의 아들 므두셀라라는 이름의 의미가 조금은 드러난다. 하나님과 동행했던 의로운 사람 에녹은 어느 날 하나님으로부터 죄악이 관영한 그 땅을 심판하신다는 메시지를 들었다. 그때 하나님은 심판의 시각을 이렇게 말씀하셨다.

"네가 낳은 아들이 죽으면 이 세상을 심판할 것이다."

하나님의 심판의 메시지를 전해 들은 에녹은 얼마나 두렵고 놀랐겠는가? 예언자 에녹은 만나는 사람마다 하나님의 심판의 메시지를 전했다. 그리고 에녹은 아들을 낳자 그 이름을 '므두셀라', 곧 '그가 죽으면 심판이 온다'라고 지었던 것이다. 사랑하는 자기 아들의 이름에까지 하나님의 심판의 메시지를 심어 하나님의 계획과 뜻을 전함으로 죄인들이 회개하기를 바랐던 에녹은 참으로 신실한 사람이었다.

에녹은 하나님께서 계획하신 심판의 날이 더디 오기를 얼마나 열망했겠는가? 그는 언제나 하나님께 눈물로 기도하며 하나님의 사랑과 자비를 구했다. 그럼에도 불구하고 모두가 바라지 않던 하나님의 심판은 에녹의 증손자 노아 때에 이르러 드디어 실현되었다.

*므두셀라의 비밀

그러면 이제 므두셀라의 첫 번째 비밀을 밝혀 보고자 한다. 먼저 창세기 5장 25-29절을 찾아보자.

> "므두셀라는 일백팔십칠 세에 라멕을 낳았고 라멕을 낳은 후 칠백팔십이 년을 지내며 자녀를 낳았으며 그는 구백육십구 세를 향유하고 죽었더라 라멕은 일백팔십이 세에 아들을 낳고 이름을 노아라 하여 가로되 여호와께서 땅을 저주하시므로 수고로이 일하는 우리를 이 아들이 안위하리라 하였더라."

이번에는 창세기 7장 11-12절을 살펴보자.

> "노아 육백 세 되던 해 이월 곧 그 달 십칠일이라 그날에 큰 깊음의 샘들이 터지며 하늘의 창들이 열려 사십 주야를 비가 땅에 쏟아졌더라."

이제 계산해 보자. 므두셀라가 187세에 라멕을 낳았다. 그런데 라멕은 182세에 노아를 낳았다. 그리고 노아가 600세 되던 해 하나님의 심판의 홍수가 터졌다고 성경은 기록하고 있다. 그러면 모두 더해 보자. 187+182+600=969

하나님의 심판이 행해진 해는 정확히 므두셀라가 969세 되던 해이다. 그렇다면 므두셀라가 969세로 죽었을 때, 하나님은 에녹에게 예언하셨던 대로 이 땅에 대홍수의 심판을 내리셨던 것이다. '므두셀라', '그가 죽으면 심판이 온다'는 그 말씀대로 하나님께서 예언하신 심판이 한치의 오차도 없이 그대로 실현되었다. 놀랍지 않은가? 그리고 신비하지 않은가? '므두셀라'의 첫 번째 비밀이 밝혀졌다. 노아의 홍수, 그것은 바로 므두셀라의 수수께끼를 푸는 열쇠였다.

그러면 므두셀라, 그는 어떤 인물인가? 성경은 므두셀라에 대해 자세한 기록을 남기지 않고 있다. 므두셀라에 관한 직접적인 기록은 오늘 우리가 읽은 본문 말씀이 전부이다.

> "므두셀라는 일백팔십칠 세에 라멕을 낳았고 라멕을 낳은 후 칠백팔십이 년을 지내며 자녀를 낳았으며 그는 구백육십구 세를 향수하고 죽었더라"(창 5:25-27).

이 단순한 기록만을 보면 므두셀라는 평범한 삶을 산 보통 사람처럼 보인다. 아니, 별 볼 일 없는 사람인 것 같다. 실제로 많은 사람들이 그렇게 생각하는 경우가 흔하다. 그러나 므두셀라라는 인간을 그렇게 단순히 생각해서는 안 된다. 성경의 깊은 여백을 살펴보아야 한다. 므두셀라는 하나님께 순종하며 거룩한 삶을 살았던 참 믿음의 사람이었다.

앞에서 므두셀라의 아버지 에녹은 예언자로서 하나님의 심판의 메시지를 전하며 사람들의 회개를 촉구했다고 했다. 또 하나님의 심판을 강조하기 위해서 그 아들의 이름에까지 심판의 메시지를 담았다는 이야기도 서술했다. 그렇다면 에녹은 그의 아들 므두셀라에게 더욱 강력한 심판의 메시지를 전하면서 하나님과 동행하는 신실한 삶을 살 것을 교훈하지 않았겠는가? 에녹이 단지 말로써만 그의 아들 므두셀라를 가르친 것이 아니라, 그의 행동으로 몸소 가르쳤을 것은 두말할 필요조차 없다.

따라서 므두셀라는 하나님과 동행하며 언제나 신실했던 그의 아버지 에녹을 그대로 본받았다. 그런가 하면 므두셀라는 그의 아버지 에녹에게 들은 심판의 메시지를 언제나 가슴속 깊이 새김은 물론 그의 아들 라멕, 그리고 손자 노아에게 그대로 전하며 거룩한 삶을 살 것을 가르쳤다. 이런 연유로 성경은 노아에게도 그의 증조할아버지 에녹에게 붙여졌던 호칭과 똑같이 '하나님과 동행했던 사람'이라고 기록했던 것이다.

"노아의 사적은 이러하니라 노아는 의인이요 당세에 완전한 자라 그는 하나님과 동행하였으며"(창 6:9).

이처럼 의인이요, 완전한 자요, 하나님과 동행한 자가 노아다. 노아는 하나님의 대홍수 심판에서 구원받아 마침내 제2의 아담이 된다. 생각해 보라! 만약 노아가 하나님의 말씀대로 '의인이요 완전한 자요 하나님과 동행하는 사람'이라면, 그것은 당연히 그 집안의 어른이요 할아버지인 므두셀라의 신실한 믿음과 가르침의 결과가 아니었겠는가? 특히 여기서 주목되는 말이 있다. 바로 '하나님과 동행하였다'는 말이다. 노아는 하나님과 동행했던 자라는 것이다. 그런데 성경에서 이 말을 처음 들은 사람은 바로 노아의 증조할아버지 에녹이었다.

"에녹은 육십오 세에 므두셀라를 낳았고 므두셀라를 낳은 후 삼백 년을 하나님과 동행하며 자녀를 낳았으며 그가 삼백육십오 세를 향수하였더라 에녹이 하나님과 동행하더니 하나님이 그를 데려가시므로 세상에 있지 아니하였더라"(창 5:21-24).

에녹에 관한 짧은 기록이지만 그가 하나님과 동행하였다는 말이 두 번씩이나 강조되고 있다. 그렇다면 에녹은 얼마나 의롭고 신실한 사람이었겠는가? 그런데 에녹에게 주어졌던 거룩한 칭호, '하나님과 동행하는 사람'이라는 말이 그의 증손자 노아에게까지 이어질 수 있었던 이유는 무엇이겠는가?

에녹과 노아 사이에는 두 명의 족보가 있다. 다시 말해, 므두셀라와 그 아들 라멕이다. 성경에는 므두셀라는 물론 라멕에 관한 기록도 자세히 나와 있지 않다. 그들의 조상인 에녹과 그들의 자손인 노아가 모두 하나님과 동행하는 의로운 삶을 살아왔다면 므두셀라와 라멕 또한 거룩한 삶을 살아왔으리라는 것은 불문가지(不問可知)이다. 특히 므두셀라는 자기 이름을 생각할 때마다 그의 아버지 에녹이 기억났을 것이다. 그리고 언제나 자기 이름에 새겨져 있는 하나님의 심판의 메시지가 가슴 시리도록 느껴졌을 것이다. 에녹은 그의 아들 므두셀라를 키우며 매일 이렇게 이야기하며 가르쳤을 것이다.

"사랑하는 므두셀라야, 네 이름의 뜻이 무엇인지 아니? 그것은 바로 '네가 죽으면 하나님의 심판이 이 땅에 임한다'는 뜻이다. 너는 네 이름의 의미를 한시라도 잊어서는 안 된다."

그리고 덧붙여 이렇게 당부했다.

"므두셀라야, 하나님께서는 사람들의 죄악으로 인해 이 땅을 멸망시키기로 작정하셨단다. 그러니 너는 언제나 하나님의 말씀에 순종하며 거룩한 삶을 살아야 한다. 그리고 하나님의 심판의 말씀을 뭇 사람들에게 전하여 그들이 모두 회개하도록 하거라."

아버지 에녹이 하나님과 동행하는 의로운 삶을 살아가는 모습을 바라보며 성장한 므두셀라는 언제나 아버지의 말씀과 교훈에 따라 자신도 하나님께 순종했다. 그리고 언제나 자기 이름 므두셀라, 곧 자기가 죽으면 세상의 심판이 온다는 하나님의 심판의 메시지를 기억하며 신실한 삶을 살았다. 따라서 므두셀라는 만나는 사람마다 하나님의 심판의 메시지를 전하며 회개를 촉구했다. 그런가 하면 므두셀라는 또 자신의 아들인 라멕과 손자인 노아에게 하나님의 말씀을 이렇게 전했다. 그것은 자신의 아버지 에녹이 평생 자기에게 준 교훈과 다른 것이 아니었다.

"얘들아, 내가 죽으면 이 땅에 하나님의 심판이 임한다. 그러니 너희들은 언제나 하나님의 말씀을 따라 거룩한 삶을 살아야 한다. 그리고 사람들에게 하나님의 심판의 메시지를 전해 그들이 모두 회개하도록 하거라."

므두셀라는 하나님과 동행했던 의인, 에녹의 이야기를 자손들에게 자주 들려주었다. 그것은 오직 거룩하신 하나님을 공경함을 자손들에게 영원한 교훈으로 삼게 하기 위함이었다.

노아의 아버지인 라멕과 할아버지인 므두셀라 또한 의롭고 거룩한 삶을 살았기에 하나님은 대홍수의 심판이 있기 직전 그들을 세상에서 먼저 데려가셨다. 그것은 그들이 에녹처럼, 그리고 노아처럼 '하나님과 동행했던 사람'이었기 때문에 죄인들을 징벌하는 대홍수의 심판에서 면하게 해 주신 것이다. 이렇듯 므두셀라가 하나님 앞에서 의로운 사람이라면 당연히 자손에게는 신실한 아비요 할아버지였을 것이다. 그런가 하면, 또 그의 아버지 에녹 앞에서는 참으로 극진한 효자였을 것이다. 따라서 그의 아비 에녹의 교훈을 잘 지키며 충심으로 공경했을 므두셀라에게 하나님의 축복의 말씀이 그대로 이루어졌을 것임이 분명하다.

이런 성경 말씀이 기억난다.

> "네 아버지와 어머니를 공경하라 이것이 약속 있는 첫 계명이니 이는 네가 잘되고 땅에서 장수하리라"(엡 6:2-3).

이 말씀과 같은 하나님의 축복의 말씀이 그대로 므두셀라에게 이루어졌다. 그렇다면 이런 의문이 생길 것이다. 므두셀라가 참으로 하나님 앞에 의로운 자였다면, 남다른 효자였다면, 그리고 훌륭한 아버지요 할아버지였다면, 왜 그런 아름답고 신실한 언행이 단 한 줄도 성경에 기록되지 않았을까? 그 해답은 그리 어려운 것이 아니다.

만약 므두셀라의 신실한 믿음과 의로운 삶의 모습들이 낱낱이 성경에 기록되었더라면 어느 누구의 기록보다 많을 것이다. 그렇다면 어떤 결과가 나타났겠는가? 므두셀라 개인의 영광이 드러날 것이다. 반대로 하나님의 영광이 가려진다. 그리고 하나님의 계획하신 준엄한 심판의 메시지, 그 의미가 퇴색된다. 따라서 므두셀라는, 므두셀라라는 그 이름 외에는 어떤 수식어도, 또 어떤 아름답고 신실한 행적도 기록될 필요가 없는 것이다.

이제 마지막 수수께끼를 풀어본다. 그러면 하나님은 왜 므두셀라를 인류 역사상 가장 오래 살도록 하셨을까? 그것은 바로 인류에 대한 극진한 사랑 때문이었다. 하나님과 동행했던 사람 에녹에게, 그의 아들 므두셀라가 죽으면 죄악으로 관영한 이 세상을 심판하겠다고 약속하신 하나님은 그럼에도 불구하고 오랫동안 참으셨다. 에녹이 하나님의 심판의 메시지를 온 땅에 전하며 회개를 촉구하는 모습을 보셨다.

또 하나님은 그의 아버지 에녹을 본받아 하나님의 심판의 메시지를 촉구하는 므두셀라의 모습도 보셨다. 그런가 하면 에녹의 증손자요 므두셀라의 손자인 노아가 심판의 메시지를 전하는 모습도 보셨다. 따라서 하나님은 그 모습들을 바라보시며 오랫동안 무던히도 참고 기다리셨다. 므두셀라가 969세까지 수명을 누리게 하심으로 심판의 때를 계속 미루어 오신 하나님의 인자하심과 오래 참으심을 바라본다. 그리고 인간에 대한 무한하신 사랑을 바라본다.

*지금은 어느 때인가?

지금은 하나님이 기뻐하시는 거룩한 시대인가? 참으로 의로운 시대인가? 모르긴 몰라도, 지금은 하나님의 심판의 때가 아닐까.

맘몬(Mammon)이 가장 거대한 신으로 등장한 오늘의 세상, 사회 곳곳마다 음란과 퇴폐가 독버섯처럼 피어오르고, 거짓과 술수가 난무하며, 온갖 투기와 도박이 횡행하며, 인간성이 말살되어 가고 있는 황폐한 이 시대상을 바라보노라면, 에녹과 므두셀라와 라멕과 노아의 때, 말할 수 없는 죄악으로 관영했던 그때가 떠오른다. 그런가 하면 의인 10명이 없어 유황불로 멸망당한 소돔과 고모라의 슬픈 기억들이 떠오른다.

하나님께서는 오늘도 이 땅의 의인 10명을 찾으시며 마지막 심판의 때를 계속 미루고 계신다. 그런가 하면 그분은 '므두셀라', 다시 말해 '그가 죽으면 심판이 온다'고 오래 참으시면서 심판의 때를 기다리고 계신다.

그러나 기억하지 않으면 안 된다.

'므두셀라', 그가 죽으면 세상의 심판이 온다는 것을…….

함께 춤을 추어요

요한복음 2장 1-11절

"사흘 되던 날에 갈릴리 가나에 혼인이 있어 예수의 어머니도 거기 계시고 예수와 그 제자들도 혼인에 청함을 받았더니 포도주가 모자란지라 예수의 어머니가 예수에게 이르되 저희에게 포도주가 없다 하니 예수께서 가라사대 여자여 나와 무슨 상관이 있나이까 내 때가 아직 이르지 못하였나이다 그 어머니가 하인들에게 이르되 너희에게 무슨 말씀을 하시든지 그대로 하라 하니라 거기 유대인의 결례를 따라 두세 통 드는 돌항아리 여섯이 놓였는지라 예수께서 저희에게 이르시되 항아리에 물을 채우라 하신즉 아구까지 채우니 이제는 떠서 연회장에게 갖다 주라 하시매 갖다 주었더니 연회장은 물로 된 포도주를 맛보고 어디서 났는지 알지 못하되 물 떠온 하인들은 알더라 연회장이 신랑을 불러 말하되 사람마다 먼저 좋은 포도주를 내고 취한 후에 낮은 것을 내거늘 그대는 지금까지 좋은 포도주를 두었도다 하니라 예수께서 이 처음 표적을 갈릴리 가나에서 행하여 그 영광을 나타내시매 제자들이 그를 믿으니라."

*성경 속의 예수님의 모습은?

성경 속 예수님의 모습을 상상해 본 적이 있는가? 흔히 예수님을 엄숙하고 경건하신 분, 거룩하신 분, 언제나 근엄한 얼굴을 하고 계신 분, 그래서 가까이하기에 너무 멀리 떨어져 계신 분으로 생각하고 있지 않는가?

물론 틀린 말은 아니다. 하지만 다 맞는 말도 아니다. 만약 예수님을 이런 모습으로 생각하고 있다면, 그것은 예수님의 한 면만을 바라보고 있는 것이다. 오직 달의 앞면만을 바라보고 달을 모두 보았다고 말하는 것과 같은 우를 범하는 것이라고 할까.

그러면 예수님은 어떤 분이실까? 예수님에 대해 바른 인식을 갖는 것은 대단히 중요한 일이다. 왜냐하면 우리가 믿는 대상인 예수님에 대해 바로 안다는 것은 곧 바른 신앙을 갖는 첫걸음이기 때문이다.

*파티와 함께 시작하는 예수님의 공생애

요한복음은 태초의 말씀인 하나님이 인간의 육신을 입고 이 땅에 오셨다는 엄숙한 선언으로 시작되고 있다. 그리고 예수님은 안드레, 베드로, 빌립, 나다나엘 등을 제자로 부르신 후 공생애를 시작하신다. 그런데 주목할 것은 예수님의 공생애가 혼인잔치와 함께 시작되고 있다는 것이다. 현대적인 말로 바꾸면 신나는 파티와 함께 시작되고 있는 것이다.

그러면 예수님은 왜 하필 혼인잔치로부터 당신의 공생애를 시작하신 것일까? 이 사건은 대단히 중요한 의미를 가지고 있다. 잔치 중에서도 혼인잔치는 그 무엇에도 비할 수 없는 잔치 중의 잔치, 곧 최고의 잔치이다. 그것은 비단 주인공인 신랑과 신부뿐만 아니라 거기 참석한 모든 하객들이 함께 벌이는 신나는 축제인 것이다. 하나님에 의한 인간의 역사가 시작되는 엄숙한 자리, 사랑하는 청춘 남녀가 한 몸이 되는 황홀한 자리, 축하와 인사와 친교가 이루어지는 자리, 그리고 춤과 노래가 어우러지는 흥겨운 그 자리로부터 주님의 공생애가 시작되었다는 사실이 암시하는 것은 무엇일까? 요한복음 2장 11절을 보면, 가나의 혼인잔치 이야기의 결론은 이렇게 내려지고 있다.

> "예수께서 이 처음 표적을 갈릴리 가나에서 행하여 그 영광을 나타내시매 제자들이 그를 믿으니라"(요 2:11).

예수님께서 가나의 혼인잔치에 참석하신 것, 거기서 이적을 행하신 것은 모두 제자들을 염두에 둔 것이었다. 그러므로 가나에서 벌어진 혼인잔치의 하루를 주목할 필요가 있다. 물론 예수님은 그 잔치에 초대받아 가셨다. 그런데 당신의 공생애를 시작하시면서 처음 만난 몇 명의 제자들을 왜 하필 그곳에 데려가셨을까? 그 제자들 중에는 특히 세례 요한의 제자였던 안드레와 다른 또 한 명의 제자가 있었다. 안드레의 형제 베드로도 있었다. 그리고 빌립과 나다나엘이 있었다. 여기서 주목되는 것은 세례 요한의 제자였다가 예수님의 제자로 들어온 안드레와 다른 제자이다.

세례 요한은 어떤 사람인가? 속세와 절연하고 광야로 나가 약대 털옷을 입고 메뚜기와 석청을 먹으며 다가올 하나님의 심판을 선언했던 사람이다. 한마디로 그의 삶은 죄악된 세상과 단절한 채 오직 하나님의 말씀을 묵상하고 기도하고 실천하면서 사는 경건과 거룩의 삶이요, 근엄함의 삶이었던 것이다. 그런 스승인 세례 요한에게서 배웠던 제자들이 새로 맞은 스승 예수를 좇아 처음 간 곳이 바로 흥겨운 잔칫집이었다. 그리고 그 자리에 함께 참석한 제자 중에는 빌립의 권유로 예수의 제자가 된 나다나엘이 있었다. 나다나엘은 빌립이 메시아를 만났다는 말에 "나사렛에서 무슨 선한 것이 날 수 있느냐?"라고 하며 퉁명스레 말했던 사람이다.

그는 무화과나무 아래서 묵상하고 가던 중 예수님을 만났다. 그때 예수님은 나다나엘을 향해 이런 말씀을 하셨다.

> "보라 이는 참 이스라엘 사람이라 그 속에 간사한 것이 없도다"(요 1:47하).

첫 만남에서 예수님께서 이렇게 칭찬하실 만큼 나다나엘은 경건한 사람이었다. 주님께서 공생애를 시작하실 때 처음 맞은 제자들은 이처럼 경건과 거룩함을 추구하고 배웠던 사람들이었다. 더구나 당시 상황은 외적인 거룩과 의를 강하게 추구하던 유대교적인 전통과 힘이 지배하던 사회였다. 그러면 이들이 처음 예수를 만나 기대했던 것은 무엇이겠는가? 그것은 자신들이 그때까지 경험하고 추구하던 것보다 더 큰 거룩과 경건이었을지도 모른다. 그런데 그들이 새 스승 예수를 따라 처음 간 곳은 잔칫집이었다. 신나게 먹고 마시고 놀고 떠드는 곳이었다.

제자들의 기대와 예상은 엄청나게 빗나갔을 것이다. 그리고 전 스승 세례 요한과 새 스승 예수는 자연스럽게 비교의 대상이 되었을 것이다. 그렇다면 그때까지 일상적인 즐거움조차 외면하며 오직 경건과 거룩만을 추구하며 살아왔던 제자들에게 있어서 가나의 잔칫집 경험은 한마디로 파격이었을 것이다.

*가나의 혼인 잔칫집

이제 혼인 잔치가 벌어진 잔칫집을 들여다보자. 그날 예수님은 그 잔칫집에서 무엇을 하셨을까? 조용히 식사만 하고 포도주를 만드는 이적을 행하신 다음 근엄한 얼굴로 그 자리를 떠나셨을까?

물론 요한복음에 기록된 가나의 혼인 잔치는 예수님께서 물로 포도주를 만드는 이적에 초점을 맞추고 있다. 당시의 풍습에 따르면, 혼인 잔치는 보통 일주일 이상 벌어지기도 했다. 그만큼 신나게 먹고 마시고 노래하고 춤추며 마음껏 즐겼던 것이다. 그렇다면 예수님도 그들과 함께 스스럼 없이 어울리셨을 것이다.

혼인 잔치에 참석해 신랑과 신부, 그리고 하객들과 함께 먹고 마시며 즐기는 예수. 그동안 경건과 근엄함에 익숙해 있던 제자들에게 있어서 예수님의 그런 모습은 매우 낯선 것이었다. 그것은 어쩌면 불경스러워 보였을지도 모른다.

누가복음 7장 33-34절 말씀을 보자.

> "세례 요한이 와서 떡도 먹지 아니하며 포도주도 마시지 아니하매 너희 말이 귀신이 들렸다 하더니 인자는 와서 먹고 마시매 너희 말이 보라 먹기를 탐하고 포도주를 즐기는 사람이요 세리와 죄인의 친구로다 하니".

세례 요한은 세상의 기름진 음식을 먹지 아니하고 포도주도 마시지 않는 철저한 금욕주의자라면, 예수님은 먹고 마시고 즐기는 잔치꾼의 모습이다. 세례 요한은 세상과 절연한 채 거친 광야에서 고행을 하는데, 예수님은 세상 속에서 온갖 부류의 사람들을 만나며 그들과 함께 어울리신다. 세례 요한과 예수님의 모습이 서로 극명하게 대립되고 있다.

*춤추는 예수와 낯선 제자들

가나의 혼인 잔치를 묵상하면서 이런 모습의 예수님을 상상해 보았다. 바로 춤추는 예수님의 모습이다. 일주일 이상 혼인잔치가 벌어지는 흥겨운 잔칫집에서 노래와 춤이 빠질 리가 없다. 따라서 잔칫집에서 많은 사람들과 함께 어울려 어깨를 들썩이며 흥겹게 춤추는 예수님의 모습을 상상해 보는 것은 그리 어려운 일이 아니다. 그렇다면 당시 외적인 경건에 사로잡혀 근엄한 모습으로 살아왔던 예수님의 새 제자들에게는 예수님의 모든 행동이 큰 놀라움으로 다가왔을 것이다. 더구나 덩실덩실 춤을 추는 예수님이라면 더 말할 나위가 없다.

거친 광야에서 세례 요한으로부터 경건과 근엄함을 배웠던 제자들, 그리고 율법에 따라 거룩함을 지키며 신실하게 살아왔던 나다나엘에게 그날 가나의 잔칫집에서의 경험은 전혀 상상치 못할 일이었다. 더구나 하객들과 함께 먹고 마시고 스스럼없이 어울리는 예수님의 모습은 이제 막 제자가 된 그들에게 큰 혼란스러움을 가져다주었다. 제자들은 누가 먼저랄 것도 없이 서로 얼굴을 쳐다보며 불만을 털어놓았다.

"아니, 우리를 왜 이런 속된 곳에 데려온 거야?"

어디선가 거칠고 허스키한 한 남자의 목소리가 들려왔다. 성질이 급한 베드로였다. 그가 먼저 말문을 열자 그의 형제인 안드레가 얼씨구나 하며 말을 받았다.

"글쎄 말이야. 여기는 난장판이네."

이어 빌립도 질 수 없다는 듯이 한마디 거든다.

"먹고 마시고 노래하고 춤추며 소리 지르고……. 모두 미쳤군."

언제나 말씀을 묵상하며 경건한 생활을 해왔던 모범생 나다나엘조차 혼잣말처럼 중얼거린다.

"이건 완전히 죄악 세상일세."

제자들의 웅성거림은 그치지 않았다. 그런데도 예수님은 여전히 그 자리를 떠나지 않고 잔칫집의 하객들과 함께 먹고 마시며 흥겨운 시간을 보내고 계신다. 혼인잔치에 참석한 다른 잔칫꾼의 모습과 전혀 다름이 없다. 어느덧 잔칫집의 분위기가 한껏 고조되었다. 모두가 신이 나서 노래하고 춤추며 희희낙락거린다.

기쁨이 고조되자 신랑과 신부는 물론 참석한 하객들이 모두 일어나 춤을 추기 시작한다. 어느덧 예수님도 자리에서 일어나 그들과 함께 덩실덩실 춤을 추신다. 예수님의 새 제자들은 모두 깜짝 놀랐다. 이런 제자들의 마음을 아는지 모르는지 예수님의 춤사위는 점점 더 강렬해진다. 제자들의 수군거림은 조금 전보다 더욱 커졌다.

"아니, 이제 예수 선생님까지 춤을 추시네."

베드로의 거친 음성이 잔칫집의 시끌벅적한 분위기 가운데서도 또렷하게 들려왔다. 성질 급하기로는 그 형제 베드로 못지않은 안드레가 눈살을 찌푸리면서 말을 이었다.

"아니, 예수 선생님이 어떻게 된 것 아냐?"

빌립도 가만히 있을 수 없었다.

"난 예수님이 거룩하신 분인 줄 알았는데……."

그래도 경건한 나다나엘은 가장 오래 참으며 맨 마지막으로 한마디를 한다.

"이건 아닌데. 내가 잘못 따라온 것 아닌가?"

제자들의 얼굴은 어느새 잔뜩 일그러져버렸다. 모두가 먹고 마시고 노래하며 춤추며 흥겨운 시간을 보내는데 그들의 얼굴만은 마치 벌레를 씹은 듯한 표정이다. 즐거운 혼인 잔칫집, 한쪽에서는 기뻐 뛰는데 다른 한쪽에서는 마치 초상집에라도 온 듯한 모습이다. 극과 극의 두 부류의 모습이 같은 시간과 공간 안에서 공존하고 있다. 그 모습이 참 희화적(戱畵的)이다.

그러나 이제 제자들은 과거를 청산하지 않으면 안 된다. 지금까지의 모든 가치관과 신앙관, 그리고 인생관을 송두리째 다 내려놓고 새 스승을 따라야 한다. 이것이 예수님의 제자가 되는 첫걸음이다. 그렇다. 그날 예수님은 춤을 추셨다. 그것도 아주 신나게 춤을 추셨다. 주님은 근엄한 얼굴과 거룩한 말보다는 일상 속에서, 다시 말해 먹고 마시고 즐기며 노래하고 춤추며, 그렇게 사랑하는 제자들을 당신의 온몸으로 가르치기를 원하셨던 것이다.

*춤의 왕 예수

복음성가 중에 "춤의 왕"이라는 노래가 있다. 영국의 시드니 카터 (Sydney Carter) 목사가 1963년에 지은 것이다. 그 노래는 이렇게 시작되고 있다.

> 이 세상이 창조되던 그 아침에 나는 아버지와 함께 춤을 추었다
> 내가 베들레헴에 태어날 때도 하늘의 춤을 추었다
> 높은 양반들 위해 춤을 추었을 때 그들 천하다 흉보고 비웃었지만
> 어부 위해서 춤을 추었을 때에는 날 따라 춤을 추었다
> 안식일에도 쉬지 않고 춤을 추었더니
> 높고 거룩한 양반들 화를 내면서 나를 때리고 옷을 벗겨 매달았다
> 십자가에 못 박았다.

"춤의 왕"이라는 노래의 가사는 파격적이다. 성경적인 말로 표현하면 태초에 곧 춤이 있었다는 것이다. 하나님께서 춤추며 창조하신 이 세상에 예수님은 춤추며 오셨다. 주님은 언제 어느 곳에서라도, 그리고 누구 앞에서라도 춤을 추셨다. 그리고 주님은 십자가에 높이 달리기까지 춤을 추셨다. 춤은 무엇인가? 춤은 곧 생명의 동작이다. 그리고 춤은 신바람이다.

생각해 보라! 죽은 자는 결코 춤을 출 수 없다. 오직 산 자만이 춤을 출 수 있다. 그리고 신명나는 자만이 춤을 출 수 있다. 춤을 추기 위해 이 땅에 오신 예수님, 그분은 결코 그 춤을 멈추지 않으셨다. 베들레헴의 더러운 마구간에서도, 온갖 조롱과 멸시 속에서

도, 죄인들 속에서도, 핍박받는 사람들 속에서도, 그런가 하면 십자가에 달리시기까지도…….

"춤의 왕"은 이렇게 계속된다.

> 높은 십자가에서 피를 흘리면서 계속해 춤을 추기란 힘이 들지만
> 끝내 땅 속에 깊이 묻힌 이후에도 난 아직 계속 춤춘다
> 어리석게도 그들 좋아 날뛰지만 나는 생명이다 결코 죽지 않는다
> 네가 내 안에 살면 나도 네 안에서 영원히 함께 살련다
> 춤춰라 어디서든지 힘차게 멋있게 춤춰라
> 나는 춤의 왕 너 어디 있든지 나는 춤 속에서 너 인도하련다

예수님의 춤은 무덤 속에서도 계속된다. 세상의 어떤 권세도 예수님의 춤을 결코 멈추게 할 수는 없었다. 십자가도, 죽음도, 그리고 무덤도 말이다. 춤을 추기 위해 이 땅에 오신 예수님, 그리고 지금도 여전히 춤추고 계시는 예수님, 그분의 모습을 한 번 상상해 보기 바란다.

*춤이란?

춤은 손끝에서 발뒤꿈치까지 모두가 언어이다. 사랑을 표현하는 깊은 눈망울, 기쁨을 표현하는 힘 있는 두 팔, 슬픔과 고통을 나타내는 여린 손가락, 탄식을 표현하는 동그란 입술, 그리고 깊은 허무를 드러내는 발짓에 이르기까지 그 모두가 춤추는 자의 소리이고 고

백이며 외침이다. 이렇듯 춤은 온몸으로 인생의 희로애락을 표현하는 가장 원초적인 무언의 언어이다.

필자는 개인적으로 마음먹고 본 춤이 두 가지 있다. 하나는 35여 년 전 스페인 마드리드에 갔을 때 감상한 플라밍고 춤이었다. 그것은 한마디로 충격이었다. 양쪽 엄지와 검지에 작은 캐스터네츠를 끼고 스스로 장단을 맞추며 경쾌한 발놀림으로 추어대는 플라밍고는 저 멀리 동양에서 온 낯선 방문객에게 흥겨움으로 다가왔다. 춤을 추는 그들과 함께 나 또한 마음속으로 박자를 맞추어가며 플라밍고에 금방 빠져들어 갔다. 민 여행에 지친 온 몸의 피로와 낯선 곳의 이질감도 금방 사라져갔다. 그런데 플라밍고가 어느덧 절정의 순간을 지나 서서히 끝나갈 때 마음 깊은 곳으로부터 알 수 없는 무언가가 울컥 치밀어 올라옴을 느낄 수 있었다. 그것은 깊은 슬픔과 비애였다. 그들이 춤추는 그 춤 속에서 집시들의 오랜 한과 정서가 느껴졌기 때문이었다.

또 한번은 25년 전 러시아 모스크바에 갔을 때 감상한 볼쇼이 발레였다. 사실 발레를 직접 감상한 것은 그때가 처음이었지만, 춤이 주는 우아함과 아름다움에 깊은 평안과 행복을 느꼈다. 볼쇼이 발레가 왜 세계 최고의 발레인가를 확인하는 순간이기도 했다. 그것은 참으로 감동적이었다. 말 없는 춤, 그것은 언어와 풍습, 그리고 문화가 다른 이방인에게 웅변보다 더 큰 외침으로 다가왔다.

어느 학자는 이렇게 고백했다.

"인간은 하나님 앞에서 춤추는 자이다. 춤을 추게 하는 분은 하나님이시며 인간은 그 하나님 앞에서 삶이라는 춤을 추는 자이다."

또 누군가가 이렇게 말했다.

"교회는 서로 다른 사람들이 모여 춤추는 공동체이다."

모두 의미심장한 말이다. 그러면 오늘 우리 시대, 그리고 우리의 교회는 어떤가? 오늘 우리는 어떤 춤을 추고 있느냐는 것이다. 주님은 이 세대를 이렇게 진단하신다.

> "아이들이 장터에 앉아 서로 불러 가로되 우리가 너희를 향하여 피리를 불어도 너희가 춤추지 않고 우리가 애곡을 하여도 너희가 울지 아니하였다 함과 같도다"(눅 7:32).

*춤을 상실한 세대

춤을 상실했다는 것은 곧 기쁨을 상실했다는 것이다. 그것은 또한 소망을 상실했다는 것이기도 하다. 생각해 보라. 슬픔과 비탄에 빠진 사람이 춤을 출 수 있는가? 그럴 수 없다. 춤을 추지 못하는 삶이야말로 절망의 삶이다. 무슨 소망이 있어 춤을 출 수 있단 말인가? 그렇다면 춤은 신바람이다. 그런가 하면 춤은 생명의 동작이다. 죽은 자는 결코 춤을 출 수 없다. 오직 산 자만이 춤을 출 수 있다.

예수님은 춤을 상실한 이 세대를 위해 스스로 춤의 왕이 되셨다. 그리고 이제 그 춤을 함께 추자며 우리에게 권하신다. 그 신바람 나는 춤을 말이다. 그런데도 사람들이 춤을 추지 않고 있다. 주저하고 있다. 왜 망설이는가? 무엇이 두려운 것인가? 무엇이 사람들로 하여금 주님과 함께 춤을 추지 못하게 하는 것인가? 이유는 간단하다. 모두가 이 세상 속에서 이미 끈적끈적한 욕망의 춤을 추고 있기 때문이다. 그것이야말로 슬픔의 춤이요, 비극의 춤이다. 그리고 죽음의 춤이다. 세례 요한의 목을 상으로 얻기 위해 춤을 추었던 추악한 살로메(마 14:1-12)의 일곱 베일의 춤처럼 말이다.

우리의 꿈은 무엇인가? 그것은 바로 예수님의 춤을 추는 것이다. 바로 예수님이 추셨던, 그리고 예수님이 지금도 추고 계시는 그 춤을 예수님과 함께 신명나게 추는 것이다.

예수님은 세상의 그 어떤 고난에도 결코 넘어지지 않으셨다. 그리고 십자가 앞에서도 머리를 숙이지 않으셨다. 가시면류관을 쓴 머리에서, 못 박힌 손과 발에서, 그리고 창에 찔린 허리에서 물과 피를 다 쏟기까지 예수님은 모든 것을 당신의 온몸으로 끌어 안으셨다. 그렇게 우리를 사랑하셨다. 예수님은 이 세상의 어떤 위협과 폭력에도 인류에 대한 사랑을 결코 거두지 않으셨다.

십자가를 진다는 것은 무엇인가? 그것은 어떤 시련과 고통에도 불구하고 모든 것을 온몸으로 끌어안는 주님의 사랑의 방식이다. 그리고 그 사랑이 마침내 죽음조차 이기게 한 것이다. 견고한 무덤을 깨뜨린 것이다. 이것이 바로 위대한 사랑의 힘이다.

그러므로 주님은 이렇게 말씀하신다.

> "아무든지 나를 따라오려거든 자기를 부인하고 자기 십자가를 지고 나를 좇을 것이니라"(마 16:24).

죽음조차 이기신 주님의 그 큰 사랑을 우리도 함께 감당하라는 것이다. 우리 또한 그 사랑으로 죽음을 이기고 함께 춤추자는 주님의 위대한 사랑의 메시지이다. 생명의 춤을 추는 사람들은 세상의 그 무엇에도 결코 미혹되지 않는다. 두려워하지도 않는다. 절망하지도 않는다. 십자가를 지고도 춤추는 예수님을 보았기 때문이다. 무덤 속에서조차 춤추는 예수님을 보았기 때문이다. 그리고 지금도 여전히 춤추는 예수님을 바라보기 때문이다.

지금까지 세상 속에서 잔뜩 끌어안고 있던 모든 허례와 허식, 그리고 오만과 편견을 집어 던져야 한다. 미움과 원망과 저주도 내려놓아야 한다. 욕망과 탐욕의 더러운 옷을 벗어 버리자. 지금까지 제멋대로 추었던 세상의 춤을 이제 멈추고, 주님이 춤추고 계시는 저 신나는 춤판으로 나아가자. 그리고 근엄한 얼굴로 바라만 보는 나약한 국외자의 모습에서 벗어나 주님과 함께 신나는 춤을 추자.

춤을 추는 사람은 결코 슬퍼하지 않는다. 근심하지도 않는다. 두려워하지도 않는다. 춤추는 사람은 오직 활짝 웃으며 기쁨으로 신나게 춤을 춘다. 우리 모두 춤의 왕이신 주님과 함께 춤을 추는 춤친구가 되자. 우리 모두 주님과 함께 손에 손을 마주잡고 어우러져 신명나게 한 판 춤을 출 때 비로소 이 세상은 아름답고 찬란한 춤판이 될 것이다.

그러나 우리가 기억해야 할 것이 있다. 예수님이 추구하시는 궁극적인 춤은 이 세상의 춤이 아니라는 것이다. 그것은 바로 가나의 혼인 잔치에서 예수님이 제자들에게 가르쳐 주신 진정한 춤이었다. 그것은 그 옛날 에덴에서 첫 사람 아담과 하와가 하나님과 함께 추었던 기쁨과 거룩의 춤, 그러나 지금은 상실한 춤이기도 하다. 주님은 바로 상실한 그 에덴의 춤을 우리에게 다시 추게 하시려고 이 땅에 오신 것이다.

이제 우리가 예수님과 함께 추어야 할 궁극적인 춤은 장차 저 천국 잔치에서 주님과 함께 손에 손을 맞잡고 추어야 할 영원한 생명의 춤이다. 춤의 왕이 우리를 부르신다. 이제 우리 모두 춤을 추어 보자. 모두 일어나 손에 손을 맞잡고 기쁘고 즐겁게 한판 춤을 추어 보자. 생명의 춤을 추자.

이 아름다운 날, 신명에 지핀 예수님과 함께…….

한 어린아이가 드릴 때

요한복음 6장 5-13절

"예수께서 눈을 들어 큰 무리가 자기에게로 오는 것을 보시고 빌립에게 이르시되 우리가 어디서 떡을 사서 이 사람들로 먹게 하겠느냐 하시니 이렇게 말씀하심은 친히 어떻게 하실 것을 아시고 빌립을 시험코자 하심이라 빌립이 대답하되 각 사람으로 조금씩 받게 할지라도 이백 데나리온의 떡이 부족하리이다 제자 중 하나 곧 시몬 베드로의 형제 안드레가 예수께 여짜오되 여기 한 아이가 있어 보리떡 다섯 개와 물고기 두 마리를 가졌나이다 그러나 그것이 이 많은 사람들에게 얼마나 되겠삽나이까 예수께서 가라사대 이 사람들로 앉게 하라 하신대 그곳에 잔디가 많은지라 사람들이 앉으니 수효가 오천쯤 되더라 예수께서 떡을 가져 축사하신 후에 앉은 자들에게 나눠 주시고 고기도 그렇게 저희의 원대로 주시다 저희가 배부른 후에 예수께서 제자들에게 이르시되 남은 조각을 거두고 버리는 것이 없게 하라 하시므로 이에 거두니 보리떡 다섯 개로 먹고 남은 조각이 열두 바구니에 찼더라."

*달리는 아이

열두어 살쯤 되었을까? 같은 나이 또래에 비해 조금은 마른 듯한 체구의 한 소년이 가쁜 숨을 몰아쉬며 집을 향해 뛰어가고 있다. 홍조 띤 얼굴에는 솜털이 뽀송뽀송 나 있는 모습이 아직 앳되고 귀여운 모습이다. 입고 있는 옷은 얼마나 오래되었는지 다 해어지고 색깔이 바래져 있다. 또 여기저기 덧붙여 기운 자국이 무슨 동물의 형상을 추상화시켜 놓은 듯 묘한 모습이다. 길게 제멋대로 자란 머리카락이 뛰어가는 발걸음마다 너풀거리며 소년의 눈을 덮었다 떼었다 하는 것이 꼭 박자를 맞추는 듯하다. 그 사이로 예사롭지 않게 초롱초롱 빛나는 두 눈동자만이 무엇인가를 향한 소년의 강한 갈망을 나타내고 있다. 지금 숨가쁘게 뛰어가는 소년은 조금 전까지 말타기 놀이에 열중하고 있던 다른 소년들과 다름없는 평범한 어린아이이다.

그런데 무엇이 한창 재미있던 말타기 놀이를 스스로 중단하고, 소년을 이리 급히 뛰어가게 만든 것일까? 그것은 놀이를 하다가 지나가던 마을 어른들이 하는 말을 우연히 들었기 때문이다. 바로 그 마을에 예수가 오고 계신다는 것이었다. 한창 말타기 놀이에 열중하던 소년의 귀에 들린 한 마디, '예수'라는 말에 그는 잠시 자기 귀를 의심했다.

'뭐라고? 예수님이 오신다고?'

소년은 예수라는 말을 듣자 갑자기 작은 가슴이 콩콩 뛰기 시작했다. 그는 더 이상 말타기 놀이를 계속할 수가 없었다. 그리고 잠시도 머뭇거릴 수가 없었다. 예수, 그분을 빨리 만나고 싶은 마음이 간절했기 때문이다. 소년은 평소에 그의 어머니로부터 예수님에 관한 말을 많이 들어왔다. 소년은 예수께서 소경의 눈을 뜨게 하신 일, 앉은뱅이를 일으키신 일, 죽은 자를 살리신 일 등 많은 이적과 기사에 대해 들었다. 그러나 소년이 지금 예수를 만나려 하는 이유는 단지 그런 이적이나 기사에 대한 흥미 때문만은 아니었다. 비록 어린 아이에 불과했지만 소년은 마음속에 언제나 천국에 대한 소망을 간직하고 있었기 때문이다.

소년은 그리스도이신 예수를 직접 만나 보고, 또 그분의 말씀을 듣고 싶었던 것이다. 바로 그분이 전해 주시는 하늘나라의 말씀, 곧 생명의 말씀을 듣고 싶었던 것이다. 사실 이 일은 소년이 오래 전부터 꿈꾸어 오던 일이었다. 예수님이 오셨다는 곳은 마을에서 한 15km 정도 떨어진 벳새다 동산이었다. 소년은 지금 벳새다로 가기 전, 먼저 어머니를 뵙기 위해 집으로 뛰어가는 것이다. 왜냐하면 예수님을 뵈러 가면 그 시간이 얼마나 오래 걸릴지 예측할 수 없기 때문에 사랑하는 어머니에게 걱정을 끼치지 않기 위해서였다. 소년은 동네에서도 이름 난 효자였다. 허겁지겁 뛰어오느라 온몸이 땀으로 범벅이 된 소년의 얼굴을 본 어머니는 깜짝 놀라 물었다.

"아들아, 무슨 일이 있니? 이리 허겁지겁 뛰어오다니……. 아이구, 저 땀 좀 봐!"

"어머니, 예수님이 우리 마을에 오셨대요. 저기 벳새다 언덕에서 오늘 말씀을 전하신대요. 저, 거기 다녀올게요. 어쩌면 늦을지도 몰라요."

예수님이라는 말에 소년의 어머니도 깜짝 놀랐다. 그녀는 평소 아들과 함께 하나님의 나라가 이 땅에 이루어지기를 갈망하는 참 믿음의 여인이었기 때문이다. 소년의 어머니도 아들과 함께 예수님을 만나러 가고픈 마음이 솟구쳤다. 그런데도 소년의 어머니는 그리할 수 없었다. 오늘 해지기 전까지 부탁받은 건넛마을 부잣집 마나님의 옷 짓는 일을 다 끝내야 했기 때문이었다. 여인은 남편을 일찍 여의고 아들을 홀로 키우며 삯바느질로 겨우겨우 힘든 생활을 하고 있었다.

소년의 어머니는 지체하지 않고 부엌으로 들어갔다. 아들에게 도시락을 준비해 주기 위해서였다. 워낙 가난한 집이라 싸줄 음식이 마땅치 않았다. 다행히 보리떡 다섯 개가 있었다. 그리고 작은 물고기 두 마리가 남아 있었다. 여인은 순간 주춤거렸다. 그 보리떡은 히브리어로 '마슈나'(Mashuna)다. 그런데 그 떡은 사실 일반적으로 사람이 아니라 짐승이나 먹는 저급한 것이었다. 물고기는 헬라어로 '이크수스'(ikthus)다. 그러나 소년의 어머니가 싸주고 있는 물고기는 '옵사리온'(opsarion)이었다. 이것은 일반적인 물고기보다 훨씬 작은 물고기를 말한다. 갈릴리 호수에서 어부들이 잡은 고기를 추려 큰 고기는 집으로 가져가고 너무 작아서 먹을 수 없는 것은 해변에 버리는데, 그것이 바로 '옵사리온'이다. 쉽게 말하면, 우리나라의 냇가에서 흔히 잡히는 새끼 손가락 크기의 피라미 같은 것들이다.

떡 중의 가장 저급한 떡 '마슈나', 그리고 물고기 중의 가장 작은 물고기 '옵사리온'을 사랑하는 아들의 도시락으로 싸 주어야 하는 어머니의 심정이 어떠하였을까? 집안에 돈이 떨어진 지가 여러 날 되었기 때문에 그동안 먹거리 하나 제대로 준비할 수 있는 형편이 되지 못했다. 그나마도 남아 있는 작은 물고기들은 그날 아침 일찍 갈릴리 해변에 나가 주워 온 것이었다.

소년의 어머니는 사랑하는 아들을 위한 도시락을 준비하면서 하나님께 정성껏 기도를 드리고 있다.

"하나님, 비록 보리떡 다섯 개와 작은 물고기 두 마리로 도시락을 준비하고 있지만, 이 또한 하나님께서 우리에게 주신 귀한 양식임을 믿습니다. 지금 제 아들이 예수 그리스도를 만나러 갑니다. 가는 길, 오는 길을 축복하여 주시사 평안케 하시고, 이 작은 도시락을 통해 하나님의 놀라운 은총이 함께하시기를 간절히 기도합니다. 아멘."

어머니의 기도 소리는 비록 가녀렸지만, 그 목소리에는 진정한 감사와 충만함이 넘쳐났다. 어머니의 기도 소리가 소년의 귀에까지 들려왔다. 어머니의 기도가 끝나는 순간, 소년 또한 작은 목소리로 "아멘"을 합창했다.

소년은 어머니의 정성이 잔뜩 깃든 도시락을 옆구리에 끼고 벳새다 언덕을 향하여 뛰어갔다. 예수님을 만나고 싶은 마음에 몹시 급했기 때문이다.

*벳새다 언덕

얼마나 뛰어왔을까? 소년은 순식간에 벳새다 언덕에 이르렀다. 온몸에 땀이 잔뜩 배었지만 그런 것은 문제가 되지 않았다. 오직 예수님을 빨리 만났으면 하는 마음만이 간절했기 때문이다. 소년이 언덕에 도착했을 때, 그는 그만 소리를 지를 뻔했다. 거기에는 생각지도 못한 수많은 인파로 뒤덮여 있었기 때문이다. 벳새다 언덕 풀밭에서 예수님이 집전하시는 야외예배에는 남자만 5천 명, 그러니까 남녀노소 합하면 대략 2만여 명의 무리가 참석했다. 소년은 깜짝 놀랐다. 이렇게 많은 인파를 만나기는 생전 처음이었기 때문이다. 그날 많은 무리가 벳새다 언덕에 모인 것은 마침 유월절이 가까웠던 때이기도 했지만, 대부분의 사람들은 예수에 대한 호기심 때문이었고, 또 다른 사람들은 자기들의 병을 고치기 위함이었다. 매스컴이 발달하지 않은 시대였지만, 예수께서 행하신 온갖 이적과 병 고침의 은사가 이미 많은 사람들의 입을 통해 널리 알려졌기 때문이었다.

아직 예배는 시작되지 않았다. 소년은 조금이라도 가까운 곳에서 예수님을 보고자 앞쪽으로 다가와 앉았다. 앞에서 한 오십 번째 줄 정도 되는 것 같았다. 물론 자리는 없었지만 체구가 작은 소년인지라 어른들의 양해를 구해 가며 조금씩 앞쪽으로 다가갔던 것이다. 드디어 예수님이 나타나셨다. 예수님은 보통의 키에 약간 마른 체구였다. 특별히 잘생긴 얼굴은 아니었지만 누가 보아도 인자하고 거룩한 모습이었다. 그리고 길게 기른 머리카락 사이로 번쩍이는 두 눈은 무언가 평범하지 않은 분이심을 나타내고 있었다.

"아, 예수님이다. 저분이 예수님이야! 어머니께서 말씀하셨던 그리스도, 바로 그분이야!"

소년의 입에서는 자기도 모르는 사이 가벼운 감탄이 터져나왔다.

예수님은 그날 예배에서 회개와 천국의 소망에 대해 말씀하셨다. 예수님의 한 마디 한 마디가 소년의 마음을 크게 움직였다. 어머니를 통해 들었던 진리의 말씀을 예수 그리스도를 통해 직접 듣는 소년에게는 모든 것이 새로워 보였다. 갑자기 어디선가 새 빛이 비쳐 오고 어둠이 물러가는 느낌이었다. 그동안 마음속에 맺혀 있던 무거운 덩어리가 한순간에 뻥 뚫리는 듯한 느낌이었다. 그리고 그 순간 갑자기 알 수 없는 기쁨과 평안이 넘쳐났다. 이런 행복감은 세상에 태어나 처음 느끼는 것이었다. 소년은 자신의 온몸이 갑자기 구름 위에 둥둥 떠가는 듯한 느낌에 사로잡혔다.

예수님은 말씀이 끝나자 곧이어 일일이 무리들 속을 돌아다니시면서 친히 그들을 어루만지며 병을 고쳐 주셨다. 그러는 동안 시간이 많이 흘렀다. 어느덧 날이 어두워 오기 시작했다. 저녁 때가 되었다. 이들의 배고픔을 아신 예수님은 그들을 그냥 돌려보낼 수가 없었다.

***보리떡 다섯 개와 물고기 두 마리의 기적**

주님은 먼저 제자인 빌립에게 이렇게 말씀하셨다.

"빌립아, 우리가 어디서 떡을 사다가 이 사람들을 먹게 해 주었으면 좋겠다."

물론 가진 돈이 없음을 잘 아시는 예수님이었지만 빌립을 시험하고자 하신 말씀이었다. 그것을 알아차릴 리 없는 빌립은 어이가 없다는 듯이 이렇게 대답한다.

"주님, 이 사람들에게 조금씩 먹게 한다고 해도 이백 데나리온이 넘게 들 것 같습니다."

한 데나리온은 당시 노동자 한 사람의 하루 일당이다. 그러면 이백 데나리온이라면 200명의 하루 일당에 해당된다. 캐나다 돈으로

환산하면 대충 2만 달러 정도 되지 않을까? 큰돈이다. 계산에 빠른 빌립은 대책 없는 예수님의 말에 분통이 터졌는지도 모를 일이다. 예수님과 빌립의 대화를 듣고 있던 다른 제자, 곧 베드로의 형제인 안드레가 혹시 먹을 것이 있나 하여 무리들 사이를 헤집고 다녔다.

"여러분, 혹시 먹을 것을 가지고 오신 분 있습니까? 누구 먹을 것 가져오신 분……."

이리저리 군중들 사이를 헤집고 돌아다니며 소리쳐 보았지만 누구 하나 먹을 것을 가지고 왔다는 사람은 없었다.

얼마나 돌아다녔을까, 그때 한 어린아이가 자리에서 조용히 일어났다. 그리고 이렇게 말했다.

"아저씨, 여기 제 도시락이 있어요."

여린 목소리로 말하는 어린아이의 음성에는 부끄러움이 잔뜩 서려 있었다. 변변치 못한 도시락이었기 때문이다. 안드레는 얼른 소년의 도시락을 손으로 받아 열어 보았다. 보리떡 다섯 개와 물고기 두 마리였다. 순간 안드레의 얼굴이 찡그러졌다. 물고기 다섯 마리 때문이었다. 안드레는 예전 어부 시절 갈릴리 호수에서 물고기 잡을 때의 일이 순간 주마등처럼 스쳐 지나갔다. 그의 형제 베드로와 함께 갈릴리 호수에서 그물을 걷어올릴 때마다 큰 물고기인 '이크수스'와 함께 작은 물고기인 '옵사리온'이 잡혔다. 너무나 작아 먹기조차 귀찮은 그 물고기를 일일이 그물에서 꺼내어 해변에 던져버리던 일이 기억났다. 어떤 날은 큰 물고기보다 작은 물고기 '옵사리온'이 더 많이 잡혀 짜증이 나기도 했다.

안드레는 몹시 실망한 표정이었지만 먹을 것이라고는 오직 그것뿐이었다. 그는 어린아이의 도시락을 들고 예수께 나아갔다. 그리고 걱정스러운 표정으로 이렇게 말한다.

"주님, 여기 한 어린아이가 보리떡 다섯 개와 물고기 두 마리를 가지고 있습니다. 그러나 이렇게 많은 사람에게 무슨 소용이 있겠습니까?"

안드레의 말은 사실 비꼬는 것이었다. 그것을 쳐다보는 다른 제자들 또한 실망하는 눈빛이 역력했다. 그러나 오직 한 사람의 얼굴에는 잔잔한 미소가 번졌다. 바로 예수님이셨다. 안드레가 어린아이로부터 가져온 도시락을 정성껏 받아든 예수님은 그 도시락을 하늘 높이 들어 하나님께 감사기도를 드린 후, 베드로를 비롯한 요한과 야고보 등 몇몇 제자들에게 그것을 나누어 주셨다. 그리고 그것을 배고픈 무리들에게 떼어 주라고 말씀하셨다. 예수님의 말씀에, 순간 열두 제자들은 모두 당혹스런 모습이었다. 그러나 제자들은 주님의 말씀을 차마 거역할 수 없어 엉거주춤한 모습으로 무리들에게 나아갔다. 겉으로 드러나게 큰 소리로 말은 못했지만 모두가 한 마디씩 툴툴거렸다. 성질 급한 베드로가 제일 먼저 나섰다.

"아니, 이건 옵사리온 아니야? 먹을 것도 없는 이 작은 물고기를 저 많은 사람들에게 나누어 주라니? 나 원 참……."

혼잣말처럼 지껄인 베드로의 말이었지만 본래 목소리가 크고 거칠어 다른 제자들이 모두 들을 수 있었다. 베드로의 투정에 이어 역시 성질이 급하고 난폭해서 예수님으로부터 '우레의 아들'이라는 별명을 들은 요한이 맞받아쳤다.

"아니, 스승님이 미쳤나? 어른 한 사람이 먹을거리도 안 되는 형편

없는 이것을 저 많은 사람들에게 나누어 주라니……."

안드레도 야고보도, 그리고 다른 제자들도 겉으로 말은 안 했지만 설익은 떫은 과일을 씹은 것처럼 모두 떨떠름한 표정이었다.

"에라, 모르겠다."

성질 급한 베드로가 심통이 나서 될 대로 되라는 듯이 제일 먼저 무리들 앞으로 나아갔다. 그러고는 눈앞에 있는 한 사람을 향해 조금은 귀찮다는 듯이 물고기와 떡을 거칠게 떼어 주었다.

그 순간 베드로는 화들짝 놀랐다. 그의 두 눈이 갑자기 휘둥그레졌다. 무엇을 본 것일까? 그것은 분명 방금 전 물고기와 떡을 떼어 주었음에도 불구하고 자기 손에 들고 있는 물고기와 떡은 여전히 그대로였기 때문이다. 베드로는 순간 자기 눈을 의심했다.

'아니, 내가 벌써 눈이 나빠진 것인가?'

베드로는 자기 눈을 의심하며 두 눈을 비벼 보았다. 그러나 달라진 것은 없었다. 손에 들고 온 물고기와 보리떡은 변함없이 예수님께 받은 그대로였기 때문이다. 베드로는 다시 물고기와 떡을 떼어 그 사람에게 넉넉히 주었다. 그런데도 여전히 자기 손에 들고 있는 물고기와 보리떡은 변함이 없었다. 그제서야 베드로는 진실을 알아차렸다. 그리고 지난 시간 동안 주님께서 행하셨던 여러 이적과 기사가 기억났다.

주님을 처음 만난 지 얼마 지나지 않았을 때, 가나의 혼인잔치에서 물로 포도주를 만드신 일이 기억났다. 문둥병자를 고치신 일, 오직 말씀으로 백부장의 하인의 중풍을 고치신 일, 혈루증 여인의 병을 고치신 일이 생각났다. 열병에 시달리던 자기 장모의 병을 고쳐 주신 일도 생각났다. 그런가 하면 귀신 들린 자를 고치신 일도 기억났다. 또 큰 물결을 꾸짖어 잔잔케 하신 일도 기억났다. 죽었던 소녀를 살리신 일도 기억났다. 그때서야 베드로는 지금 자기 앞에 어떤 일이 일어나고 있는지를 분명히 깨달았다.

그 순간 검게 그을린 베드로의 얼굴에는 야릇한 미소가 피어올랐다. 베드로는 신이 나서 손에 쥔 물고기와 보리떡을 무리들에게 나누어 주었다. 그러면서 슬쩍 다른 쪽을 쳐다보았다. 자기 형제 안드레도, 그리고 자기 라이벌인 요한도, 또 다른 제자들도 모두 다 열심히 물고기와 보리떡을 떼어 나누어 주고 있었다. 열두 제자들 모두 얼굴이 발갛게 상기되어 있었다. 제자들은 비록 서로 말은 안 했지만 그 순간 자기들 앞에 어떤 일이 벌어지고 있는지를 잘 알고 있었다.

제자들이 나누어 주는 보리떡과 물고기를 받아먹는 무리들은 신이 났다. 그것이 비록 고급 음식은 아니었지만, 시장기가 도는 저녁 시간에 마음껏 먹을 수 있으니 흡족했던 것이다. 게다가 그 당시는 먹을거리가 절대 부족한 시절인지라 대부분의 사람들은 가난했다. 그래서 언제나 배가 고팠다. 오랜만에 마주하는 넘쳐나는 음식에 모두 정신없이 먹는 일에만 열중이었다. 무리들은 이렇듯 실컷 먹어 본 것이 언제인지조차 잘 기억나지 않았다.

그리고 그 시간 어떤 일이 벌어지고 있는지 그 많은 무리 가운데 아는 사람은 없었다. 그러나 오직 한 사람만은 모든 것을 알고 있었다. 그는 바로 주님께 자기의 모든 것을 드린 어린아이였다.

*오병이어(五餠二漁)의 진실

이 이야기는 실제로 2천 년 전 이스라엘의 어느 들녘에서 예수님과 함께 드렸던 야외예배 때 일어난 일을 기록하고 있다. 이 사건을 일컬어 흔히 '오병이어의 사건' 또는 '오병이어의 기적'이라고 말하고 있다. 어려운 한자어인데 모두 참 쉽게 이야기한다. 무슨 뜻인가?

다섯 오(五), 떡 병(餠), 두 이(二), 고기 어(漁) 자이다. 다시 말해, 보리떡 다섯 개와 물고기 두 마리를 이야기하는 것이다. 내용은 간단하다. 그날 벳새다의 야외예배에서 보리떡 다섯 개와 물고기 두 마리로 5천 명을 먹이고도 12광주리가 남았다는 이야기이다.

그러면 이 사건을 대할 때 사람들이 느끼는 감정은 무엇일까? 아마 다음 세 가지로 나타날 것이다.

1. 믿을 수 없는 이야기다.
2. 믿을 수 있는지, 없는지 잘 모르겠다.
3. 믿을 수 있는 이야기다.

자유주의 신학자들은 이 사건을 이렇게 해석한다. 2천 년 전 당시 이스라엘은 먹을거리가 절대 부족했기 때문에 사람들은 집을 나설 때 대부분 자기 먹을거리를 가지고 다녔다는 것이다. 따라서 사실은 그날도 많은 사람들이 자기 먹을 것을 가지고 왔다는 것이다. 그런데 먹을거리를 꺼내라는 제자들의 말에 모두들 자기 것이 아까워 꺼내지 않고 눈치를 보고 있었는데, 한 어린아이가 자기 도시락을 꺼내자 그때서야 무리들이 부끄러움을 느껴 자기의 도시락을 꺼내 함께 먹었다는 이야기이다. 그럴 듯한 이야기지만 완전히 자의적인 해석이다.

본문에서 특히 눈에 띄는 것은 숫자이다. 오천 명, 물고기 두 마리, 보리떡 다섯 개, 그리고 열두 광주리……. 사람들이 너무 숫자에 집착하니까 어려운 한자어로 '오병이어'(五餠二漁)라는 말이 자연스레 나온 것이다. 수많은 목회자들이 이 본문으로 설교를 했다. 그런데 그 설교 제목을 보면 거의 대부분 '오병이어'라는 말이 들어가 있다. 그 설교의 초점이 어디에 있는지를 한눈에 보여준다. 성경을 대할 때 그 초점을 어디다 맞추느냐에 따라 성령께서 우리에게 허락하시는 은혜는 전혀 다르다.

어떻게 이런 일이 일어날 수 있는 것인가? 벳새다 언덕의 기적은 가장 작은 자로부터 일어났다. 어린아이는 그날 숫자에도 들지 못하는 가장 어리고 미약한 존재였다. 그러나 그 어린아이가 자기의 모든 것을 내놓았을 때 비로소 주님의 기적이 일어났던 것이다. 그것은 바로 자기보다 못한 자, 다시 말해 자기보다 가지지 못한 자를 위한 긍휼과 사랑의 마음이었다. 그리고 희생과 헌신의 마음이었다. 그러므로 주님은 오늘도 우리에게 어린아이와 같은 마음을 가지라고 말씀하시는 것이다.

> "진실로 너희에게 이르노니 너희가 돌이켜 어린아이들과 같이 되지 아니하면 결단코 천국에 들어가지 못하리라"(마 18:3).

어린아이가 내놓은 보리떡 다섯 개와 물고기 두 마리, 그것은 어른 한 사람의 배를 채우기에도 턱없이 부족한 것이었다. 그러나 그 미미한 것이 5천 명을 배불리 먹이고도 12광주리가 넘치게 했던 것이다.

*벳새다의 기적은?

어린아이의 한 끼 도시락, 그것은 한 끼의 생명의 분량이다. 그러면 어린아이가 내놓은 것은 단순한 보리떡 다섯 개와 물고기 두 마리가 아니다. 그것은 바로 어린아이의 그 분량만큼의 생명이었던 것이다. 어린아이가 한 끼 분의 자기 생명을 기꺼이 내어놓았을 때, 주님은 그 작은 생명을 통해 5천 명의 거대한 생명의 역사를 일으키셨던 것이다.

그런가 하면 벳새다 언덕의 기적은 자기의 것을 내어놓을 때 일어난다. 생각해 보라. 그날 벳새다 언덕에 운집한 5천 명의 무리 중 먹을 것을 가지고 온 사람이 정말 어린아이 한 사람뿐이었을까? 아닐 것이다. 그중에 백 명, 아니 열 명, 아니 다른 한 사람이라도 누군가 먹을 것을 가지고 온 사람이 있었을 것이다. 어쩌면 어린아이의 도시락이었던 보리떡 다섯 개와 물고기 두 마리보다 더 맛있고 좋은 먹을거리를 가지고 온 사람이 있었을 것이다. 그러나 그 사람에게서는 결코 어떤 기적도 나타나지 않았다.

기적은 이처럼 나의 모든 것을 기꺼이 주님께 내어 놓을 때 비로소 나타난다. 어느 누가 설령 천하의 값비싸고 고귀한 산해진미를 가지고 왔을지라도 그것을 자기 두 손에 움켜쥐고만 있다면 벳새다 언덕의 기적은 결코 일어나지 않는다는 사실이다.

벳새다의 기적을 체험해 보았는가? 벳새다의 기적은 2천 년 전 어느 날 특정한 장소에서 일어난 단순한 역사적 사건이 아니다. 벳새다의 기적은 지금도, 그리고 바로 여기에서도 일어나고 있다.

아직도 우리의 두 손에 잔뜩 움켜쥐고 있는 것은 무엇인가?

이제는 꽉 움켜진 두 손을 활짝 펴야 할 시간이다. 그리고 내려놓아야 할 시간이다. 아까워서 차마 내려놓지 못하는 나의 그 무엇을 내려놓을 때 비로소 놀라운 벳새다의 기적은 시작된다.

주님은 보잘것없는 가장 작은 자인 나를 위해 고난의 십자가 위에 스스로 오르셨다. 그리고 그 십자가 위에서 당신의 고귀한 생명을 아낌없이 내놓으셨을 때 비로소 위대한 구원의 역사가 일어났다. 이 놀라운 사실을 믿는가?

생각해 보라. 만약 주님께서 죽음이 두려워 그 십자가에 오르지 않으셨다면, 어떤 구원의 역사도 일어나지 않았을 것이다. 그렇다면 그것은 우리에게 영원한 죽음의 역사요, 말할 수 없는 비극의 역사일 것이다. 그러면 이제 우리를 위해 당신의 고귀한 생명을 아낌없이 내놓은 주님께 우리가 화답할 차례이다.

오늘 우리가 내놓을 것은 무엇인가? 또 주님께 어떻게 내놓을 수 있는 것인가? 그것은 우리가 주님을 대신해서, 바로 내 이웃을 위해 내가 움켜쥔 것을 내려놓는 것이다. 바로 헌신이다. 희생이다. 그리고 사랑이다. 바로 주님처럼 가장 작은 자를 섬기는 것이다.

주님은 이렇게 말씀하신다.

> "내가 진실로 너희에게 이르노니 너희가 여기 내 형제 중에 지극히 작은 자 하나에게 한 것이 곧 내게 한 것이니라"(마 25:40).

내어놓을 것이 없다고 말하지 말라. 섬길 형편이 되지 않는다고 말하지도 말라. 보잘것없는 보리떡 다섯 개와 작은 물고기 두 마리 정도는 이미 우리에게 주셨다. 나 혼자만을 위해 그것을 움켜쥐고 있느냐, 아니면 이웃을 위해 내어놓느냐의 결단은 각자의 몫이다. 그러나 기억해야 할 진리가 있다. 내가 무엇을 움켜쥐고 있는 한 벳새다의 기적은 결코 일어나지 않는다는 사실이다.

세상은 날로 각박해져 가고 있다. 자기 자신 외에는 그 누구도 보이지 않는다. 지독한 이기심이 하늘을 찌를 듯하다. 천박한 자본주의가 세상을 지배하고 있다. 모두가 맘몬의 꼭두각시가 되어 허탄한 욕망의 춤을 추고 있다. 끝까지 자기 도시락을 내놓지 않았던 4,999명의 욕망의 무리들처럼 모두가 그렇게 자기 것만을 잔뜩 움켜쥐고 있다. 물질 문명이 극에 달한 21세기 벳새다 언덕에는 여전히 풍요 속의 빈곤이 계속되고 있다. 그러나 진정 우리가 바라보아야 할 것은 눈에 보이는 물질보다는 오히려 눈에 보이지 않는 영적인 빈곤이다. 주위를 둘러보면 모두가 황량한 벌판이다. 죄악의 세찬 먼지바람만이 속절없이 휘날리고 있다. 이 혼란한 시대에 주님은 진정한 헌신자를 찾고 계신다. 한 어린아이와 같은 가장 작은 자를 찾고 계신다. 그를 통해 하나님의 나라와 그 의를 이루기를 원하신다.

이제는 우리가 한 어린아이가 되어야 한다. 작은 자가 되어야 한다. 그리고 주님께 겸허한 모습으로 나아가야 한다. 진정 벳새다의 기적을 체험하고 싶다면 말이다. 벳새다 언덕의 기적은 아직 끝나지 않았다.

*다시 달리는 아이

한 소년이 언덕을 뛰어 내려가고 있다. 한나절 전 저 아랫마을로부터 언덕 위까지 뛰어 올라왔던 바로 그 소년이다. 그러나 지금은 언덕을 올라올 때보다 훨씬 더 빠른 속도로 언덕을 뛰어 내려가고 있다. 그것은 단순히 내리막길이어서만은 아니다. 오랜 가뭄으로 인해 울퉁불퉁 딱딱하게 굳은 길이었지만, 소년에게 있어 그 길은 부드러운 카펫을 깔아놓은 것처럼 폭신폭신하게만 느껴졌다. 아니, 저 하늘 위 뭉게구름 위를 사뿐히 걸어가는 듯한 느낌이었다.

그렇게 언덕길을 날아가듯 뛰어 내려가는 소년의 얼굴에는 남들이 알 수 없는 기쁨과 평강이 넘쳐나고 있었다. 그리고 그 순간 소년의 눈에 비친 주위의 모든 것들이 갑자기 아름다운 파노라마로 다가왔다. 매일 지나가면서 바라보던 나무들이 눈이 부시도록 아름다웠다. 길가에 피어난 이름 없는 작은 들꽃들이 아름다웠다. 여기저기 제멋대로 자라난 잡초도 아름다웠다. 뛰어가는 발길에 가끔씩 차이는 작은 돌들도 아름다웠다. 그리고 뛰어가는 발걸음과 함께 흡사 버섯처럼 피어나는 마른 땅의 흙먼지조차 아름다웠다.

소년은 자기가 지금까지 살아온 세상이 이처럼 아름다웠음을 처음 느꼈다. 소년의 눈에 보이는 모든 것들이 찬란한 아름다움으로 다가왔다. 순간 소년은 지금 자신이 천국에 온 것은 아닌가 하는 착각에 잠시 빠지기도 했다. 모든 것이 아름답고 모든 것이 평안하다. 어디선가 감미로운 선율이 그의 영혼을 울린다. 그 선율은 소년이 지금까지 이 세상에서 단 한 번도 들어 보지 못한 것이었다. 그리고 그 순간 꽃 향기도 아닌, 그리고 과일의 향기도 아닌, 무언가 알 수 없는 그윽한 향기가 소년을 취하게 했다. 소년은 그 순간 꿈을 꾸는 것 같았다.

소년은 더 빠른 속도로 언덕을 뛰어 내려갔다. 소년은 빨리 사랑하는 어머니를 만나고 싶었기 때문이다. 그리고 어머니에게 이렇게 말하고 싶었다.

"엄마, 나 오늘 예수님을 만났어요. 그분이 엄마가 제게 싸준 도시락으로 5천 명을 먹이셨어요. 그 작은 보리떡 다섯 개와 물고기 두 마리로요. 엄마가 싸 준 바로 그 도시락으로 말이에요."

소년의 발걸음은 점점 더 빨라져만 갔다. 그때 어디선가 불어오는 한 줄기 하늬바람이 소년의 얼굴에 잔뜩 맺혀 있는 굵은 땀방울을 거두어 갔다.

물 위를 걷는 자

마태복음 14장 22-33절

"예수께서 즉시 제자들을 재촉하사 자기가 무리를 보내는 동안에 배를 타고 앞서 건너편으로 가게 하시고 무리를 보내신 후에 기도하러 따로 산에 올라가시다 저물매 거기 혼자 계시더니 배가 이미 육지에서 수리나 떠나서 바람이 거슬리므로 물결을 인하여 고난을 당하더라 밤 사경에 예수께서 바다 위로 걸어서 제자들에게 오시니 제자들이 그 바다 위로 걸어오심을 보고 놀라 유령이라 하며 무서워하여 소리지르거늘 예수께서 즉시 일러 가라사대 안심하라 내니 두려워 말라 베드로가 대답하여 가로되 주여 만일 주시어든 나를 명하사 물 위로 오라 하소서 한대 오라 하시니 베드로가 배에서 내려 물 위로 걸어서 예수께로 가되 바람을 보고 무서워 빠져 가는지라 소리질러 가로되 주여 나를 구원하소서 하니 예수께서 즉시 손을 내밀어 저를 붙잡으시며 가라사대 믿음이 적은 자여 왜 의심하였느냐 하시고 배에 함께 오르매 바람이 그치는지라 배에 있는 사람들이 예수께 절하며 가로되 진실로 하나님의 아들이로소이다 하더라."

*성경 속 기적의 사건들

성경을 믿을 수 있는가? 또 예수 그리스도를 믿을 수 있는가? 그리고 성경 속에 등장하는 예수 그리스도의 기적의 사건들을 믿을 수 있는가? 예수는 믿고 싶은데, 성경 속에 나오는 예수의 기적 사건은 믿을 수 없다는 사람들이 많다. 인간적인 예수는 믿을 수 있는데, 신적(神的)인 예수는 믿을 수 없다는 것이다. 다시 말해, 예수님을 위대한 성인이나 위인으로는 믿을 수 있지만 하나님으로는 믿을 수 없다는 것이다.

만약 성경에서 기적의 사건들을 모두 제거해 버린다면 예수를 믿을 수 있는가? 성경의 이런 문제들이 자유주의 신학자들을 비롯한 일단의 신학자들로부터 '역사적 예수 연구'라든지, '신약성서의 비신화화' 작업 등을 통해 오래 전부터 이루어져 왔다. 그리고 지금도 신학계 일각에서는 이러한 연구와 주장이 계속되고 있다.

필자는 예수 그리스도를 믿는다. 그리고 일점 일획이라도 추호의 의심 없이 성경이 살아 계신 하나님의 말씀임을 믿는다. 왜 믿는 줄 아는가? 역설적(逆說的)으로 말한다면, 바로 그 기적의 사건이 있어서 믿는다. 그리고 바로 그런 기적을 일으키시는 예수 그리스도이시기에 그분을 구세주로 믿는다.

만약 성경에 아무런 기적의 사건이 없다면, 어찌 그것을 천지만물을 창조하신 전능하신 하나님의 말씀이라고 믿을 수 있는가? 또한 예수께서 어떤 기적이나 능력을 행하실 수 없는 우리와 같은 평범한 인간이었다면, 어찌 그를 하나님의 아들이요 우리의 구원자이신 그리스도라고 믿을 수 있겠는가? 그렇다면 그가 세계 4대 성인 중의 한 분으로서 공자나 석가모니, 또는 소크라테스와 같은 위인과 다를 바가 무엇이겠는가? 만약 예수 그리스도가 공자, 석가모니, 소크라테스와 같은 분이라면 인류의 위대한 스승으로 존경할 수는 있어도, 결코 그분을 신앙의 대상으로 믿고 따르며 헌신할 수는 없는 것이다.

그러나 성경에는 놀라운 기적의 사건이 있어 그것을 전능하신 하나님의 말씀으로 믿을 수 있다. 그리고 예수님께서 그 많은 기적을 행하심으로 말미암아 그분이 진정 살아 계신 하나님의 아들이시요 우리의 구원자이심을 믿을 수 있다. 그러나 단순히 기적의 사건으로만 예수 그리스도를 믿는다는 것은 아니다. 다만 역설적으로 말했을 뿐이다. 예수 그리스도의 길을 예비하기 위해 세상에 온 세례 요한이, 어느 날 예수님이 정말 그리스도인가에 대해 의문이 생겼다. 그래서 그의 제자 한 사람을 예수님께 보내 물었다.

"저의 스승이신 세례 요한 선생님께서 보내서 왔습니다. 예수 선생님, 선생님이 정말 오실 그분이십니까? 선생님이 정말 메시아입니까?"

이때 예수님은 이렇게 답변하셨다.

> "대답하여 가라사대 너희가 가서 보고 들은 것을 요한에게 고하되 소경이 보며 앉은뱅이가 걸으며 귀머거리가 들으며 문둥이가 깨끗함을 받으며 귀머거리가 들으며 죽은 자가 살아나며 가난한 자에게 복음이 전파된다 하라"(눅 7:22).

예수님께서는 이사야 선지자의 예언을 인용하심으로 자신이 하나님의 아들임을 선포하셨다. 각색 병든 자들을 고치심으로써 자신이 메시아임을 선포하셨다. 죽은 자를 살리심으로 자신이 그리스도임을 선포하셨다. 곧 이적과 기사를 나타내심으로써 자신이 능력의 하나님임을 선포하셨던 것이다. 따라서 기적 없는 예수는 결코 생각할 수 없다. 능력을 행하지 못하는 예수는 결코 그리스도라 할 수 없기 때문이다.

*자유주의 신학자들의 견해

일단의 자유주의 신학자들은 예수님이 물 위를 걸은 사건에 대해 이렇게 주장한다. 어떤 자유주의 신학자의 주장이다.

“예수님이 실제로 물 위를 걸은 것이 아니라, 물 위에 떠다니고 있는 얼음 조각 위를 걸은 것이다. 갈릴리 호수는 극히 드물게 일부분이 얼음층을 형성할 수 있었는데, 예수님이 얼음 위에 서 있는 것을 물 위에 서 있는 것으로 제자들이 착각했다.”

갈릴리 호수의 수면 아래에서 얼음층이 형성되는 상황은 오늘날 거의 발생하지 않지만, 예수님 당시에는 30-160년 만에 한 번 꼴로 발생할 수 있었을 것이라는 그의 추정이다. 그렇다면 예수님이 물 위를 걸어오신 사건은 실제 물이 아니라 물 위에 형성된 작은 얼음 조각을 걸었다는 가설을 생각해 보자. 이 가설은 참으로 우스꽝스럽다.

예를 들어, 이 장면을 할리우드의 어느 영화배우가 재현한다고 상상해 보자.

첫 번째 장면

예수님의 역할을 맡은 배우는 불안정한 얇은 얼음 조각 위에서 미끄러지지 않도록 애를 쓰며 서 있다. 이때 열두 제자의 역할은 배 안에서 그들의 스승이 작은 얼음 조각 위에서 균형을 잡기 위해 흔들거리며 애쓰는 모습을 바라보며 경외심을 갖는 것처럼 표정을 지어야 한다. 그런데 갑자기 예수 역할을 맡은 배우가 비틀거리더니 미끄러져 물에 풍덩 빠져버린다. 엄숙한 표정을 짓고 있던 열두 제자 역할의 배우들이 갑자기 깔깔거리며 웃는다. 감독의 커트 사인이 떨어진다. N.G.

두 번째 장면

카메라가 다시 돌아가고 예수 역할을 맡은 주연 배우가 얼음판 위에서 겨우 균형을 유지하며 서 있다. 이어 베드로 역할을 맡은 배우가 배에서 바다로 뛰어내린다. 그러나 그는 얼음판을 밟자마자 미끄러져 물 속으로 풍덩 빠져버린다. 다른 배우들이 또다시 모두 깔깔 웃는다. 역시 감독의 커트 사인이 떨어진다. N.G.

세 번째 장면

물에 빠져들어 가는 베드로 역의 배우가 소리지른다.

"주여, 나를 구원하소서."

다른 얼음 위에 서 있던 예수 역의 배우가 물속에 있는 배우에게 손을 내밀어 끌어올리려다가 함께 미끄러져 물속으로 풍덩 빠진다. 다시 배우들의 웃음소리가 조금 전보다 더 크게 울려퍼진다. 다시 감독의 커트 사인과 함께 N.G.

위의 내용은 언젠가 인터넷에 실렸던 희화적(戱畵的)인 장면을 예를 들어 살펴본 이야기지만, 사실 성경의 기적을 기적 아닌 것으로 꾸미거나 만들기도 참 어렵다. 엄연한 사실을 허구의 이야기로 꾸미려니 그것이 오히려 웃음거리가 될 뿐이다. 자유주의 신학자들에게는 신화와 같은, 그래서 필히 성경에서 제외하고 싶은 이야기, 다시 말해 예수님께서 물 위로 걸어오신 이 사건에 좀 더 접근해 보자. 예수님께서 물 위를 걸으신 이 사건을 바르게 이해하려면, 먼저 이 사건 직전에 어떤 일이 있었는지를 살펴보지 않으면 안 된다.

이 사건은 유명한 오병이이 사건, 다시 말해 물고기 두 마리와 떡 다섯 개로 오천 명을 먹이신 기적의 사건 뒤에 일어났다. 예수님께서 제자들을 배에 태워 갈릴리 바다 건너편으로 먼저 보내시고 홀로 기도하러 산에 오르셨다. 제자들이 배를 타고 가는 동안 밤이 깊었다. 그때 갑자기 광풍이 몰아치며 거친 풍랑이 일어 제자들이 타고 있던 배가 마구 흔들거렸다. 제자들은 곧 배가 침몰되어 물에 빠져 죽을 것 같은 공포와 절망감에 빠졌다.

그때 풍랑 이는 어두운 바다 한가운데서 걸어오는 한 그림자가 있었다. 예수 그리스도셨다. 그런데 제자들은 바다 위로 걸어오는 그 그림자에 경악하고 비명을 질렀다. 물 위로 걸어오시는 예수님을 유령으로 착각했던 것이다. 불과 몇 시간 전 벳새다 언덕에서 물고기 두 마리와 떡 다섯 개로 오천 명을 먹이신 예수님의 놀라운 기적을 체험했던 제자들이었다. 그리고 그 기적의 떡과 물고기를 함께 먹는 기쁨을 누렸던 제자들이었다. 그런데 지금은 주님이 배에 계시지 않음으로 인해 절망에 빠져 있는 것이다. 그리고 바다 위로 걸어오시는 예수님이 유령인 줄 알고 오히려 더 공포에 질려 있는 것이다. 이것이 조금 전 오병이어의 기적을 체험한 제자들의 모습이었다.

우리는 여기서 중요한 진리를 발견한다. 그것은 능력을 체험한 것이 곧 믿음은 아니라는 것이다. 즉 기적을 목격한 것이 믿음은 아니라는 것이다. 오히려 믿음은 보지 못하고 체험하지 못하는 것을 믿는 것이다. 그래서 히브리서 기자는 이렇게 말한다.

"믿음은 바라는 것들의 실상이요 보지 못하는 것들의 증거니"(히 11:1).

바다 위를 걸어오시는 예수님은 자신을 보고 놀라 비명을 지르는 제자들을 향해 이렇게 말씀하신다.

"안심하라 내니 두려워 말라"(마 14:27).

이에 베드로는 이렇게 말한다.

"주여 만일 주시어든 나를 명하사 물 위로 오라 하소서"(마 14:28).

주님은 즉시 오라고 손짓하신다. 베드로는 지체하지 않고 바다 위로 뛰어내린다. 그 순간 놀라운 일이 벌어졌다. 베드로가 물 위로 걷기 시작한 것이다. 예수님과 베드로가 어두운 밤 갈릴리 바다 위를 함께 걷고 있다. 천지를 창조하신 하나님과 피조물인 인간이 풍랑 이는 바다 위를 함께 걷고 있다. 지상 최대의 대파노라마가 펼쳐

지고 있다. 물론 이 장엄하고 황홀한 파노라마는 그리 오랜 시간 동안 계속되지는 않았다. 곧이어 베드로는 불어오는 바람을 보고 무서워하다가 물에 빠지고 말았기 때문이다.

그러면 잠시나마 베드로가 물 위로 걸을 수 있었던 이유는 무엇이었는가? 베드로가 물 위로 뛰어내리는 순간 그의 시선이 닿은 곳은 바로 주님의 얼굴이었다. 주님의 얼굴을 바라보았을 때 그는 성난 파도가 출렁이는 어두운 밤바다임에도 불구하고 담대히 뛰어내릴 수 있었다. 이 순간을 좀 더 깊이 묵상해 보자. 주님께서 베드로에게 오라고 말씀하시자마자 성질 급한 베드로는 생각할 틈도 없이 바다 위로 뛰어내렸다. 아마 사려 깊고 신중한 사람이었다면 그리 쉽게 풍랑 이는 바다 위로 뛰어내리지 못했을 것이다. 그러나 베드로는 언제나 생각보다 행동이 한 박자 더 빠른 사람이었다. 스스로도 제어하지 못할 정도로 순식간에 물 위에 뛰어내린 베드로는 주님만 바라보며 달려갔다.

그는 그 순간 자신이 물 위를 걷고 있다는 생각조차 하지 못했다. 물 위를 얼마나 걸었는지는 모른다. 세차게 불어오는 바람에 바닷물이 크게 요동치면서 베드로의 몸도 함께 요동쳤다. 베드로는 순간 몸의 균형을 잡느라 움찔했다. 흡사 거친 파도 위에서 서핑을 하는 사람처럼 베드로의 몸이 파도와 함께 위로 치솟았다가는 아래로 떨어졌다. 그런데도 그는 넘어지지 않고 물 위를 걸었다. 순간 조금 전보다 더욱 거세게 불어오는 바람과 함께 몰아닥친 거친 파도가 베드로의 얼굴을 때렸다. 그 순간 갑자기 베드로는 큰 두려움에 빠졌다. 지금까지 주님을 향했던 그의 시선이 세차게 몰아치는 바람을 바라보았다. 그 순간 베드로는 바다에 빠지고 말았다.

조금 전까지 예수님과 함께 풍랑 이는 바다 위를 당당하게 걷던 베드로가 물에 빠져 떠내려가며 소리를 지른다.

"주여 나를 구원하소서"(마 14:30).

그 순간 주님은 베드로에게 다가와 인자하게 손을 내미신다. 베드로는 주님의 손을 의지하여 다시 물 위로 올라온다. 주님은 이렇게 말씀하신다.

"믿음이 적은 자여 왜 의심하였느냐"(마 14:31).

주님은 베드로에게 믿음이 없는 자라고 말씀하지 않으셨다. 다만 믿음이 적은 자라고 말씀하셨다.

*배를 버린 자만이 물 위를 걷는다

그러면 베드로가 바다 위를 걸어갈 때 나머지 열한 제자들은 어디서 무엇을 하고 있었는가? 그들은 그 순간에도 여전히 공포에 떨며 배 안에 머물러 있었다. 그들은 베드로와 같은 적은 믿음조차 없었기 때문에 결코 배를 떠날 수가 없었다. 그들은 모두 큰 두려움에 빠져 어찌할 줄 모른 채 끝없는 절망에 빠져 있었다.

그 이유가 무엇인가? 배 안에 있던 나머지 열한 제자들의 시선이 주님을 향하지 못했기 때문이다. 그들은 모두 세차게 불어오는 바람을 보았다. 풍랑 이는 바다를 보았다. 칠흑같이 어두운 밤하늘을 보았다. 그들은 차마 뛰어내릴 수가 없었다. 그래서 그들은 배를 버릴 수 없었다.

그렇다! 배를 버린 자만이 물 위를 걸을 수 있다. 세차게 불어오는 바람과 거친 풍랑 속에 금방이라도 뒤집힐 것 같은 작은 배 안에서 죽음의 공포에 빠져 있는 열한 제자들은 그 절망의 배를 결코 버리지 못하고 끝까지 붙잡고 있었던 것이다.

어둔 밤 폭풍으로 심하게 요동치는 바다 위로 뛰어내린다는 것은 결코 쉬운 일이 아니다. 그러나 베드로는 자기가 타고 있던 배를 버렸다. 그리고 그는 바다 위로 뛰어내렸다. 베드로가 풍랑 이는 바다를 걸었던 사건은 우리에게 많은 것을 시사하고 있다.

흔히 인생을 일컬어 고해(苦海)라고 한다. 참으로 적절한 옛 선인들의 표현이다. 우리는 날마다 인생의 바다 위 거친 파도 가운데서 씨름하고 있다. 매일 근심과 걱정, 그리고 말할 수 없는 절망과 공포에 시달리고 있다. 그렇다면 이제 주님의 얼굴을 바라보아야 할 시각이다. 천지를 창조하신 주님, 나를 지으신 능력의 하나님을 바라보아야 할 시각이다.

물 위를 걷는 베드로처럼 주님의 얼굴을 바라볼 때 비로소 세상의 모든 두려움은 사라진다. 그리고 주님의 얼굴을 바라볼 때 비로소 그분의 놀라운 능력을 체험할 수 있다.

물에 빠진 베드로를 바라보며 어떤 성경학자는 재미있는 상상을 했다. 이때 어쩌면 의심 많은 도마가 배에 앉아서 다음과 같이 부추겼을지도 모른다는 상상이다.

"베드로 형제, 저 밀려오는 파도를 보시오!"

물론 우스갯소리지만 그리스도인들이 믿음 안에서 말씀대로 살려고 하면 늘 주위에서 방해하는 사람이 있기 마련이다. 오늘 우리는 왜 고난의 바다 속에서 허우적거리고 있는가? 바람을 바라보기 때문이다. 세상을 바라보기 때문이다. 그것은 주님을 바라보지 못하기 때문이다. 다음 성경 말씀은 우리에게 많은 것을 시사하고 있다.

"배에 함께 오르매 바람이 그치는지라"(마 14:32).

주님이 베드로의 손을 잡고 배에 오르시니 그때서야 사나운 폭풍이 잠잠해졌다는 것이다. 예수님은 배에 오르시자마자 세차게 부는 바람을 멈추게 하셨다. 넘실거리는 파도를 잔잔케 하셨다. 주님이 계시는 곳에서는 그 어떤 고난도 고난이 아니다. 오늘 우리가 세상에서 환난과 핍박을 당하는가? 그렇다면 주님을 바라보아야 한다. 능력의 주님께서 우리가 당하는 환난과 핍박, 그리고 어떤 고난도 잠잠케 하실 것이기 때문이다.

오늘 나의 바다는 무엇인가? 오늘 내가 바라보는 세찬 파도는 무엇인가? 오늘 내가 바라보는 어두운 밤은 무엇인가?

*베드로가 물 위를 계속 걸었다면?

잠시 이런 가정을 해보자. 만약 그날 베드로가 물에 빠지지 않았다면 어떤 일이 일어났을까? 거친 파도가 출렁이는 바다 위 작은 배 안에서 죽음의 위협과 절망감에 몸부림치던 베드로는 바다 위로 걸어오시는 예수님을 바라보고 얼마나 반가웠는지 모른다. 베드로는 예수님을 바라보며 갑자기 새로운 기쁨과 소망이 용솟음쳤다. 조금 전까지 전신을 휘감아오던 절망과 두려움도, 그리고 죽음의 공포조차도 모두 사라졌다. 오직 주님께로 가기만 하면 모든 고난에서 벗어날 것이라는 확신이 들었다.

그 순간 그는 주님의 말씀에 의지하여 담대하게 바다로 뛰어들었다. 그리고 오직 주님만 바라보며 풍랑 이는 거친 바다 위를 달음박질하였다. 베드로는 자기가 바다 위를 걸어가고 있다는 사실조차 인식하지 못했다. 오직 능력의 주님께로 가겠다는 열망에 가득 차서 그 주님만 바라보며 그냥 달려갔던 것이다. 그 순간 베드로는 세찬 바람이 불어오는 것도, 거친 파도가 몰아치는 것도 느낄 수 없었다. 오직 주님만 바라보고 걸어가고 있을 뿐이었다. 베드로는 드디어 주님께로 다가갔다. 그리고 반가움에 주님을 끌어안는다. 주님도 베드로를 끌어안으신다. 예수님과 베드로는 아무 말이 없다.

주님은 베드로를 향해 잔잔한 미소를 지으실 뿐이다. 이심전심(以心傳心)이라는 말이 여기에 어울릴 것이다. 이제 예수님과 베드로는 손을 맞잡고 풍랑 이는 바다 위를 걸어 나머지 열한 제자들이 아직도 절망 속에 몸부림치고 있는 배를 향해 가고 있다.

그때 주님이 사랑하시던 제자요, 베드로의 최대 라이벌이었던 요한이 더 이상 참을 수 없다는 듯이 바다 위로 뛰어내렸다. 성질 급하고 난폭했던 요한이 배에 남은 열한 제자들 중 제일 먼저 뛰어내렸음은 의심할 여지가 없다. 요한 또한 주님처럼, 그리고 베드로처럼 물 위를 걷기 시작했다. 세찬 바람과 거친 풍랑에 몸이 크게 요동쳐도 그는 결코 두렵지 않았다. 요한은 오직 주님만 바라보며 걸어갈 뿐이다.

그다음 순간 요한의 형제로 함께 '우레의 아들'이라는 별명을 얻었던 야고보가 바다 위로 뛰어내렸다. 야고보도 성질이 급할 뿐만 아니라 언제나 예수님께서 중요한 일이 있을 때마다 베드로, 그리고 요한과 함께 데리고 다녔던 중요한 제자였다. 따라서 야고보가 형 요한의 뒤를 이어 세 번째로 뛰어내렸을 것은 당연한 일이다. 그 뒤를 이어 베드로의 형제였던 안드레도 뒤질 수 없다는 듯이 네 번째로 바다 위로 뛰어내렸다. 여기까지는 바다로 뛰어내리는 제자들의 순서가 거의 정확할 것이다. 그리고 마태, 시몬, 다대오, 바돌로매, 빌립, 알패오의 아들 야고보, 가룟 유다가 바다로 뛰어내렸다. 그들이 바다로 뛰어내린 순서는 알 수 없다.

그러나 맨 마지막에 뛰어내린 제자가 누구인지를 아는 것은 그리 어려운 일이 아니다. 배 안에는 이제 의심 많은 제자 도마 혼자만 남아 있다. 베드로에 이어 두 번째로 물 위를 걸어간 요한이 드디어 주님의 한 손을 붙잡았다. 그리고 야고보와 안드레, 마태, 시몬, 다대오, 바돌로매, 빌립, 알패오의 아들 야고보가 차례로 달려가 베드로와 요한의 손을 이어 잡았다. 예수님과 열한 명의 제자들이 모두 손에 손을 잡고 배를 향해 당당하게 걸어오고 있다. 그런데도 의심 많은 제자 도마는 여전히 바다 위로 뛰어내리지 못한 채, 배 안에서 전전긍긍하고 있다. 주님과 열한 제자들이 바다 위를 걸어오고 있음에도 그 현실이 도저히 믿어지지 않는 것이다. 칠흑 같은 바다 위에는 아직도 세찬 바람과 함께 거친 풍랑이 사납게 몰아치고 있었기 때문이다.

도마는 속으로 이렇게 중얼거렸다.

"내가 지금 환영(幻影)을 보고 있는 것인가? 주님과 제자들이 더 가까이 오면 그들을 직접 내 손으로 만져 보고 확인해야지!"

어느덧 도마 앞에 가까이 다가선 주님께서 말씀하신다.

"도마야, 이리 오너라."

그때서야 도마는 정말로 주님이심을 확인하고는 눈을 질끈 감고 바다 위로 뛰어내린다. 그리고 그는 계속 눈을 감은 채 주님을 향해 달려온다. 드디어 도마 또한 주님의 품에 안긴다. 이제 주님과 열두 제자는 모두 손에 손을 맞잡고 어두운 바다 위를 함께 걸어간다. 순간 조금 전까지 그렇게 세차게 불어오는 바람도, 거친 풍랑도 갑자기 잠잠해졌다. 험상궂게 출렁이던 갈릴리 바다는 믿을 수 없을 만큼 잔잔해졌다. 예수님과 열두 제자들은 지금까지 타고 왔던 배를 버리고, 손에 손을 맞잡은 채 갈릴리 바다 위를 함께 행진한다.

어느덧 저 멀리 동쪽에서 여명이 밝아오고 있다. 칠흑같이 어둡던 갈릴리 바다가 그 여명의 불빛에 점점 맑고 붉게 물들어온다. 그 황홀한 빛이 예수님과 열두 제자들의 얼굴에 영롱하게 비친다. 모두의 얼굴에는 승리의 기쁨과 환희, 그리고 감격이 넘치고 있다. 이제 열두 제자들은 갈릴리의 아름다운 새벽 바다를 걸으며 우렁찬 찬양을 합창하기 시작한다.

할렐루야! 할렐루야!

주님을 찬양할지어다.

주님은 그리스도시요 살아 계신 하나님의 아들이시니이다.
성난 바람을 잠재우시는 주님.
세찬 파도를 잠잠케 하시는 주님.
그 주님을 찬양할지어다.
나의 주, 나의 하나님!
할렐루야!

열두 제자들의 아름다운 찬양이 드넓은 갈릴리 바다 위에 새벽 안개처럼 피어난다. 유리같이 잔잔한 갈릴리 바다 위를 살며시 미끄러지듯 퍼져가는 제자들의 찬양은 여지껏 지상에서 울려퍼졌던 그 어떤 찬양보다도 아름답고 장엄했다. 그 황홀한 찬양소리에 하늘의 천사들도 감동하여 함께 찬양으로 화답해 왔다.

할렐루야!
천지를 지으신 주 하나님을 찬양하나이다.
하늘까지, 그리고 땅 끝까지 가득가득 울려 퍼져라.
갈릴리 바다 위의 찬양이여,
그대들 열두 제자들의 찬양이여,
할렐루야!

만약 그날 베드로가 바람을 보지 않았다면, 그래서 주님만 바라보며 물 위를 걸었다면 이렇게 멋진 일이 일어나지 않았을까? 그렇다면 그 광경이야말로 말과 글로 다 표현할 수 없는 장관이요, 감격이었을 것이다. 얼마나 장엄하고 위대한 바다 위의 행진이었겠는가?

*믿음이란?

믿음이란 무엇인가? 믿음이란 고난 속에서도 주님을 바라보는 것이다. 그러면 누가 믿음 있는 자인가? 믿음 있는 자란 고난 속에서도 오직 주님만을 바라보는 자이다.

바벨론의 느부갓네살 왕이 만든 금 신상에 절하지 않았다는 이유로 극렬히 타오르는 풀무불 속에 던져졌던 하나냐와 미사엘과 아사랴를 기억한다. 그들은 "그리 아니하실지라도"라는 유명한 말을 남기고 뜨겁게 타오르는 풀무불 속에 던져졌다. 그때 그들은 풀무불 속에서 미리 오신 성자 하나님, 예수 그리스도를 만났다.

그런가 하면 '왕 외에는 누구에게도 절하거나 기도하지 말라'는 다리오 왕의 명령에 굴하지 않던 다니엘은 굶주린 사자 굴에 떨어졌다. 그는 그 사자 굴 속에서 '그 천사' 곧 살아 계신 성자 하나님 예수 그리스도를 만났다.

그렇다면 고난이야말로 살아 계신 하나님을 만날 수 있는 시간이다. 그리고 고난은 우리를 만나시려는 하나님의 특별한 섭리(攝理)의 시간이다. 오늘 풍랑 이는 고난의 바다 한가운데서 고통당하고 있는가? 결코 두려워하거나 절망하지 말자. 그 시간이야말로 주님을 만날 수 있는 시간이기 때문이다. 그 시간이야말로 물 위를 걸을 수 있는 시간이기 때문이다.

요단의 서쪽에는

창세기 19장 12-26절

"그 사람들이 롯에게 이르되 이 외에 네게 속한 자가 또 있느냐 네 사위나 자녀나 성 중에 네게 속한 자들을 다 성 밖으로 이끌어 내라 그들에 대하여 부르짖음이 여호와 앞에 크므로 여호와께서 우리로 이곳을 멸하러 보내셨나니 우리가 멸하리라 롯이 나가서 그 딸들과 정혼한 사위들에게 고하여 이르되 여호와께서 이 성을 멸하실 터이니 너희는 일어나 이곳에서 떠나라 하되 그 사위들이 농담으로 여겼더라 동틀 때에 천사가 롯을 재촉하여 가로되 일어나 여기 있는 네 아내와 두 딸을 이끌라 이 성의 죄악 중에 함께 멸망할까 하노라 그러나 롯이 지체하매 그 사람들이 롯의 손과 그 아내의 손과 두 딸의 손을 잡아 인도하여 성 밖에 두니 여호와께서 그에게 인자를 더하심이었더라 그 사람들이 그들을 밖으로 이끌어 낸 후에 이르되 도망하여 생명을 보존하라 돌아보거나 들에 머무르거나 하지 말고 산으로 도망하여 멸망함을 면하라 롯이 그들에게 이르되 내 주여 그리 마옵소서 종이 주께 은혜를 얻었고 주께서 큰 인자를 내게 베푸사 내 생명을 구원하시오나 내가 도망하여 산까지 갈 수 없나이다 두렵건대 재앙을 만나 죽을까 하나이다 보소서 저 성은 도망하기 가깝고 작기도 하오니 나로 그곳에 도망하게 하소서 이는 작은 성이 아니니이까 내 생명이 보존되리이다 그가 그에게 이르되 내가 이 일에도 네 소원을 들었은즉 너의 말하는 성을 멸하지 아니하리니 그리로 속히 도망하라 네가 거기 이르기까지는 내가 아무 일도 행할 수 없노라 하였더라 그러므로 그 성 이름을 소알이라 불렀더라 롯이 소알에 들어갈 때에 해가 돋았더라 여호와께서 하늘 곧 여호와에게로서 유황과 불을 비같이 소돔과 고모라에 내리사 그 성들과 온 들과 성에 거하는 모든 백성과 땅에 난 것을 다 엎어 멸하셨더라 롯의 아내는 뒤를 돌아본 고로 소금 기둥이 되었더라."

*세 가지 꿈

사람들은 모두 꿈을 꾸며 살아가고 있다. 그 꿈의 내용은 서로 다르다. 그러나 사람들의 꿈은 크게 세 종류로 구분할 수 있다.

첫째, 욕망이라는 꿈이다. 욕망이란 자신만을 위한 꿈을 말한다. 대다수 사람들이 꾸는 꿈이기도 하다. 많은 사람들은 열심히 돈을 벌어 잘 먹고 잘살려는 꿈을 꾸고 있다. 쉽게 말하면 강남에 크고 넓은 평수의 아파트를 사고 고급 외제차를 타고 다니며 호의호식하고 뻐기면서 마음껏 부귀영화를 누리며 살겠다는 꿈이다. 이런 사람들은 철저히 자기 욕구 충족만을 위해 그 꿈을 이루고자 한다. 그러나 결국은 모든 것이 허망한 꿈이다.

둘째, 야망이라는 꿈이 있다. 야망은 욕망에 비해 좀더 원대한 꿈을 일컫는다. 욕망을 철저히 자기 육신이나 가족만을 위한 꿈으로 한정한다면, 야망은 자기가 속한 기관이나 사회, 또는 국가를 위한 꿈일 수도 있다. 흔히 자라나는 청소년들에게 이런 말을 한다. “야망을 가져라!”(Boys, Be ambitious!) 풀이하면 곧 큰 꿈을 품으라는 것이다. 좋은 말이다. 사람이 큰 꿈을 꾸며 살아가는 것보다 더 귀한 것이 어디 있겠는가?

셋째, 비전의 꿈이 있다. 비전, 그것은 바로 하나님이 주신 꿈이다. 하나님이 주시는 꿈을 꾸는 것이다. 거룩하신 하나님의 꿈이다.

*헛된 꿈의 사람

성경은 세상과 육신의 욕망에 빠져 헛된 꿈을 꾸던 어떤 사람의 슬픈 이야기를 전해 주고 있다. 바로 아브라함의 조카 롯의 가족 이야기이다. 롯의 이야기를 하려면 먼저 아브라함의 이야기를 하지 않으면 안 된다. 하나님께서 어느 날 갈대아 우르 지방에 살고 있던 아브라함에게 나타나 말씀하신다.

> "너는 너의 본토 친척 아비 집을 떠나 내가 네게 지시할 땅으로 가라" (창 12:1).

아브라함은 하나님의 말씀을 좇아 갈 바를 알지 못하고 고향을 떠났다. 그때 조카 롯과 그 가족을 데리고 갔다. 아브라함의 나이 75세 때였다. 기근으로 인해 약속의 땅을 등진 채 애굽에 내려갔던 아브라함이 인간적인 실수와 하나님의 보호라는 극히 대조적인 경험을 한 후 무너진 신앙의 단을 수축하기 위해 벧엘로 귀환했다. 그 후 아브라함과 롯 사이에 재산 다툼이 일어난다. 이때 아브라함은 조카 롯을 찾아가 현명한 해결책을 제시한다.

> "아브람이 롯에게 이르되 우리는 한 골육이라 나나 너나 내 목자나 네 목자나 서로 다투게 말자 네 앞에 온 땅이 있지 아니하냐 나를 떠나라 네가 좌하면 나는 우하고 네가 우하면 나는 좌하리라"(창 13:8-9).

이 장면에서 아브라함의 인간됨이 잘 나타나고 있다. 재산 문제로 다툼이 일어난 시점에서 윗사람인 아브라함은 먼저 선택할 권리를 스스로 포기하고 오히려 아랫사람인 조카 롯에게 먼저 좋은 땅을 선택하라는 것이다. 어른으로서의 기득권을 포기하고 조카에게 더 좋은 것을 주겠다는 것이다. 아브라함에게 이와 같은 결정이 가능했던 이유는 무엇이었을까? 그것은 바로 하나님에 대한 신실한 믿음 때문이었다. 비록 당장은 손해를 볼 것 같지만, 그럼에도 불구하고 하나님을 믿고 의지하며 미래에 대한 원대한 꿈을 가슴에 품고 살아가는 참 신앙인의 모습을 바라본다.

아브라함은 모든 것을 초월했다. 모든 것에서 자유했다. 아브라함의 조카 롯은 눈에 보이는 좋은 편을 선택했다. 요단의 동쪽을 선택한 것이다. 롯이 그 땅을 선택한 근거를 성경은 이렇게 기록하고 있다.

> "이에 롯이 눈을 들어 요단 들을 바라본즉 소알까지 온 땅에 물이 넉넉하니 여호와께서 소돔과 고모라를 멸하시기 전이었는고로 여호와의 동산 같고 애굽 땅과 같았더라"(창 13:10).

요단의 동쪽, 곧 소돔과 고모라는 물이 넉넉하여 비옥한 땅이요, 물질문명이 발달하고 화려하여 살아가기에 더없이 좋은 알토란 같은 땅으로 여겨졌다. 롯은 눈에 보이는 좋은 그 땅을 조금도 주저하지 않고 먼저 선택한 것이다. 그 순간 롯은 쾌재를 불렀는지도 모른다. 그러나 롯의 이 선택이 그의 인생을 천 길 나락으로 떨어지게 할 줄은 아무도 몰랐다.

우리는 여기서 영원을 바라보며 살아가는 진리의 사람과 세상을 바라보며 욕망의 삶을 살아가고 있는 사람, 즉 전혀 상반된 두 사람의 모습을 바라본다. 아브라함과 그의 조카 롯, 이 두 사람은 애초부터 바라보는 시선이 서로 달랐다. 롯은 언제나 탐욕과 정욕에 빠져 육신의 눈으로 세상을 바라보았다. 그러니 언제나 눈에 보이는 아름답고 안락한 세상만을 추구하며 오직 자기에게 유익해 보이는 길을 택했던 것이다. 영(靈)의 눈이 감긴 롯은 오직 육신의 눈으로만 바라보니 요단의 동쪽은 기름진 곳이요 물댄 동산 같고 아름답고 화려한 곳이었다. 그러니 그 땅의 부패와 타락, 죄악의 관영함은 보지 못했던 것이다.

그러나 아브라함은 육신의 눈에 보이는 안락함과 화려함보다는 눈에 보이지 않는 하나님의 약속을 믿고 소망했다. 비록 지금은 척박한 땅일지라도, 하나님이 함께하신다면 그곳이 곧 약속의 땅이요, 축복의 땅임을 믿었던 것이다. 그는 영원을 바라보았던 것이다.

믿음이란 무엇인가? 믿음이란 보이지 않는 세계를 바라보는 것이다. 그것은 영원한 세계를 바라보는 것이다. 또한 믿음의 사람이란 보이지 않는 영원한 세계를 바라보며 무던히 기다리는 사람이다. 이처럼 아브라함은 보이지 않는 세계, 곧 영원한 세계를 바라볼 수 있었으니 눈앞에 보이는 세상의 모든 것을 양보할 수 있었던 것이다. 참된 믿음의 사람이 되어야 할 이유가 여기에 있다. 이처럼 아름다운 믿음을 가진 사람인 아브라함에게 하나님은 넘치는 축복의 약속을 하시는 것이다.

> "롯이 아브람을 떠난 후에 여호와께서 아브람에게 이르시되 너는 눈을 들어 너 있는 곳에서 동서남북을 바라보라 보이는 땅을 내가 너와 네 자손에게 주리니 영원히 이르리라 내가 네 자손으로 땅의 티끌 같게 하리니 사람이 땅의 티끌을 능히 셀 수 있을진대 네 자손도 세리라"(창

13:14-16).

믿음 좋은 아브라함이라 할지라도 눈에 보이는 아름답고 비옥한 땅을 조카에게 양보하고, 대신 척박한 땅 요단의 서쪽으로 떠나가려니 기분이 좋을 리는 만무했을 것이다. 그런 때에 허전하고 씁쓸한 마음을 추스르고 있던 아브라함에게 하나님께서 친히 찾아오셔서 넘치는 축복을 약속하시는 것이다. 사람이 어찌 땅의 티끌을 셀 수 있겠는가! 셀 수 없는 땅의 티끌처럼 자손을 번성케 하시겠다는 하나님의 놀라운 축복과 언약을 받은 아브라함은 그 순간 바로 복의 근원이 된 것이다.

롯은 신이 나서 요단의 동쪽으로 떠나갔다. 롯이 선택한 요단의 동쪽 소돔과 고모라, 그곳은 고대 최대의 문명 도시였다. 모든 것이 풍족하고 살기 좋은 도시였다. 그러나 물질문명이 발달하면 언제나 그림자처럼 필연적으로 뒤따라오는 현상이 있다. 사람들의 죄악이다. 마찬가지로 소돔과 고모라에는 음란과 퇴폐가 흘러 넘쳤다. 그곳은 환락의 도시였다. 먹고 마시고 즐기며 흡사 동물처럼 난잡하게 살아가는 인간 욕망의 전시장 같은 도시였다. 그 욕망의 난장판 속에서 사람들은 매일 말할 수 없는 성적 타락을 저지르고, 온갖 쾌락을 즐기면서 하나님의 형상대로 창조된 자신의 몸을 더럽혔다. 특히 이 도시에서 행해졌던 죄악들 중 가장 더럽고 치욕스러웠던 것은 근친상간과 동성애였다.

이 같은 죄악의 도시에서 롯과 그의 가족이 배울 수 있던 것은 무엇이었겠는가? 롯과 그의 가족들은 온갖 부조리와 퇴폐 속에서 그들과 함께 환락을 즐기며, 그 죄악 속에 서서히 물들어 갔던 것이다.

말할 수 없는 죄악으로 들어찬 소돔과 고모라에 대해 거룩하신 하나님은 더 이상 참고 계실 수 없었다. 하나님은 그 죄악의 도시 사람들을 바라보며 애통해하셨다. 그리고 드디어 결단을 내리신다. 그것은 죄악의 도시 소돔과 고모라를 심판하는 것이었다. 이 과정에서 하나님은 믿음의 사람 아브라함의 조카인 롯과 그 가족을 구원하시려고 미리 두 천사를 보내 피하게 한다. 이에 하나님의 명을 받은 천사들은 롯의 가족들을 급히 재촉하여 떠날 것을 명령한다. 그러면서 한 가지 주의를 준다. 그것은 그곳을 빨리 떠나되 절대 뒤를 돌아보지 말라는 것이었다. 생사의 갈림길에서 절박한 그 순간에도 롯은 빨리 떠나지 못하고 머뭇거리고 있다.

> "그러나 롯이 지체하매 그 사람들이 롯의 손과 그 아내의 손과 두 딸의 손을 잡아 인도하여 성 밖에 두니 여호와께서 그에게 인자를 더하심이었더라"(창 19:16).

하나님의 심판이 지척에 임박했음에도 불구하고 여전히 머뭇거리며 소돔과 고모라에 미련을 두고 있는 롯의 모습을 바라보라! 상황이 얼마나 급박했으면 두 천사가 각각 롯과 아내와 두 딸의 손을 강제로 잡아 끌어 성 밖으로 데리고 나왔겠는가? 롯의 가족들이 천사들에게 끌려 성 밖으로 나오자마자 하나님께서는 그 죄악의 도시를 멸하기 시작하셨다. 그 두렵고 몸서리쳐지는 사건을 성경은 이렇게 기록하고 있다.

"유황과 불을 비같이 소돔과 고모라에 내리사"(창 19:24).

롯의 가족들은 지금까지 자신들이 뿌리 내리며 살아왔던 도시가 순식간에 멸망당하는 광경을 뒤로한 채 앞으로 뛰어가기 시작했다. 그 순간 뒤에서는 하늘로부터 유황불이 천둥보다 더 큰 소리를 내며 떨어지는 소리가 들렸다. 온 도시가 지글지글 타오르는 소리가 흡사 악마의 거친 비명소리처럼 들려왔다. 세찬 불길에 도시가 타서 무너져 내리는 둔탁한 소리가 들려왔다. 그런가 하면, 그 무시무시한 형벌 속에서 아우성치며 죽어가는 죄인들의 처절한 절규와 울음소리가 들려왔다. 아비규환(阿鼻叫喚)의 소용돌이 속에서 온갖 외침과 거친 소리들이 불협화음이 되어 롯과 가족들의 귓가를 강하게 때렸다. 사납게 타오르는 도시의 유황 불빛이 도망가고 있는 그들의 앞길을 눈부시도록 밝게 비추어 주었다.

그때 롯의 아내는 슬그머니 뒤를 돌아보았다. 순간 롯의 아내는 소금기둥이 되었다. 사람이 그 모습 그대로 소금으로 변했으니 정확히 말하면 그것은 소금인형인 것이다. 평생을 동고동락하며 살아왔던 아내가 소금인형이 되어버렸다. 기가 막힐 노릇이다. 성경은 롯의 아내가 소금인형이 되었다는 말로 그 여인에 대한 이야기를 마치고 있다. 이 슬프고 안타까운 이야기는 오늘을 살아가는 우리들에게 준엄한 메시지로 다가온다.

*소금인형이 된 이유

롯의 아내가 소금인형이 된 사실에 자꾸만 마음이 쓰였다. 하나님은 그 여인을 왜 하필 소금인형이 되게 하셨을까? 바다로 떠나간 남편을 기다리다 망부석이 되었다는 우리나라의 옛 전설처럼 롯의 아내를 왜 돌인형으로 만들지 않으셨을까? 아니면 소돔과 고모라처럼 왜 유황불로 심판하지 않으셨을까? 도대체 하나님은 왜, 무엇 때문에 롯의 아내를 소금인형이라는 이상한 방법으로 심판하셨던 것일까? 참으로 궁금했다.

오랜 묵상 중 큰 깨달음이 다가왔다. 거기에는 하나님의 숨겨진 큰 뜻이 있었던 것이다. 소금은 사람에게는 없어서는 안 될 필수의 식품이다. 소금이 없으면 음식의 맛을 이떻게 낼 수 있겠는가? 또 썩는 것을 어떻게 방지할 수 있겠는가? 소금은 지금도 사람들에게 매우 중요한 식품이지만, 고대 사회에서의 소금의 중요성은 지금과는 비교할 수 없을 정도로 더 소중했다. 동서양을 막론하고 예전에는 소금을 구하기가 무척 어려웠다. 따라서 소금의 값은 몹시 비쌌다. 고대 사회에서 소금 값은 금 값과 방불했다. 이처럼 소금이 귀했던 것은 예전 우리나라 역시 마찬가지였다. 따라서 소금을 많이 소유하고 있는 사람이 있다면, 그는 필경 대단한 부자였다. 따라서 소금은 곧 부(富)의 상징이었다. 소금은 곧 돈이었다. 소금은 곧 하얀 황금이었다.

롯의 아내가 죽음의 도성 소돔과 고모라를 떠나가던 중 뒤를 돌아보았던 이유는 무엇이었겠는가? 두고 온 세상에 대한 미련이었던 것이다. 그것은 바로 그곳에 두고 온 재산이었다. 그들은 집을 버리고 떠나왔다. 수많은 가축들도 버리고 떠나왔다. 아끼고 소중히 여기던 것들을 모두 두고 떠나왔다. 그곳에서 터를 잡아 누리고 즐겨

왔던 모든 것을 내려놓고 떠나왔다.

'어떻게 마련한 것들이었는데!' 하고 생각하는 순간, 그 모든 것들이 너무나 아깝고 안타까웠던 것이다. 롯의 아내가 버리지 못한 미련은, 곧 육신과 세상의 끝없는 욕망이었던 것이다. 롯의 아내가 소금인형이 되었다는 것은, 바로 당시 사람들의 욕망과 가치 기준을 한마디로 지적해 주는 큰 교훈이 아닐 수 없다. 그 당시 욕망의 사람들이 가장 큰 가치로 여겨왔던 상징물이 곧 소금이었다. 롯의 아내는 그동안 자신이 꿈꾸며 지켜왔던 최고의 가치인 소금처럼, 그렇게 소금인형이 되어 떠나간 것이다. 롯의 아내는 주체할 수 없는 욕망으로 인해 스스로 소금인형이 되고 말았던 것이다. 평소 소금으로 대변되는 물질과 쾌락에 얼마나 집착했으면 죽기까지 그렇게 소금인형이 되었을까 생각해 본다. 그리고 인간의 끝없는 욕망과 탐욕이 얼마나 질기고 끈적끈적한 것인지 새삼 돌이켜 보게 한다.

하나님께서 롯의 아내를 소금인형으로 만든 또 하나의 이유가 있다. 신약 성경을 보면 예수님께서 제자들에게 이렇게 말씀하신다.

> "너희는 세상의 소금이니"(마 5:13 상).

모든 크리스천은 세상의 소금 역할을 하라는 것이다. 다시 말해 죄악된 세상 속에서 그들을 하나님께 인도하고 구원하는 구별된 삶을 살라는 말씀이다. 크리스천들에게 던지는 주님의 준엄한 명령이다. 그런 소금과 같은 존재가 되지 못하고, 오히려 세상 사람들과 똑같이 욕망의 사람이 되어 함께 썩어가던 존재를 하나님께서는 소금인형으로 만드신 것이다. 그리하여 오고오는 세대에 이를 영원한 교훈으로 삼으시려고 했던 것이다.

*소금인형이 된 또 다른 사람들

신약 성경을 보면 이처럼 욕망에 눈이 어두워 소금인형이 된 가련한 두 사람의 모습이 또 등장한다. 한 사람은 우리가 너무나 잘 아는 가룟 유다이다. 예수님의 영광스러운 열두 제자 중의 한 사람이었던 가룟 유다, 그는 은 30에 눈이 멀어 사랑하는 그의 스승을 팔아먹었다. 그리고 그는 스스로 소금인형이 되어 영원히 우리 곁을 떠나갔다.

또 한 사람은 이름을 알 수 없는 한 부자 청년이다. 어느 날 한 부자 청년이 예수님을 찾아왔다. 그는 예수님께 이렇게 묻는다.

> "선생님이여 내가 무슨 선한 일을 하여야 영생을 얻으리이까"(마 19:16).

이에 예수님은 말씀하신다.

"하나님의 율법을 지켜라."

청년은 말한다.

"저는 어려서부터 모든 율법을 잘 지켰습니다."

다시 예수님은 말씀하신다.

"네가 가진 재산을 다 팔아 가난한 사람들에게 나누어 주어라. 그리고 나를 좇아라."

그 부자 청년은 가진 재산이 심히 많으매 근심하며 떠났다고 성경은 말하고 있다. 부자 청년 또한 소금인형이 되어 우리 곁을 영원히 떠나갔다. 욕망의 늪에 빠져 소금인형이 된 슬프고 처량한 사람의 이야기이다.

*마이더스를 꿈꾸는 이 시대의 맘몬들

마이더스의 신화가 생각난다. 그리스 신화에 나오는 이야기이다. 천 년 만에 인간 세계에 내려온 제우스 신은 이 땅에서 욕심 많은 왕 마이더스를 만난다. 제우스는 마이더스에게 소원 한 가지를 들어주겠다고 약속한다. 그때 욕심 많은 마이더스는 자기 손이 닿는 것마다 황금이 되게 해달라고 소원한다. 제우스 신은 그대로 응답한다. 그 소원대로 마이더스의 손이 닿는 것마다 정말 황금으로 변했다. 옷을 만지자 입고 있던 자기 옷이 황금으로 변했다. 그릇에 손을 대자 그것 또한 황금으로 변했다. 왕궁에 손을 대자 갑자기 왕궁이 황홀한 황금 궁전으로 변했다.

마이더스 왕은 신이 났다. 그런데 이번에는 식사를 하려고 음식에 손을 대자 갑자기 음식이 황금으로 변해 먹을 수가 없게 되었다. 사랑하는 딸이 들어오자 반가운 마음에 포옹을 한다. 그런데 이번에는 그의 딸이 황금으로 변했다. 어리석은 인간의 끝없는 욕망의 모습을 희화적(戱畫的)으로 그리고 있다.

요즘 우리 사회에서 '마이더스의 손'이라는 말을 자주 사용한다. 어떤 분야에서 성공한 사람, 또는 어떤 일을 할 때마다 놀라운 성공을 이루는 사람을 일컫는 말이다. 사실 그리스 신화에 등장하는

'마이더스'의 이야기는 성공한 사람의 이야기가 절대 아니다. 끝없는 인간의 욕망에 대한 준엄한 경종이다. 그럼에도 불구하고 많은 사람들은 오늘도 여전히 마이더스를 꿈꾸고 있다는 것이다. 이것이 우리 시대의 비극이요 아픔이다. 사람들의 끝없는 욕망의 모습은 어제나 오늘이나 다르지 않은 것 같다.

오늘날 우리 사회 최대의 화두는 무엇인가? 두말할 필요 없다. 황금만능주의로 대표되는 돈이다. 그래서 모두 돈 벌기에 혈안이 되어 있다. 돈이 된다고 하면 물불을 가리지 않는다. 수단과 방법도 가리지 않는다. 체면도 불사한다. 돈 많은 재벌이나 서민일지라도 모두 마찬가지이다. 오늘날 사람들의 욕망이라는 꿈의 최대 결집체는 바로 황금이다. 돈이다.

그러나 기억하지 않으면 안 된다. 욕망이라는 세상의 꿈을 꾸는 자는, 언젠가 자기가 꿈꾸는 그 욕망의 인형이 되어 허망하게 무너져 내릴 것임을……. 마찬가지로 야망의 꿈을 꾸는 자는 어느 날 자기 육신이 무너져 내리는 순간에 지금까지 꿈꾸었던 세상의 모든 것들이 함께 무너져 내릴 것이다. 그리고 허망하게 살아온 자기 삶에 대한 회한 속에 통곡하며 이를 갈 것이다.

이에 반해 비전, 다시 말해 거룩하신 하나님의 꿈을 꾸는 자는 아름답고 영롱한 꿈의 나라에서 거룩하신 하나님과 함께 영원한 꿈의 시간을 누릴 것이다.

인간의 욕망은 어제나 오늘이나 변치 않는다. 어제 롯의 아내는 끝없는 하얀 소금의 꿈을 꾸었지만, 오늘을 살아가는 대다수 롯의 후예들은 현대의 소금인 황금의 꿈을 꾸며 거대한 맘몬 신에게 머리를 조아리고 있다. 많은 그리스도인들조차도 마찬가지다. 세상 욕망의 노예가 되어 진리에의 길을 떠나지 못하고 멸망의 세계를 되돌아보는 어리석은 사람이 있다.

절박한 생사의 갈림길에서조차 욕망의 끈을 놓지 못하고 결국은 소금인형이 되어버린 한 여인의 슬픈 이야기가, 오늘을 살아가는 또 다른 욕망의 사람들에게 흡사 슬픈 전설처럼 메아리쳐오고 있다.

*지워버리고 싶은 성경 속 이야기

그러나 롯의 이야기가 이것으로 끝난 것은 아니다. 더 슬프고 기막힌 이야기가 계속되고 있다. 너무나 부끄럽고 더럽고 추한, 그래서 거룩한 성경에서 지워버리고 싶은 그 죄악의 이야기를, 그럼에도 불구하고 이제 들추어내지 않으면 안 된다.

창세기 19장 이야기이다.

> "롯이 소알에 거하기를 두려워하여 두 딸과 함께 소알에서 나와 산에 올라 거하되 두 딸과 함께 굴에 거하였더니 큰 딸이 작은 딸에게 이르되 우리 아버지는 늙으셨고 이 땅에는 세상의 도리를 좇아 우리의 배필될 사람이 없으니 우리가 우리 아버지에게 술을 마시우고 동침하여 우리 아버지로 말미암아 인종을 전하자 하고 그 밤에 그들이 아비에게 술을 마시우고 큰 딸이 들어가서 그 아비와 동침하니라 그러나 그 아비는 그 딸의 눕고 일어나는 것을 깨닫지 못하였더라 이튿날에 큰 딸이 작은 딸에게 이르되 어젯밤에는 내가 우리 아버지와 동침하였으니 오늘 밤에도 우리가 아버지에게 술을 마시우고 네가 들어가 동침하고 우리가

> 아버지로 말미암아 인종을 전하자 하고 이 밤에도 그들이 아비에게 술을 마시우고 작은 딸이 일어나 아비와 동침하니라 그러나 아비는 그 딸의 눕고 일어나는 것을 깨닫지 못하였더라 롯의 두 딸이 아비로 말미암아 잉태하고 큰 딸은 아들을 낳아 이름을 모압이라 하였으니 오늘날 모압 족속의 조상이요 작은 딸도 아들을 낳아 이름을 벤암미라 하였으니 오늘날 암몬 족속의 조상이었더라"(창 19:30-38).

바로 롯과 그의 두 딸의 이야기이다. 롯의 두 딸들이 아비에게 술을 마시게 하고 난 다음, 그와 차례로 동침하여 아이를 낳은 참으로 추잡한 금수와 같은 인간들의 패륜 이야기이다. 창세기의 기자가 왜 이처럼 더럽고 소름끼치는 이야기를 굳이 성경에 기록하였을지 잠시 생각해 본다. 그렇다. 성경은 좋은 이야기만을 간추려 기록해 놓은 꾸며낸 이야기책이 아니다. 그리고 아름다운 이야기만을 기록해 놓은 심심풀이용 책도 아니다. 그런가 하면 믿음 있고 용기 있는 사람들의 영웅담만을 기록해 놓은 위인전도 결코 아니다.

성경에는 아름다운 사람의 이야기가 있는가 하면 추한 사람의 이야기가 있고, 위대한 믿음의 사람의 이야기가 있는가 하면 믿음이 없어 수없이 넘어지는 사람들의 이야기가 있다. 그런가 하면 용기 있는 사람들의 이야기가 있고, 졸장부의 이야기가 기록되어 있다. 이것이 성경이다. 성경은 진실 그대로의 이야기를 성령의 감동으로 쓴 책이기 때문이다. 이것이 바로 성경의 진실성이다.

그러다 보니 예수님의 족보에서도 아름답고 위대한 조상들의 이야기만 등장하는 것이 아니라, 가리고 싶은 조상들의 치부까지 드러내어 기록했음을 알 수 있다. 바로 유다의 며느리로서 시아버지와 동침하여 메시아의 족보에 오른 다말, 여리고 성의 기생 라합, 모압 여인으로서 과부였던 룻, 그리고 우리아의 아내로서 다윗과 간음한 여인 밧세바가 그러한 인물들이다.

믿음의 조상이요 복의 근원이 된 아브라함의 조카로서, 하나님이 주신 축복을 함께 누리지 못하고 이처럼 처절한 모습으로 몰락한 롯의 실존(實存)을 바라본다. 롯의 가족이 이처럼 죄악의 나락으로 떨어져 몰락했던 이유는 무엇인가? 그것은 바로 욕망에 눈이 어두워 요단의 동쪽, 곧 소돔과 고모라를 선택했기 때문이었다. 그들은 바로 그 욕망의 도시에서 죄인들과 함께 먹고 마시고 쾌락을 즐기면서, 그들과 똑같은 죄악의 삶을 온몸으로 배우며 살았기 때문이었다.

롯이 아브라함에게서 분가해 소돔 성으로 이주한 후, 어느 날 인간의 모습을 한 두 천사가 찾아왔다. 가족들이 막 잠들려고 하는데 갑자기 문을 두드리고 발로 차며 소란을 피우는 소리에 롯과 그의 가족은 잠을 깨었다. 소돔 성의 많은 남자들이 모여들여 롯의 집을 포위하고 천사를 내놓으라고 행패를 부린다.

> "롯을 부르고 그에게 이르되 이 저녁에 네게 온 사람이 어디 있느냐 이 끌어내라 우리가 그들을 상관하리라"(창 19:5).

"상관하리라"는 말은, 바로 동성연애, 다시 말해 남성이 남성을 범하겠다는 것이다. 순간 롯과 그의 가족들은 생명의 위협을 느꼈다. 위급한 상황을 맞은 롯은 임기응변적으로 이렇게 대응한다.

"내게 남자를 가까이 아니한 두 딸이 있노라 청컨대 내가 그들을 너희에게로 이끌어내리니 너희 눈에 좋은 대로 그들에게 행하고 이 사람들은 내 집에 들어왔은즉 이 사람들에게는 아무 짓도 하지 말라"(창 19:8).

참으로 기가 막힌 대답이다. 굶주린 이리떼처럼 달려드는 소돔 성 남자들에게 손님 대신 자기 딸을 음란의 제물로 바치겠다는 것이다. 이것이 바로 소돔과 고모라의 방법이었고, 롯과 그 가족들의 당시 윤리관이요 가치관이었던 것이다. 롯과 두 딸이 패륜적인 죄악의 나락에 떨어진 것도 바로 그 죄악의 도시에서 보고 배웠던 일상이었던 것이다. 욕망의 사람들인 롯의 가족들이 소돔과 고모라에서 배우고 익힐 수 있었던 것은 오직 부패와 타락, 그리고 죄악뿐이었다.

*요단의 서쪽에는

롯이 아브라함과 헤어져 요단의 동쪽으로 떠나갔던 이유는 무엇이었는가? 생각해 보라! 하나님 앞에 신실하며 욕심 없는 사람 아브라함과의 사이에 재산 문제가 발생했다면 그것은 누구 때문이었을까? 두말할 필요조차 없다. 그것은 당연히 지독한 현실주의자였던 롯 때문이었을 것이다. 이처럼 세상 욕망과 탐욕에 가득 찼던 롯이 요단의 동쪽, 다시 말해 소돔과 고모라를 선택했음은 어쩌면 당연한 일이다. 그러나 그것이 롯과 그의 가족들에게 치명적인 불행의 원인이요, 패가망신의 출발점이 된 것은 슬픈 아이러니가 아닐 수 없다. 겉으로는 비옥하고 화려하게만 보였던 요단의 동쪽, 그곳은 실은 영적으로 말할 수 없이 척박한 곳이요, 죄악이 관영한 욕망의 도시였기 때문이다.

롯은 요단의 서쪽으로 떠나야 했다. 요단의 동쪽으로 떠나간 롯과 그의 가족을 바라보며 불현듯 아담과 하와가 떠올랐다. 하나님께서 금하신 열매를 따 먹고 타락한 아담과 하와가 에덴동산에서 쫓겨났다. 그리고 그들은 에덴의 동쪽으로 떠나갔다. 그들이 떠나간 에덴의 동쪽, 그곳은 어떤 곳인가? 원래 성경에서 동쪽은 하나님의 은혜를 상징하는 곳이었다. 그리고 해가 뜨는 곳이었다. 따라서 에덴도 동쪽에 두었다. 그러나 하나님을 떠난 인간이 존재하는 곳, 다시 말해 하나님이 존재하지 않는 곳은 더 이상 은혜의 장소가 아니다. 그곳은 바로 지옥이다. 타락한 죄인들인 아담과 하와가 에덴의 동쪽으로 떠나자 하나님은 바로 그곳에 그룹들과 화염검을 두어 생명나무의 길을 지키게 하시는 것이다.

> "이같이 하나님이 그 사람을 쫓아 내시고 에덴동산 동편에 그룹들과 두루 도는 화염검을 두어 생명나무의 길을 지키게 하시니라"(창 3:24).

에덴의 동쪽, 그곳은 하나님을 떠나간 죄인들이 제멋대로 사는 곳이었다. 그곳은 가시덤불과 엉겅퀴가 나뒹구는 거칠고 메마른 땅이었다. 그리고 죄악이 넘치는 욕망의 땅이었다. 또한 미움과 저주가 넘치는 피의 땅이었다. 그런가 하면 창세기 11장에는 이런 이야기가 등장한다.

> "온 땅의 구음이 하나이요 언어가 하나이었더라 이에 그들이 동방으로

옮기다가 시날 평지를 만나 거기 거하고"(창 11:1-2).

바로 바벨탑 이야기다. 하나님을 떠난 교만한 인간들이 동쪽으로 떠나 바벨탑을 쌓은 이야기이다. 동쪽으로 떠나가 하나님을 대적하는 추악한 인간들에게 하나님은 언어를 혼잡케 하여 그들을 온 지면에 흩으신 것이다. 이렇듯 성경에서 말하는 동쪽은 언제나 저주의 땅이요 죄악의 땅이다.

그렇다. 롯은 요단의 서쪽으로 떠나야 했다. 오늘 우리는 어디에 살고 있는가? 혹시 풍요로운 요단의 동쪽에서 흥청망청 폼을 잡고 살고 있는 것은 아닌가? 겉만 휘황찬란한 죄악의 도시에서 온갖 쾌락과 동물적 본능에 빠져 허우적거리고 있는 어둠의 자식들은 아닌가?

우리 모두 서쪽으로 가야만 한다. 요단의 서쪽, 그곳은 겉으로 보기에는 비록 척박한 땅이요, 별볼일 없는 땅 같다. 하지만 그곳에는 하나님이 주시는 참 소망과 위대한 비전이 있다. 현실에만 안주하는 사람들, 눈에 보이는 화려한 겉모습만 바라보는 사람들, 그리고 진리의 삶을 외면하는 욕망의 사람들에게 요단의 서쪽으로 가는 길을 선택하기란 그리 쉬운 일이 아니다. 그러니 모두들 물댄 동산 같고 겉모습이 유난히 아름다운 요단의 동쪽을 향해 달려가는 것이다.

요단의 서쪽으로 간다는 것은 다음과 같은 의미를 가지고 있다.

첫째, 좁은 문으로 들어가는 것을 말한다.

"좁은 문으로 들어가라 멸망으로 인도하는 문은 크고 그 길이 넓어 그리로 들어가는 자가 많고 생명으로 인도하는 문은 좁고 길이 협착하여 찾는 이가 적음이니라"(마 7:13-14).

어느 누가 굳이 힘들고 불편한 좁은 문으로 들어가려 하겠는가? 대다수의 사람들이 넓은 문으로 들어가고 있다. 그 길이 편하기 때문이다. 그리고 아름답기 때문이다. 그러나 그 길이 멸망의 길임을 아는 자가 많지 않음은, 롯과 그 가족의 비극이었을 뿐만 아니라, 오늘 우리들의 슬픈 자화상이기도 하다.

예수님이 탄생하신 베들레헴에 가면 주님이 탄생하신 것을 기념해 그 자리에 교회를 세워놓았다. 그 교회의 이름은 '예수 탄생 교회'이다. 그런데 그 교회는 일반 교회와 다른 특이한 점이 있다. 그것은 교회 출입문이 대단히 작고 좁다는 것이다. 따라서 그 교회에 들어가려는 자는 누구나 고개를 깊이 숙이고 들어가야 한다. 비록 일국의 왕이라 할지라도, 대통령이나 권세 있는 자라 할지라도, 어떤 부귀영화를 누리는 자라 할지라도 모두 고개를 숙이고 들어가야만 한다. 인류를 구원하기 위해 이 낮은 땅에 오신 예수 그리스도, 그분의 진정한 뜻을 헤아려 보기 위함이다.

둘째, 요단의 서쪽으로 간다는 것은 자기 십자가를 지는 것을 의미한다.

> "아무든지 나를 따라오려거든 자기를 부인하고 자기 십자가를 지고 나를 좇을 것이니라"(마 16:24).

주님은 십자가를 지기 위해 이 낮은 땅 위에 오셨다. 그리고 계획하셨던 그 십자가를 지심으로 우리의 구원 계획을 다 이루셨다. 십자가만이 오직 죄와 욕망으로 가득 찬 우리를 거룩한 하나님 나라로 이끌어 갈 수 있는 유일한 길이기 때문이었다. 그럼에도 그 십자가를 지려는 사람은 많지 않다. 모두가 무거운 황금을 지고 가려고 하고 부귀영화의 짐을 지고 가려고 한다. 모두가 자기 욕망의 무거운 짐을 지고 하나님 나라로 들어가려고 한다. 그러니 한 발자국도 나아갈 수 없다. 욕망의 짐이 너무 무겁고 힘들어 쓰러지기를 반복한다. 그럼에도 무거운 세상 짐을 좀처럼 내려놓지 못한다. 흡사 거대한 바위를 높은 산꼭대기 위로 끝없이 굴려 올라가는 가련한 시지프스(Sisyphus)처럼 말이다. 이것이 바로 오늘 우리 시대 크리스천의 슬픈 모습이다.

무거운 자기 욕망의 짐을 내려놓지 않는 자는 어느 누구도 자기 십자가를 결코 짊어질 수 없다. 그렇다면 하나님 나라를 구하는 자라면 누구라도 욕망과 탐욕의 짐을 내려놓아야 한다. 자기 십자가를 진다는 것은 곧 자기를 버린다는 것을 의미한다. 그렇다. 천국은 버리는 자의 것이다. 천국은 포기하는 자의 것이다. 천국은 내려놓는 자의 것이다.

예수님의 사도들을 바라보라! 베드로는 십자가에 거꾸로 매달려 순교했다. 안드레도 순교했다. 야고보도 마태도 시몬도 다대오도 빌립도 알패오의 아들 야고보도 순교했다. 그리고 의심 많은 제자 도마는 저 멀리 인도에서 복음을 전하다 원주민의 창에 찔려 순교했다. 사도 요한은 펄펄 끓는 기름 가마에 던져졌지만 하나님의 은혜로 살아나 밧모 섬으로 귀양을 갔다. 또 가룟 유다 대신 열두 사도에 들어온 맛디아 역시 복음을 전하다 순교했다. 그런가 하면 부활하신 예수 그리스도를 만난 뒤 세계를 복음화한 사도 바울은 로마에서 처참하게 순교했다. 그 영광스러운 사도들 모두가 이처럼 자기 목숨을 버리기까지 혹독한 인생을 살았던 이유는 무엇이겠는가?

예수 그리스도를 믿는다는 것은, 곧 끝없이 나를 버리는 것을 의미한다. 따라서 내 믿음의 연륜이 깊어진다는 것은, 그만큼 나의 것을 더욱 버렸음을 의미한다.

셋째, 요단의 서쪽으로 간다는 것은 비전을 꿈꾸는 것을 의미한다. 우리 모두 꿈을 꾸는 자가 되어야 한다. 그러나 그 꿈은 내 육신과 세상 열락(悅樂)을 위한 욕망의 꿈이 되어서는 결코 안 된다. 비록 내 이웃과 사회를 위한 원대한 꿈일지라도, 그것이 내 꿈이 되어서도 안 된다. 그 어떤 아름답고 위대한 꿈도 그것이 내 꿈이 되는 순간, 그 또한 욕망의 꿈이 되기 때문이다.

비전을 꿈꾸는 것은 오직 하나님의 꿈을 꾸는 것이다. 그리고 하나님을 꿈꾸는 것이다. 그것은 영원하신 하나님과 함께하는 꿈이기에 또한 영원한 꿈이다. 따라서 그 꿈은 욕망이나 야망처럼 허망한 꿈이 아니다. 더구나 그 꿈은 이 세상에서 나의 존재와 더불어 허물어져 갈 꿈이 아니다. 오히려 영원 속에서 거룩하신 하나님으로 인해 더욱 찬란하게 영글어가는 꿈이다. 그래서 비전은 아름다운 꿈이다. 날로 새로워져가는 꿈이다. 진리의 꿈이다. 영원한 생명의 꿈이다. 그 꿈은 작은 꿈이어도 좋다. 힘든 꿈이어도 좋다. 그러나 그 모든 꿈은 하나님이 주시는 꿈이기에 위대하다. 그 꿈은 세상 사람들이 꾸는 꿈에 비해 보잘것없는 것 같지만 실은 위대한 꿈이다. 바로 하나님이 주시는 꿈이기 때문이다.

따라서 하나님의 꿈을 꾸며 사는 자만이 오직 하나님의 사람일 수 있다. 하나님이 우리를 당신의 거룩한 형상대로 창조하시고, 또 그렇게 사랑하셨다면, 우리는 마땅히 하나님의 꿈을 꾸며, 또 그 꿈을 이루는 아름다운 꿈의 사람이 되어야 하지 않겠는가!

물론 하나님이 주시는 꿈이라 할지라도 이 세상에서 다 이룰 수 있는 것은 아니다. 이루지 못할 꿈도 있다. 그래도 실망할 필요는 없다. 우리가 이 땅에서 그 꿈을 다 이루는 것도 중요하지만, 설령 그 꿈을 다 이루지 못한다 할지라도 결코 그 꿈이 이루어지지 않은 것은 아니기 때문이다. 하나님이 오늘 내게 주신 꿈을 내가 다 이루지 못했다 할지라도, 그 꿈은 나와 같은 꿈을 꾸고 있는 그 누군가에 의해 또다시 계승되고 이루어져 나갈 것이기 때문이다. 모세에 의해 시작된 출애굽의 대역사의 꿈이 그의 죽음으로 끝난 것이 아니라, 똑같은 꿈을 꾸던 여호수아에 의해 완성되었듯이 말이다.

어쩌면 하나님의 꿈은 이 땅에서 모두 이루어지는 꿈이 아니라 저 하늘까지 이어져 비로소 완성되는 황홀한 꿈이다. 그러니 하나님의 꿈을 꾸다가 그 꿈이 이루어지지 않는다고 실망할 필요는 없다. 내 생각보다 더디 이루어진다고 주저앉을 필요도 없다. 영원한 그 꿈을 언제나 소중히 간직하고 마음에 다스려야 한다. 그리고 여전히 그 꿈을 꾸어 가야 한다. 믿음의 조상 아브라함처럼 그렇게 말이다.

기억해야 할 진리가 있다. 하나님은 당신의 꿈을 꾸는 자에게 언제나 그가 꾸는 꿈과 함께 항상 거기 계신다는 사실이다.

하나님이 항상 함께하시기를 원하는가? 그렇다면 언제나 하나님의 거룩한 꿈을 꾸는 자가 되어야 한다. 아직도 버리지 못하고 있는 오늘 우리의 소돔과 고모라는 무엇인가? 욕망의 노예가 되어 매일 무거운 발걸음을 질질 끌며 힘들고 지친 삶을 살아가고 있는 초라한 우리 삶의 모습을 되돌아보자. 요단의 서쪽으로 간 롯의 아내는 평생 욕망의 소금을 꿈꾸다 결국은 소금인형이 되고 말았다. 그리고 롯과 두 딸은 거룩한 성경의 한 페이지를 더러움과 치욕스러움으로 물들여 놓았다.

"순간의 선택이 평생을 좌우한다"고 하던 어느 광고 카피가 생각난다. 그렇다! 순간의 선택이 인생의 모든 것을 좌우한다. 아니, 영원까지도 좌우한다. 만약 롯이 요단의 동쪽이 아니라 요단의 서쪽으로 떠나갔다면…….

언제나 하나님을 꿈꾸는 아름다운 꿈의 사람은 오늘도 요단의 서쪽을 향해 힘찬 발걸음을 내디딜 것이다. 그리고 그는 필경 아름답고 빛나는 하늘인형이 되어 영원히 하나님과 함께 아름다운 꿈을 나누게 될 것이다.

뽕나무 위의 남자

누가복음 19장 1-9절

"예수께서 여리고로 들어 지나가시더라 삭개오라 이름하는 자가 있으니 세리장이요 또한 부자라 저가 예수께서 어떠한 사람인가 하여 보고자 하되 키가 작고 사람이 많아 할 수 없어 앞으로 달려가 보기 위하여 뽕나무에 올라가니 이는 예수께서 그리로 지나가시게 됨이러라 예수께서 그곳에 이르사 우러러 보시고 이르시되 삭개오야 속히 내려오라 내가 오늘 네 집에 유하여야 하겠다 하시니 급히 내려와 즐거워하며 영접하거늘 뭇 사람이 보고 수군거려 가로되 저가 죄인의 집에 유하러 들어갔도다 하더라 삭개오가 서서 주께 여짜오되 주여 보시옵소서 내 소유의 절반을 가난한 자들에게 주겠사오며 만일 뉘 것을 토색한 일이 있으면 사 배나 갚겠나이다 예수께서 이르시되 오늘 구원이 이 집에 이르렀으니 이 사람도 아브라함의 자손임이로다."

*슬픈 '삐에로'

철학자 김형석 교수는 인간의 역사를 낭비의 역사라고 해석한다. 곧 인간의 역사는 온갖 탐욕과 이기심에 사로잡힌 인간이 자기 인생을 의미 없이 살아감으로써 헛되이 낭비하고 탕진해 온 발자취라는 것이다.

오늘 우리는 어떤 인생을 살아가고 있는가? 오늘 우리가 구하고 있는 것은 무엇인가? 그리고 우리는 무엇을 얻기 위하여 그토록 숨가쁘게 살아가고 있는 것인가?

돈을 벌기 위해 혈안이 된 사람들이 있다. 부귀영화를 얻기 위해 헐떡거리며 살아가는 사람들이 있다. 온갖 쾌락을 구하기 위해 어둠 짙은 인생의 뒷골목을 기웃거리는 사람들이 있다. 그런가 하면 육신의 안일을 위해 진땀을 흘리는 사람들이 있다. 모두가 무엇인가를 구하기 위해 동분서주하는 모습들이다. 그러나 이 모든 것들이 한갓 봄날의 꿈처럼 의미 없는 짓거리들임을 아는 사람들은 별로 없는 것 같다. 그러니 눈만 뜨면 언제나 똑같은 몸짓을 계속하고 있는 것이다. 자기의 귀한 인생을 헛되이 낭비하고 있는 것이다.

혹시 곡마단의 삐에로를 본 적이 있는가? 흡사 어느 동화 속 주인공과 같은 재미있는 옷을 입고 얼굴에는 울긋불긋 이상야릇한 분장을 한 채 까불거리며 관람객들에게 웃음과 해학을 선사하고 있는 삐에로, 그 모습을 바라보며 사람들은 모두 재미있다는 듯이 박수를 치며 환호한다.

그러나 그것은 오히려 참담한 슬픔이다. 깊은 고뇌이다. 견딜 수 없는 아픔이다. 삐에로를 통해 우리 인간의 진솔한 실존을 바라보기 때문이다. 다시 말해, 삐에로의 겉모습은 비록 재미있고 우스꽝스런 모습일지라도 사실 인생은 고달픈 것임을 잘 알고 있기 때문이다.

모두가 삐에로의 겉모습을 바라보며 히히덕거리며 떠들어대지만, 그 순간 웃고 있는 한 인간의 모습 뒤에 울고 있는 또 다른 인간의 모습이 교차된다. 드러난 겉모습 뒤에 숨겨져 있는 가슴 시린 삶의 발자취가 선명하게 드러난다. 그것은 오히려 눈물겹도록 초라한 인생의 모습이다. 거기엔 인간의 슬픈 실존이 들어 있기 때문이다. 그러므로 삐에로의 모습은 희극적이 아니라 오히려 비극적인 모습이다. 무엇인가를 구하기 위해 그렇게 눈에 띠는 분장을 하고 자기와 전혀 다른 실존의 모습으로 살아가고 있는 사람들은 과연 누구일까?

*긴 여로

낯설지 않은 한 도시가 저 멀리서 희미하게 시야에 들어왔다. 여리고 성이었다. 얼굴에는 온통 두터운 주름이 잡히고 머리는 성성한 백발이 제멋대로 헝클어져 휘날리는 한 노인이 허름한 지팡이에 작고 야윈 몸을 의지한 채, 오랜 여로에 지치고 힘든 기색으로 이 도시를 향해 걸어 들어왔다.

가이사랴 지방을 떠나간 것이 몇 날이던가? 노인은 잠시 지나온 날들을 헤아려 보았다. 어림잡아도 한 달은 족히 넘은 듯하였다.

그러나 저 멀리 여리고 성이 눈에 들어오는 순간, 오랜 날들을 걸어오느라 지치고 피곤한 그의 발목으로부터 새로운 힘이 불끈 솟아올랐다. 드디어 여리고 성에 도착했다. 그리고 얼마 안 되어 한 작은 언덕이 눈 앞에 나타났다. 순간 노인의 걸음은 갑자기 빨라졌다.

노인은 뛰어가듯이 그 언덕을 향했다. 그러자 갑자기 숨이 턱 밑까지 차올랐다. 때마침 불어오는 세찬 바람에 짙은 황토 먼지가 잠시 눈앞을 가렸다. 그럼에도 그 누런 먼지 사이로 바라보이는 푸른 빛깔이 또렷이 눈에 빨려 들어왔다. 노인의 두 눈이 갑자기 크게 떠졌다. 그것은 커다란 뽕나무였다. 순간 노인의 입에서는 흡사 신음소리와도 같은 감탄사가 터져나왔다.

"아, 여전하구나! 그래, 바로 그때 그 뽕나무야……."

그는 더욱 빠른 걸음으로 내달아 드디어 그 뽕나무 앞에 이르렀다. 노인은 오랜 시간 헤어졌던 자식을 다시 만난 듯 늙은 뽕나무 한 그루를 어루만지더니 이내 땀에 젖은 자신의 얼굴을 거칠게 비벼댔다. 이어 노인은 그 뽕나무 위로 오르기를 시도했다. 그러나 60이 넘은 노인이 높은 뽕나무 위로 오르는 것은 그리 쉬운 일이 아니었다. 몇 번을 오르려다 미끄러지고 실패했지만 노인은 그 일을 멈추지 않았다.

얼마 동안이었을까! 안간힘을 쓰던 노인은 어렵사리 뽕나무에 올랐다. 뽕나무 위에 걸터앉아 지금까지 걸어온 길을 되돌아보니 그동안의 모든 육신의 피곤과 고단함이 순식간에 사라지고 갑자기 정신이 퍼뜩 들었다. 마치 온몸에 찬물을 끼얹은 듯한 상쾌함과 함께 무엇인가 알 수 없는 기쁨이 전신에 충만해져 왔다. 순간 노인의 뇌리에서는 지난 20여 년 전의 영상이 주마등처럼 스쳐 지나갔다.

한낮의 더위 때문이었을까? 그날따라 밖에 나온 사람들의 모습은 찾아볼 수 없었다. 그런데 이상한 일이었다. 그가 뽕나무 위에 오른 순간 갑자기 수를 헤아릴 수조차 없는 많은 무리들의 모습이 시야에 들어왔다. 그리고 그 무리들이 내는 떠들썩한 소리가 귀에 따갑도록 메아리쳤다. 그때 저 아래서 수많은 군중 사이를 뚫고 한 무리의 사람들이 언덕 위로 올라오고 있었다. 그들은 어느덧 뽕나무 위에 앉아 있는 노인의 앞에까지 다다랐다. 그들 중 맨 앞에서 성큼 다가온 난생 처음 만난 더벅머리의 한 청년이 뽕나무 위에 앉아 있는 자신을 바라보며 말했다.

"삭개오야, 내려오너라!"

그 말은 무언가 확신에 차 있으면서도 친절과 겸손이 넘치는 말이었다. 벌써 20여 년 전의 일이었지만, 노인에게는 바로 엊그제 일처럼 눈앞에 생생했다. 그때의 일을 떠올리는 노인의 퀭한 눈망울에서는 어느덧 뜨거운 눈물이 주체할 수 없이 흘러내린다. 노인은 뽕나무 위에 걸터앉은 채로 두 손 모아 간절히 기도를 드리기 시작한다.

"주님! 내가 여기 왔습니다. 지난날 바로 이 뽕나무 위에 올라와 있던 초라한 나를 만나 주신 주님, 내가 다시 여기 이곳에 왔나이다. 나를 다시 맞아 주소서."

노인의 기도는 어느덧 통곡으로 변했다. 그리고 뜨겁게 쏟아지는 눈물은 어느덧 그의 옷깃까지 흥건히 적셨다. 그럼에도 노인의 기도는 멈추지 않는다.

"나를 구원하신 나의 주님, 그리고 나를 여기까지 인도하여 주신 주님, 내가 주님을 온전히 닮아가지 못하였나이다. 아직도 다 내려놓지 못한 지독한 교만과 자아로부터 나를 건져 주시옵소서. 주님, 주님께서 그 옛날 나를 불러 주신 그 뽕나무 위에 지금 내가 다시 올라와 있나이다. 그때처럼 다시 한 번 내 이름을 불러 주시옵소서.

그때처럼 다시 한 번 나를 맞아 주시사 나로 하여금 영원한 진리의 길을 걷게 하옵소서. 그리고 마지막에 주님을 위해 담대히 죽을 수 있는 믿음과 용기를 허락해 주시옵소서."

얼마나 오랜 시간 동안 기도를 드렸을까? 온갖 번민과 고단함으로 가득 찼던 노인의 영혼에 갑자기 알 수 없는 강렬한 빛이 비춰오기 시작했다. 그리고 마음속에는 다시 기쁨과 평안이 아침 안개처럼 살며시 솟아올랐다. 노인의 얼굴에는 비로소 맑은 미소가 피어났다. 참으로 지치고 피곤한, 그리고 황폐한 삶을 살던 20여 년 전의 자신의 모습이 주마등처럼 눈앞을 스치고 지나갔다. 노인은 조용히 눈을 감았다.

*20여 년 전 그날

일주일을 쉬지 않고 내리던 비가 모처럼 그쳤다. 저 멀리 검은 구름 사이에서 한 줄기 햇빛이 살짝 비치는가 싶더니 어느덧 온몸을 짓누르듯 무겁게 뒤덮여 있던 검은 구름이 물러가고 갑자기 눈부신 태양이 떠올랐다. 그동안 짙은 먹구름과 장맛비로 인해 온통 회색 도시를 이루고 있던 여리고가 방금 전 떠오른 찬란한 햇빛으로 인하여 보석처럼 빛나고 있다.

모처럼 비쳐오는 환한 햇빛을 맞으며 집 마당 처마 밑에 앉아서 이번 달치 수금된 돈을 세어 보던 세리장의 얼굴이 갑자기 일그러졌다. 그러고는 이내 노기 띤 모습으로 버럭 소리를 질렀다.

"야, 이놈들아! 지금이 며칠인데 아직 이것밖에 안 돼? 모두 로마 정부에 바치고 나면 남는 것이 하나도 없잖아! 너희들, 정말 밥 굶어

볼래? 도대체 뭘 하고 있는 거야!"

체구도 작은 사람이 무슨 목소리가 그리도 큰 것일까? 그의 목소리는 큰 집안이 떠나갈듯이 쩌렁쩌렁 울려댔다. 순간 수많은 하속들이 모두 그 자리에서 머리를 아래로 잔뜩 늘어뜨린 채 온몸이 얼어붙은 듯 부동자세로 서 있다. 잠시 짧은 침묵이 흘렀다. 그들 중 중간 책임자인 듯한 한 남자가 겨우 입을 열었다.

"올해 농사가 흉년인지라 세금이 잘 걷히지 않습니다. 게다가 시중 경기도 좋지 않고……."

그 남자의 말이 채 끝나기도 전에 세리장의 성난 목소리가 마른 하늘의 날벼락처럼 뜨겁게 떨어졌다.

"뭐라구? 너 지금 그걸 말이라고 하는 거야? 이 개XX, 누구 사정 봐주다가는 네가 먼저 굶어 죽을 줄 알아!"

차마 듣기 민망한 쌍욕이 터져나옴과 동시에 세리장의 거센 구둣발이 그의 정강이에 그대로 꽂혔다. 그런데도 그는 전혀 미동도 하지 않은 채 여전히 부동자세로 서 있다. 그 앞에 옹기종기 모여 있던 다른 하속들은 모두 부들부들 몸을 떨고 있다. 참으로 가관이다. 키는 고작해야 150센티미터도 채 되지 않을 것 같은 난장이에다가 머리가 훌러덩 벗겨져 이마엔 개기름이 번질거리고, 똥배까지 잔뜩 나와 뒤뚱거리는 모습으로 스스로 분을 참지 못하고 씩씩거리면서 온갖 더러운 욕지거리를 내뿜고 있는 한 사내, 그리고 그 앞에서 머리를 조아리며 죽은 듯이 부동자세로 서 있는 건장한 하속들의 모습은 흡사 한 편의 희화를 방불케 한다. 참으로 볼썽사나운 대낮의 풍경이다.

잠시 짧은 침묵이 흘렀다. 세리장은 심히 불편한 표정으로 하속들에게 큰 소리로 다시 묻는다.

"그런데 오늘은 어찌 개미 새끼 한 마리도 보이지 않는 거야?"

모처럼의 청명한 날씨에도 불구하고 세금 내러 오는 사람이 하나도 보이지 않았기 때문이다.

모두가 쭈뼛거리는 사이 조금 전 잔뜩 야단을 맞았던 중간 책임자가 조심스럽게 다시 입을 연다.

"글쎄요, 무슨 일인지 잘 모르겠습니다."

순간 밖에서 많은 사람들이 어디론가 몰려가는 시끄러운 소리가 들려왔다. 세금이 많이 걷히지 않은 탓이었을까? 아니면 그동안 계속된 침침하고 구질구질한 날씨 탓이었을까? 여리고의 난장이 세리장은 요즘 몹시도 우울하고 처진 모습이었다.

오랜만에 떠오른 눈부신 태양을 더욱 가까이하려는 듯, 여리고의 많은 사람들이 두 손을 위로 높이 쳐들며 환한 얼굴로 밖으로 뛰어나갔다. 무슨 소리인지 알아들을 수 없는 괴성을 지르는 사람도 있었다. 그런가 하면 시린 눈으로 눈부신 태양을 바라보며 크게 기지개를 펴는 사람들도 있었다. 그 태양빛으로 인하여 지난 일주일 동안 어둡고 음울하기까지 하던 여리고는, 이른 새벽 갑자기 피어난 한 송이 장미꽃처럼 아름답고 싱그러운 모습으로 다가왔다.

군중심리 때문이었을까? 여리고의 난장이 세리장도 자신을 의식하지 못한 채 밖으로 나갔다. 그러나 그는 다른 사람들과는 달리 별 감흥이 없었다. 난장이 세리장은 요즘 사는 것이 도대체 재미가 없고 못마땅하다. 아니, 차라리 따분하다고나 할까!

여리고는 이스라엘에서 예루살렘 다음으로 큰 도시요, 상업의 중심지이다. 따라서 그곳은 어느 도시보다 돈이 잘 돌아가는 풍성한 도시였다. 그래서 사람들이 육신의 욕망과 쾌락을 즐기며 살기 좋은 곳이었다. 그런 도시의 세리장이라면 사회적으로 크게 성공한 사람이다. 돈과 명예와 권력을 다 가진 사람이었기 때문이다. 이스라엘 동족들은 비록 뒤에서는 이런 세리장을 향해 더러운 죄인이라며 욕을 하고 손가락질하였지만, 그 앞에서는 누구나 머리를 조아리며 굽실거렸다. 사실 이 정도 위치면 세상에서는 아쉬울 것이 없었다. 그런데 무엇이 이 난장이 세리장의 삶을 이처럼 따분하고 지루하게 만든 것이었을까? 난장이 세리장은 잠시 자신을 돌이켜보았다. 그것이 지난 일주일 동안 내린 비로 인한 것이 아님을 깨달은 것은 오랜 시간이 지나지 않아서였다.

"아, 그래! 이 증상이 시작된 것은 벌써 오래 전부터야. 그렇군. 이제 생각해 보니 한 3년쯤 된 것 같아."

그는 여리고의 세리장이 된 이후 거칠 것이 없었다. 시쳇말로 그는 잘 먹고 잘살며 행세깨나 하는 사람이었다. 로마제국의 식민지 백성으로 말할 수 없는 핍박을 받으며 살아가고 있는 동족들을 착취해 고혈을 빨아왔지만 그것을 한 번도 주저하거나 후회한 적도 없었다. 로마제국의 법에 따라 자신은 그냥 모든 것을 단순히 집행만 했을 뿐이라는 자긍심이 항상 자신을 지탱해 주었기 때문이다. 비록 동족들이 뒤에서 욕을 해도 그것을 그냥 힘없는 자들의 넋두리 정도로만 여겼을 뿐 그들의 처지나 입장에는 전혀 관심을 가진 적이 없었다.

그는 세리장이 된 이후 지금까지 지난 3년 동안 그렇게 살아왔다. 그 기간 동안 그는 남들이 꿈도 꿀 수 없을 만큼 많은 돈을 모았다. 무려 방이 20개가 넘는 화려한 저택에서 수많은 하인들을 거느리며 호의호식하면서 떵떵거리며 살아왔다. 그 많은 돈과 권력을 통해 세상에서 하고 싶은 것은 다 해 보았다. 가지고 싶은 것도 다 가져 보았다. 도대체 거칠 것이 없는 그였다.

그렇다면 그는 이제 행복해야 할 것이다. 아니, 이미 행복한 사람이어야 했다. 그런데도 그는 결코 행복하지 않았다. 어린 시절, 집안이 가난하여 입에 풀칠조차 제대로 하지 못해서 배고프고 서러운 때도 있었다. 그때는 뜨거운 밥 한 끼만 먹어도 원이 없다는 생각을 하기도 했다. 그런데 지금 그는 오히려 못살고 힘들던 그 옛날보다 더 불행하다는 생각이 들었다. 무엇 때문일까?

아무리 생각해 보아도 그 이유를 알 수 없었다. 언제부터인가 세리장의 얼굴에는 미소가 사라졌다. 그리고 마음속에는 자신도 알 수 없는 거대한 바위 같은 무거운 짓누름이 느껴졌다. 그리고 자신의 삶이 고단해졌다. 풍요 속의 빈곤이라고나 할까? 그는 그것이 무엇인지 스스로에게 수없이 물어 보았지만 결코 그 해답을 찾을 수가 없었다. 그러니 눈만 뜨면 부하 세리들에게 세금을 더 많이 걷어오라고 호통을 치는가 하면, 집안 하인들에게 괜한 잔소리와 온갖 핍박을 쏟아낼 뿐이었다. 한마디로 자신조차 주체할 수 없는 어떤 스트레스가 자신의 내면으로부터 치솟아 오르는 것이었다.

이 정도 위치에 오르면 누구보다 행복하고 멋진 삶을 살 줄 알았는데, 오히려 더 불행하고 비참한 삶 속에 빠져들고 있는 자신의 모습에 더 짜증이 났다.

그런데 이제 그는 그 이유를 알 수 있을 것 같았다. 어느덧 나이 사십이 넘어 오십 줄을 바라보고 있는 요즈음, 자신의 몸이 예전 같지 않다는 느낌이 부쩍 들었다. 그러자 훗날이 생각났다. 그것은 먼 훗날이 아니었다. 당시 평균 수명이 40여 세에 불과했다는 사실을 직감한 순간, 그것은 어쩌면 내일, 아니 오늘 밤일지도 모른다는 죽음에 대한 강한 두려움과 공포가 몰려왔다. 어떻게 모은 재산인데! 그러나 그 재산조차 자신의 영원을 지켜줄 수 없다는 생각이 들자 갑자기 모든 것이 무의미해졌다. 그리고 자신의 인생이 하없이 허무해졌다.

그때였다. 갑자기 많은 사람들이 언덕을 향해 뛰어가고 있었다. 그들 중 누군가가 소리쳤다.

"나사렛 예수가 오신대!"

순간 여기저기서 웅성거리는 가운데 '예수'라는 단어가 들려왔다. 순간 세리장의 얼굴이 갑자기 굳어졌다. 세리장은 혼잣말처럼 중얼거렸다.

"나사렛 예수!"

그도 '예수'라는 이름을 여러 번 들은 적이 있었기 때문이다. 예수라는 사람이 소경의 눈을 뜨게 한 일, 앉은뱅이를 일으킨 일, 문둥병자를 깨끗하게 한 일, 죽었던 사람을 살린 일, 그리고 풍랑 이는 바다 위를 유유히 걸어온 일 등을 들어 본 적이 있었다.

"뭐, 예수가 온다고? 그게 정말이야?"

세리장은 갑자기 예수라는 이름에 잔뜩 호기심이 생겼다. 그리고 지금까지 스트레스로 일그러져 있던 얼굴이 살며시 펴졌다. 위로 잔뜩 올라가 붙었던 눈꼬리도 슬며시 아래로 내려왔다. 세리장은 잠시 무엇인가를 생각한 듯이 눈을 질끈 감았다 다시 뜨고는 하속들에게 명령한다.

"내가 잠시 밖에 나갔다 돌아올 테니 그동안 일들 잘하고 있어. 세금 많이 걷어 놓고. 알겠느냐?"

어느덧 세리장은 일단의 무리들을 따라 언덕으로 향하는 길로 들어서고 있었다. 언덕에 다다르니 이미 많은 사람들이 먼저 나와 길거리를 가득 메우고 있었다. 유난히 키가 작았던 세리장은 거기서는 도저히 예수님을 볼 수가 없음을 직감했다. 좌우를 두리번거리던 세리장의 눈에 순간 뽕나무 한 그루가 보였다. 그는 세리장이라는 직책도 체면도 외면한 채 그 나무 위로 올라갔다. 드디어 먼 곳에서 예수님이 걸어오시는 모습이 한눈에 들어왔다. 열두 제자들을 대동하고 여리고로 들어오시는 예수님의 모습이 점점 가까이 눈앞에 다가왔다. 언덕을 향해 계속 걸어 올라오던 예수님이 드디어 세리장이 올라가 앉아 있는 뽕나무 앞에까지 도달했다. 그 순간 예수님은 갑자기 뽕나무 위로 눈길을 돌리신다. 그리고 나무 위에 올라가 있는 키 작은 한 남자를 향해 이렇게 말씀하신다.

> **"삭개오야 속히 내려오라 내가 오늘 네 집에 유하여야 하겠다"**(눅 19:5).

예수님이 자신을 향해 말씀하시는 순간 세리장은 너무 놀라서 하마터면 나무에서 떨어질 뻔했다. 난생 처음 만나는 낯선 예수라는 사람이 어찌 자신의 이름을 알고 불러 준단 말인가! 세리장은 갑자기 가슴이 콩콩 뛰었다. 황당하고 난처해진 세리장은 얼른 뽕나무에서 내려와 예수님 앞에 머리를 조아렸다. 그리고 예수님을 자신의 집으로 모셨다. 예수님은 그날 밤 삭개오의 집에서 하루를 유하셨다. 그리고 그날 삭개오의 집에서는 엄청나고도 희한한 일이 일어났다. 그날 밤 삭개오가 참으로 믿을 수 없는 고백을 한 것이다.

> "주여 보시옵소서 내 소유의 절반을 가난한 자들에게 주겠사오며 만일 뉘 것을 토색한 일이 있으면 사 배나 갚겠나이다"(눅 19:8).

당시 세리라면 로마제국의 앞잡이가 되어 동족의 고혈을 빨아먹던 악덕 모리배였다. 오죽했으면 세리를 죄인과 창녀와 같은 부류로 저주하고 손가락질했겠는가? 그런데 죄인 중의 죄인이요, 피도 눈물도 없는 천하의 악덕 수전노인 세리, 그것도 여리고라는 큰 도시의 세리장인 삭개오가 자기 재산의 대부분을 가난한 자들에게 기부하겠다는 것이다. 참으로 놀라운 일이다. 어떻게 모은 재산인가? 동족들에게 손가락질을 받으며, 온갖 상스러운 욕설과 저주를 들어가며, 흔히 세상 말로 '개처럼 벌어들인 것'인데, 그것을 지금 모두 내놓겠다는 것이다.

삭개오는 그날 예수님을 만남으로써 평생 벌어들인 엄청난 자기 재산을 한순간에 그렇게 낭비했다. 도대체 그날 밤 삭개오의 집에서는 어떤 일이 일어났던 것일까? 무슨 일이 있었길래 천하의 수전노인 세리장 삭개오가 그같이 놀라운 결단을 했을까?

*삭개오의 집 안방

삭개오: 예수 선생님, 당신은 정말 하나님의 아들이십니다.

예수: 삭개오야! 조금 전 뽕나무 아래서 내가 너의 이름을 불렀다고 하여 네가 나를 하나님의 아들이라고 하느냐? 너는 이제부터 그보다 더한 것들을 보리라.

삭개오: 선생님, 제가 무엇을 더 볼 수 있다는 것입니까?

예수: 네가 지금까지는 썩어질 세상의 영광을 보고 취하였으나 이제부터는 영원한 하늘의 영광을 보리라.

삭개오: 하늘의 영광은 무엇입니까? 그리고 그 하늘의 영광은 어떻게 볼 수 있습니까?

예수: 하늘의 영광은 네가 지금까지 추구한 땅의 영광을 모두 버릴 때만이 비로소 바라볼 수 있느니라.

삭개오: 선생님, 이해하기 어렵습니다. 좀더 쉽고 구체적으로 말씀해 주시옵소서.

예수: 내가 곧 길이요 진리요 생명이니, 네가 나에게로 오면 하늘 영광을 바라볼 수 있느니라.

삭개오: 그러면 제가 어찌 해야만 하는 것입니까?

예수: 네가 가진 것을 다 내려놓고, 너의 십자가를 지고 나를 좇을 것이니라.

예수님의 말씀을 듣는 순간 어디선가 삭개오의 심령에 한 줄기 빛이 비춰 오기 시작했다. 그 빛은 너무도 강렬하여 차마 눈을 뜨고 바라볼 수 없는 것이었다. 그와 함께 삭개오의 굳은 심령이 봄눈 녹듯이 녹아내리기 시작했다. 지금까지 커다란 바위처럼 마음을 짓누르던 온갖 세상 욕망과 탐욕과 교만, 그리고 삶의 허무와 절망감이 서서히 사라져갔다. 그리고 지극한 평안과 말할 수 없는 기쁨이 자신의 내면에 가득 채워져 옴을 느꼈다. 그것은 이 세상에서 단 한 번도 가져보지 못한 완전한 평화로움이었다. 드디어 삭개오는 예수님 앞에 꿇어 엎드린다. 그리고 이렇게 외친다.

"주여, 나는 죄인이로소이다. 나를 떠나소서!"

조금 전까지 예수님께 선생님이라 부르던 호칭이 갑자기 주님이라는 말로 바뀌었다. 이것은 단순한 호칭의 변화가 아니었다. 그것은 삭개오의 전 인생이 송두리째 뒤집히는 코페르니쿠스적인 변화였다. 순간 예수님의 입가에도 작은 미소가 번진다. 그리고 열두 제자들의 얼굴에도 환한 미소가 번졌다. 주님은 말씀하신다.

> "오늘 구원이 이 집에 이르렀으니 이 사람도 아브라함의 자손임이로다 인자의 온 것은 잃어버린 자를 찾아 구원하려 함이니라"(눅 19:9-10).

예수님은 그날 밤 삭개오에게 구원의 말씀을 전하셨다. 하늘나라의 생명의 말씀을 전하셨다. 예수님이 전하는 진리의 말씀이 한 줄기 빛처럼 자기 영혼에 환하게 비쳐오자 지금까지 어둠 속에 묻혀 있던 삭개오의 실존이 드러나기 시작했다. 그것은 참담한 것이었다. 참으로 부끄러운 모습이었다. 온갖 허물과 죄악으로 뒤덮인 더럽고 추한 모습이었다. 비록 남에게 욕을 먹고 손가락질을 당했을지언정 지금까지 많은 돈을 모아 큰 권세와 부귀영화를 누리며 떵떵거리고 살아왔는데, 그래서 성공한 인생인 줄 알았는데, 사실은 자기 인생의 가장 소중한 것들을 상실한 낭비의 역사였다는 것을 비로소 깨달은 것이다. 욕망과 탐욕 속에서 끝없이 추구하며 쌓아왔던 세상의 모든 것들이 실은 자신의 생명을 소진해 왔던 허접쓰레기요, 걸레 조각 같은 허탄한 실상이었던 것이다.

삭개오는 지금까지 낭비의 역사를 살아온 자신의 인생을 바로잡기로 결심한다. 그것은 새로운 질서와 새로운 가치를 통해서만 가능함을 깨달았다. 삭개오가 만난 새 질서와 새 가치는 바로 예수 그리스도였다. 예수 그리스도, 그분만이 곧 길이요 진리요 생명임을 깨달았던 것이다. 참 진리 앞에 나아가니 지금까지 진리로 알아왔던 온갖 것들이 비로소 비진리로 확연히 드러나 보였던 것이다. 지금까지 가장 귀한 것으로 알았던 세상의 가치들이 오히려 가장 무가치하고 무의미한 것으로 드러났던 것이다.

예수님을 만난 그날 밤 삭개오는 비록 어렵게 모은 자기의 큰 재산을 한순간에 낭비하고 말았지만, 그것은 '거룩한 낭비'였다. 삭개오는 지금까지의 낭비의 역사를 청산하고 새로운 창조의 역사를 시작하기로 결심한다. 그것은 바로 예수님을 따르는 것이었다. 그리고 그는 예수님께 했던 약속대로 자신의 재산을 다 정리하고 주님의 제자가 된다. 삭개오는 그날 뽕나무 위에서 세상에서 가장 귀한 진주, 곧 예수 그리스도를 만난 이후 낭비의 역사를 청산한 것이다.

*낭비의 역사에서 얻은 교훈

서두에 "인생은 낭비의 역사"라는 김형석 교수의 역사 해석에 대해 소개했다. 그것으로부터 얻을 수 있는 교훈은 이렇다. 이런 낭비의 역사 속에 살아온 인간의 역사는 오직 하나님의 끝없는 사랑과 진리 앞에 온전히 나아갈 때만이 종식될 수 있다는 것이다. 그는 '탕자의 비유'를 통해 그 교훈을 설명한다.

"아버지의 집을 떠나 낭비의 역사를 산 아들은 다시 아버지 집으로 돌아옴으로써 비로소 낭비의 역사에 종지부를 찍었다."

집을 떠난 탕자는 다시 아버지의 집으로 돌아와야 했다. 그리고 아버지 집에 돌아옴으로써 비로소 아들의 권위를 회복한다. 삭개오는 예수 그리스도를 만나기 전, 아버지의 집을 떠나 방탕의 삶을 산 작은아들처럼 제멋대로 욕망의 삶을 살아왔다. 탕자가 가진 재산을 모두 탕진한 채 빈털터리 거렁뱅이의 모습으로 돌아온 데 비해, 삭개오는 엄청난 부자가 되어 그것도 대단한 권세를 틀어쥔 세리장이 되어 위풍당당한 모습으로 주님께 돌아왔다.

세상의 가치 기준으로 보면 탕자는 천하의 패역한 호로 자식이요, 삭개오는 대단히 성공한 사람이었다. 그러나 주님의 가치 기준으로 보면 탕자나 삭개오나 다름이 없다. 그것은 두 사람 모두 욕망의 삶 속에서 지독한 낭비의 역사를 살아왔기 때문이다. 그러면 삭개오가 낭비한 것은 무엇인가? 그는 자신의 생명을 낭비했다. 하나님이 인간을 창조하신 목적이 무엇인가? 그것은 바로 하나님의 영광을 위한 것이다. 그 사실을 이사야 선지자는 이렇게 설파한다.

"무릇 내 이름으로 일컫는 자 곧 내가 내 영광을 위하여 창조한 자를 오게 하라 그들을 내가 지었고 만들었느니라"(사 43:7).

인간의 삶의 목적은 당연히 하나님의 영광을 나타내는 것이어야 한다. 그런데 하나님의 영광을 나타내야 할 인간이 그것을 외면하고 세상과 육신의 욕망에 빠져 자기 자신의 영광을 드러내고 있다면 그것이야말로 큰 죄악이요, 고귀한 자기 생명을 낭비하고 있는 헛된 짓이 아니고 무엇이겠는가?

*진주 장수와 부자 청년의 경우

2천 년 전 당시 예수님을 만난 사람들은 많았다. 그런데도 많은 사람들이 예수님을 알아보지 못하고 떠나갔다. 그 대표적인 예가 누가복음 18장 18-25절에 나오는 한 부자 청년이다. 그는 성경의 계명을 잘 지키는 겸손하고 근면한 청년이었다. 그가 어느 날 예수님을 찾아와서 묻는다.

"내가 무엇을 하여야 영생을 얻으리이까"(눅 18:18).

이에 예수님이 말씀하신다.

"네게 있는 것을 다 팔아 가난한 자들을 나눠 주라 그리하면 하늘에서 보화가 네게 있으리라"(눅 18:22).

그 말에 청년은 근심하며 그 자리를 떠나갔다. 예수님은 부자 청년의 떠나가는 슬픈 뒷모습을 바라보면서 제자들에게 유명한 말씀을 하신다.

> "약대가 바늘귀로 들어가는 것이 부자가 하나님의 나라에 들어가는 것보다 쉬우니라"(눅 18:25).

예수님께서 왜 이런 말씀을 하셨겠는가? 주님이 원하시는 것은 종교인으로 자기 혼자서만 고고하게 살며 주어진 것을 마음껏 누리는 삶이 아니라, 이웃을 돌아보며 그들의 고통의 외침에 귀 기울이고, 그들의 상처를 어루만지며 더불어 사는 삶이다. 비록 세상 속에서 자신도 상처 입었지만, 그럼에도 불구하고 그들을 치유하는 상처 입은 치유자가 되어야 하는 것이다. 그것이 바로 예수 그리스도의 요청이다. 삭개오는 바로 주님의 그 요청에 응답한 것이다.

마태복음 13장에는 좋은 진주를 구하는 진주 장수의 비유가 소개되고 있다. 한 진주 장수가 있었다. 그는 세상에서 가장 귀한 진주를 찾아 나선다. 그러다 어느 날 그렇게 열망하며 구하던 세상에서 가장 귀한 진주를 발견했다. 그는 자기가 가진 진주를 비롯해 모든 재산을 팔아 그 귀한 진주를 샀다. 그 이유가 무엇이었겠는가? 대답은 간단하다. 그것은 세상에서 가장 귀한 진주 앞에서는 다른 그 어떤 진주도, 한낱 보잘것없는 쓰레기 같은 것이었기 때문이다.

*믿음이란?

믿음이란 무엇인가? 믿음이란 곧 예수 그리스도의 준엄한 요청 앞에 겸손히 응답하는 것이다. 누가복음 19장에 등장하는 삭개오의 이야기를 빗대어 발터 라우센부쉬(Walter Rauschenbusch) 목사는 이렇게 말했다.

"그리스도께서 마침내 낙타가 바늘귀로 들어가는 것을 보고 손뼉 치며 기뻐하셨다."

삭개오라는 거대한 낙타가 드디어 좁은 바늘귀를 통과했다. 그러나 낙타를 단순히 소유의 많고 적음으로 이해하는 우를 범해서는 안 된다. 많은 것을 소유한 자도, 적은 것을 소유한 자도 그 나름대로 낙타가 될 수 있다.

오늘 나는 바늘귀를 통과할 수 있는가? 우리의 끝없는 이기심과 탐욕이 거대한 낙타가 되어 하나님 나라의 관문인 바늘귀를 통과할 수 없다면, 우리의 믿음은 분명 잘못된 것이다. 그렇다면 그것이야말로 우리 인생의 가장 큰 낭비가 아니겠는가?

오늘 나는 어떤 삶을 살아가고 있는가? 우리가 예수 그리스도를 알지 못했을 때, 세상에서 참으로 귀한 것들이 많았다. 돈도 귀한 것이었다. 명예도 귀한 것이었다. 권세도 귀한 것이었다. 남편도 아내도, 그리고 자식도 귀한 것이었다. 눈에 보이는 세상의 모든 것이 귀한 것이었다. 그래서 이 세상 속에서 삶의 가치를 찾고, 육신의 쾌락을 구하며 살았다. 그러나 그 모든 것들이 진정 내 인생의 낭비였던 것을 알지 못했다. 주님을 만나기 전 삭개오처럼 말이다.

우리가 주님을 믿는다고 하면서도 진정한 인생의 가치를 알지 못하고 세상과 육신의 욕망에 빠져 여전히 낭비의 삶을 살아가고 있다면 그것이야말로 헛되고 헛된 일이 아니겠는가?

그날 여리고에는 수많은 사람들이 모여들었다. 그리고 예수님을 보았다. 그러나 예수 그리스도를 만난 사람은 오직 한 명뿐이었다. 그는 뽕나무 위로 올라간 볼품없는 한 난장이었다. 이제 우리 모두 욕망과 탐욕 속에서 더 이상 자신의 고귀한 생명을 소진하는 '허탄한 낭비자'가 되어서는 안 된다. 이제 더 이상 헛된 욕망의 몸짓을 중지하고, 뽕나무 위로 올라갈 시간이다. 뽕나무 위로 올라가는 자만이 주님을 만날 수 있기 때문이다.

예수 그리스도를 만나야 한다. 오직 그 만남으로만 세상의 모든 욕망과 탐욕에서 벗어나 진리의 빛 가운데 살아가는 '거룩한 낭비자'가 될 수 있기 때문이다. 남의 시선을 두려워하는 자는 결코 뽕나무 위로 올라갈 수 없다. 세상의 가치를 추구하는 자 또한 뽕나무 위로 올라갈 수 없다. 욕망에 꽁꽁 묶인 자도 결코 뽕나무 위로 올라갈 수 없다. 모든 것을 스스로 버린 자만이 뽕나무 위로 올라갈 수 있다. 움켜쥔 것을 내려놓는 자만이 뽕나무 위로 올라갈 수 있다. 거룩한 낭비를 하는 자만이 비로소 뽕나무 위로 올라갈 수 있다.

*삭개오의 뒷이야기

삭개오의 뒷이야기가 궁금하지 않은가? 삭개오는 어떤 삶을 살았을까? 초대 교회의 교부였던 클레멘스(Clemens)의 기록에 의하면, 삭개오는 그 후 가이사랴 지방의 감독이 되어 베드로와 함께 열심히 선교 활동을 했다고 기록되어 있다. 클레멘스의 기록대로 삭개오는 가이사랴의 감독이 되어 열심히 복음을 전하며 신실한 삶을 살아갔을 것이 틀림없다.

그럼에도 불구하고 그에게는 많은 유혹의 시간이 있었을 것이다. 그리고 참으로 견디기 어려운 고통의 시간과 신앙적 결단의 시간이 있었을 것이다. 그럴 때마다 삭개오는 예수님을 처음 만났던 당시를 생각했다. 그리고 뽕나무를 기억했다. 그래서 삭개오는 자기 삶에 그런 시간이 찾아올 때마다 여리고로 달려가 주님을 처음 만났던 그 뽕나무 위로 올라갔다. 뽕나무 위에서 지난날 주님께서 자기 앞에 오셔서 "삭개오야" 하고 부르시던 다정한 그 음성을 기억하며 힘들고 아픈 마음을 가다듬고 다시금 거룩한 삶에 대한 열정과 거룩한 믿음을 가득 안고 돌아갔다.

탕자에서 아버지로

누가복음 15장 11-32절

"또 가라사대 어떤 사람이 두 아들이 있는데 그 둘째가 아비에게 말하되 아버지여 재산 중에서 내게 돌아올 분깃을 내게 주소서 하는지라 아비가 그 살림을 각각 나눠 주었더니 그 후 며칠이 못 되어 둘째 아들이 재물을 다 모아 가지고 먼 나라에 가 거기서 허랑방탕하여 그 재산을 허비하더니 다 없이한 후 그 나라에 크게 흉년이 들어 저가 비로소 궁핍한지라 가서 그 나라 백성 중 하나에게 붙여 사니 그가 저를 들로 보내어 돼지를 치게 하였는데 저가 돼지 먹는 쥐엄 열매로 배를 채우고자 하되 주는 자가 없는지라 이에 스스로 돌이켜 가로되 내 아버지에게는 양식이 풍족한 품꾼이 얼마나 많은고 나는 여기서 주려 죽는구나 내가 일어나 아버지께 가서 이르기를 아버지여 내가 하늘과 아버지께 죄를 얻었사오니 지금부터는 아버지의 아들이라 일컬음을 감당치 못하겠나이다 나를 품꾼의 하나로 보소서 하리라 하고 이에 일어나서 아버지께로 돌아가니라 아직도 상거가 먼데 아버지가 저를 보고 측은히 여겨 달려가 목을 안고 입을 맞추니 아들이 가로되 아버지여 내가 하늘과 아버지께 죄를 얻었사오니 지금부터는 아버지의 아들이라 일컬음을 감당치 못하겠나이다 하나 아버지는 종들에게 이르되 제일 좋은 옷을 내어다가 입히고 손에 가락지를 끼우고 발에 신을 신기라 그리고 살진 송아지를 끌어다가 잡으라 우리가 먹고 즐기자 이 내 아들은 죽었다가 다시 살아났으며 내가 잃었다가 다시 얻었노라 하니 저희가 즐거워하더라 맏아들은 밭에 있다가 돌아와 집에 가까웠을 때에 풍류와 춤추는 소리를 듣고 한 종을 불러 이 무슨 일인가 물은대 대답하되 당신의 동생이 돌아왔으매 당신의 아버지가 그의 건강한 몸을 다시 맞아들이게 됨을 인하여 살진 송아지를 잡았나이다 하니 저가 노하여 들어가기를 즐겨 아니하거늘 아버지가 나와서 권한대 아버지께 대답하여 가로되 내가 여러 해 아버지를 섬겨 명을 어김이 없거늘 내게는 염소 새끼라도 주어 나와 내 벗으로 즐기게 하신 일이 없더니 아버지의 살림을 창기와 함께 먹어버린 이 아들이 돌아오매 이를 위하여 살진 송아지를 잡으셨나이다 아버지가 이르되 얘 너는 항상 나와 함께 있으니 내 것이 다 네 것이로되 이 네 동생은 죽었다가 살았으며 내가 잃었다가 얻었기로 우리가 즐거워하고 기뻐하는 것이 마땅하다 하니라."

*비유 중의 비유

신약 성경에는 모두 40개의 예수님의 비유가 기록되어 있다. 예수님은 비유를 통해 하나님 나라의 진리를 말씀하셨다. 그 많은 비유 가운데 '비유 중의 비유'라고 불리는 것이 있다. 그것은 바로 흔히 말하는 탕자의 비유이다. 탕자의 비유는 설교자라면 누구나 한 번 이상 말씀을 전해 보지 않은 사람이 없을 것이다.

그런가 하면 렘브란트(Rembrandt Harmenszoon van Rijn)를 비롯한 미술의 거장들은 이 탕자의 비유를 위대한 그림으로 남겼고, 헨리 나우웬(Henry Nouwen) 같은 우리 시대의 영성 작가는 이를 《탕자의 귀향》이라는 제목의 책으로 집필해 또 다른 감동을 전해 주고 있다. 이렇듯 탕자의 비유는 시대와 공간을 초월해 언제라도 우리를 하나님의 넘치는 은혜와 뜨거운 사랑으로 이끌어가는 영원한 비유의 고전이라 해도 지나치지 않다.

그런데 이 비유의 마지막 32절은 맏아들에 대한 아버지의 말씀으로 끝나고 있다. 문맥상으로 보면 33절에 맏아들의 답변이 당연히 있어야 함에도 불구하고 그것이 생략되어 있음을 알 수 있다. 탕자의 비유를 읽고 나서 그 부분이 몹시 궁금했다. 맏아들은 아버지의 말씀에 과연 무엇이라고 항변하였을까? 그는 어떤 행동을 취했을까? 그리고 예수님은 이 비유를 왜 미완성의 이야기처럼 32절에서 끝내셨던 것인가?

지금부터 우리는 누가복음 15장 33절로의 여행을 떠나보도록 하자.

그러기 위해서는 먼저 탕자의 비유를 온전히 이해해야 한다. 탕자의 비유를 세 부분으로 나누어, 다시 말해 작은아들, 큰아들, 그리고 아버지에로의 여행을 각각 떠나 보고자 한다.

*탕자인가?(작은아들의 경우)

사람이 사람일 수 있는 근거는 무엇인가? 사람의 모습을 하고 있다고 해서 사람일 수 있는 것인가? 즉 사람이 사람의 얼굴을 하고, 또 사람의 말을 사용한다고 해서 그를 곧 사람이라고 할 수 있느냐는 것이다. 다시 말해, 사람의 진정한 실존이 무엇이냐는 것이다.

사람은 모두 사람이 아니다. 오직 사람다운 사람이 진정한 사람이다. 우리 사회에는 많은 사람들이 존재하고 있다. 그런데 그 많은 사람들 중에서 진정한 사람, 다시 말해 사람다운 사람은 과연 누구인가? 바른 사람됨의 중요함은 수백 번 강조해도 부족하다. 그만큼 사람됨이 어렵기 때문이다.

그러면 그리스도인으로서 진정한 사람됨은 무엇인가? 어떤 아버지에게 두 아들이 있었다. 그런데 어느 날 둘째 아들이 아버지에게 이렇게 졸라댄다.

"아버지, 아버지의 재산 중에서 장차 내게 줄 유산을 떼어서 미리 주십시오."

참으로 불효자식이다. 사실 요즘도 이런 자식들이 많다. 자식이 하도 졸라대자 아버지는 마지못해 아들의 요구를 들어주고 만다. 자식을 이기는 부모 없기 때문이다. 아버지의 재산을 챙긴 아들은 그 재산을 꿰어차고 신이 나서 먼 외국으로 떠나갔다. 어느 누구도 간섭하지 않는 곳에서 그는 흥청망청 마음껏 돈을 쓰면서 주지육림(酒池肉林)에 빠져 허랑방탕한 나날을 보냈다. 그러다 보니 얼마 지나지 않아 가지고 있던 돈을 다 허비하고 말았다.

엎친 데 덮친 격으로 때마침 그 나라에 큰 흉년까지 들었다. 이제는 끼니조차 해결하기 힘든 형편이 되었다. 그는 하는 수 없이 남의 집에 하인으로 들어갔다. 그가 하는 일은 돼지 치는 일이었다. 그는 돼지를 치며 입에 풀칠이라도 하려고 했지만 그것조차 여의치 않았다. 흉년이 워낙 심하게 들어 먹을 것이 귀했기 때문이다. 그는 돼지들의 먹이인 쥐엄 열매를 먹으며 근근이 연명했다. 그러나 나중에는 그것조차 먹을 수 없게 되었다.

쥐엄 열매는 우리나라에서는 자생하지 않는 것이다. 쥐엄 나무는 차 나무과의 활엽수로 보통 10-15cm 크기의 열매를 맺는다. 쥐엄 열매는 흔히 돼지의 먹이로 사용됐던 저급한 과일이다. 그러므로 사람이 먹기에는 과일이라고 할 수 없는 고약한 나무의 열매이다. 그러나 돼지의 먹이인 쥐엄 열매조차 먹을 수 없게 된 탕자는 그때서야 떠나온 고향의 아버지를 생각한다.

'내 아버지 집에는 양식이 넘쳐나는데, 나는 여기서 굶주려 죽는구나!'

탕자는 아버지 집에서 호의호식(好衣好食)하며 살아왔던 지난날을 돌이켜보며 눈물을 흘린다. 아버지 집에서 편안하고 존귀하게 살아왔던 기억이 떠오르면 떠오를수록 지금의 자기 모습에 비참함을 느꼈다. 존귀한 아들로 남부러울 것 없이 살아왔던 자신이, 지금은 더러운 돼지치기의 모습으로 전락한 초라함에 말할 수 없는 부끄러움을 느꼈다. 그는 더러운 돼지우리에 주저앉아 가슴을 치며 통곡한다.

*돼지를 비유로 말씀하신 이유

예수님은 이 비유에서 돼지를 등장시키셨다. 그 이유는 무엇일까? 우리는 먼저 돼지에 대한 유대인들의 인식을 알아 볼 필요가 있다. 유대인에게 있어서 돼지는 부정한 동물이다. 따라서 돼지는 먹을 수 없을 뿐만 아니라 더러워 경원시되던 동물이다. 2천 년 전뿐만 아니라 오늘날까지도 돼지는 더러운 이미지를 가지고 있다. 그래서 더럽고 지저분한 곳을 말할 때 흔히 돼지우리에 비유하지 않는가! 이처럼 돼지는 예나 지금이나 더러움의 대명사이다.

혹시 돼지우리에 가 본 적이 있는가? 욕심껏 먹다 떨어뜨린 온갖 먹이 부스러기와 스스로 저질러 놓은 배설물이 뒤섞여서 질펀거리는 돼지우리, 그곳에서는 언제나 말할 수 없는 악취가 코를 찌른다. 그런데도 아랑곳하지 않고 큰 코를 벌름거리며 뒤뚱뒤뚱 먹이를 찾아 헤매는 살진 돼지의 모습은 한심하다 못해 차라리 슬픔을 자아내게 한다.

아버지의 막대한 유산을 미리 받아 집을 떠난 아들이 타국에서 돼지치기가 되었다는 사실은 그가 말할 수 없는 극한 상황으로 몰락했음을 뜻한다. 아버지의 집에서 존귀한 신분으로 살아왔던 아들이 그 순간 돼지와 같은 수준으로 떨어진 것이다.

돼지치기의 모습을 구체적으로 살펴보자. 돼지를 치기 위해서는 먼저 돼지우리 속에 들어가야 한다. 돼지에게 먹이를 주고, 그것들을 돌보기 위해서 돼지를 치는 자는 언제나 돼지우리 속에서 돼지들과 함께 생활하지 않으면 안 된다. 더럽고 냄새나는 오물투성이로 엉망진창이 된 돼지우리 속에서 돼지들을 치노라면, 돼지 치는 자의 온몸은 자연히 오물로 뒤집어쓰게 마련이다. 그리고 몸에서는 돼지와 똑같은 악취가 풍겨난다. 그 우리 속에서 탕자는 돼지들에게 던져 주던 쥐엄 열매, 다시 말해 돼지 먹이를 주워 먹고 있다.

그렇다면 돼지우리 속에 주저앉아 온몸에 더럽고 냄새나는 오물을 잔뜩 뒤집어쓴 채 돼지들과 함께 그 먹이를 주워 먹고 있는 자, 그는 과연 사람의 모습인가, 아니면 돼지의 모습인가?

아버지가 눈앞에 멀쩡히 생존해 계시는데도 불구하고 그 유산을 미리 떼어달라고 요구하는 아들, 그를 어찌 자식이라고 부를 수 있겠는가? 그리고 그런 인간을 어찌 사람이라고 부를 수 있겠는가? 그런데 이 비유 속에 등장하는 탕자의 모습은 그 겉모습조차도 사실은 사람의 모습이 아닌 것이다.

케네스 베일리(Kenneth Bailey)라는 성경학자는 15년이 넘도록 중동 지방에 살면서 그곳 주민들에게 이 비유에 나오는 둘째 아들에 대해 물었다. 그런데 중동 지방 주민들의 대답은 한결같이 동일했다.

"여러분의 마을에서 이런 요구를 하는 아들을 본 적이 있습니까?"

"아니오, 지금까지 한 번도 본 적이 없습니다."

다시 베일리는 묻는다.

"그렇다면 그런 요청을 할 수 있다고 생각하십니까?"

"정신 나간 일이지요. 그럴 수 없습니다."

"만일 누가 그랬다고 합시다. 그러면 어떤 일이 벌어지겠습니까?"

주민들이 말한다.

"아마도 아버지가 그 아들을 쳤을 것입니다. 그렇고말고요!"

베일리가 마지막으로 묻는다.

"그 이유가 무엇입니까?"

주민들이 다시 말한다.

"그런 요구는 아버지가 지금 죽었으면 좋겠다는 뜻이니까요."

케네스 베일리가 조사했던 현대보다도 2천 년 전 예수님께서 이 비유를 말씀하셨을 때가 훨씬 더 가부장적인 사회였음을 감안하면, 이 비유는 당시 청중들에게 큰 충격을 주었을 것임에 틀림없다. 더구나 이 비유를 듣는 사람들 중에 율법에 정통한 바리새인이나 서기관들도 많이 있었으므로 이들은 이 비유가 어떻게 진행될지에 대해 모두 비상한 관심을 가졌다. 그 당시 율법에 따라 상식적으로 생각하면, 둘째 아들은 아버지의 회초리를 피할 수 없었다. 그래도 이 아들의 반항이 그치지 않으면 아버지가 아들을 동네 중앙으로 끌고 가서 마을 사람들을 불러놓고 자기 아들의 악행을 폭로하고 창피를 줄 수 있었다. 심지어 마을 사람들로 하여금 그 자식을 돌로 쳐서 죽게 해도 그것은 마땅한 것이라고 생각했다.

이와 같은 사고방식은 우리나라나 이스라엘이나 비슷하다. 살아계신 아버지에게 미리 유산을 요구하는 그 순간부터 그는 이미 아버지의 아들일 수도, 또 나아가 사람일 수도 없었다. 그는 그 순간 이미 사람됨을 스스로 포기한 것이다. 사람됨을 포기한 자, 그는 더 이상 사람일 수 없다. 그렇다면 그는 짐승의 수준으로 떨어진 것이다. 탕자는 비록 겉은 사람의 모습을 하고 있었지만 실은 사람이 아니었다. 그는 사람의 모습을 한 동물이었다. 그런데 이 같은 그의 진정한 실존이 적나라하게 드러난 곳이 바로 돼지우리였던 것이다.

탕자는 돼지우리 속에 떨어짐으로 돼지 같은 실존을 갖게 된 것이 아니다. 그는 이미 돼지우리 밖에 존재할 때부터 돼지 같은 실존의 모습이었다. 그런데 그가 돼지우리 속에 들어감으로써 겉모습조차 돼지와 같은 실존으로 드러난 것뿐이다. 다시 말해, 그 순간 겉과 속이 모두 돼지 같은 실존으로 극명하게 드러난 것이다.

철저하게 돼지와 같은 모습으로 전락한 탕자의 모습을 바라보며, 주님께서 왜 이 같은 비유를 통해 우리를 교훈하려고 하셨는지 그 의미를 생각해 보고자 한다.

주님이 교훈하시는 사람다운 사람, 다시 말해 사람의 온전한 실존은 무엇인가? 누가 사람다운 사람이냐는 것이다. 그것은 바로 하나님의 형상을 닮은 사람이다. 태초에 하나님이 아담을 창조하실 때에 하나님의 형상대로 빚으셨다. 천지 만물 가운데 오직 사람만을 하나님의 형상대로 창조하셨다. 그러면 하나님의 형상은 무엇인가? 그것은 하나님의 품성을 말한다. 그것은 바로 사랑이요, 거룩함이요, 의로움이요, 아름다움이다. 그런데 그 하나님의 형상이 첫 사람 아담이 범죄함으로 말미암아 깨어져버렸다. 아담이 하나님이 금하신 선악을 알게 하는 나무의 실과를 따먹고 말씀을 대적한 것이다. 그는 더 이상 거룩한 하나님의 형상을 소유할 수 없었다. 하나님의 형상이 깨어진 사람, 그는 더 이상 거룩하신 하나님 앞에 설 수 없다. 그는 이미 거룩함과 의로움을 상실했기 때문이다.

하나님의 형상을 상실한 사람, 그에게서는 미움과 탐욕이 넘쳐흐른다. 원망과 저주가 하늘을 찌른다. 시기와 질투가 끝없이 솟아오른다. 하나님의 형상이 깨어진 사람, 그는 곧 사탄의 형상을 소유한 사람이다. 그렇다면 사탄의 형상을 가진 사람, 그가 곧 더러운 돼지 같은 실존의 사람이 아니고 무엇이겠는가? 왜냐하면 사탄은 곧 돼지처럼 더럽고 추한 존재이기 때문이다. 그래서 성경은 언제나 사탄이나 그 졸개 귀신을 일컬어 더러운 존재로 규정하고 있다.

*오늘 우리의 모습

아름답고 멋진 저택에서 좋은 차를 타고 명품 옷을 입고 온갖 산해진미(山海珍味)를 취하며 산다 할지라도 만약 하나님의 말씀에서 떠나 있다면, 그는 곧 동물 같은 실존을 가진 자이다. 그런가 하면 비록 겉모습은 삶에 찌들어 거렁뱅이 같은 초라한 모습일지라도 그가 하나님과 동행하는 삶을 살고 있다면, 그야말로 아름답고 거룩한 실존의 사람이다. 하나님과 동행하는 자만이 거룩한 하나님의 형상을 회복해 갈 수 있기 때문이다.

예수 그리스도께서 이 땅에 오신 이유가 무엇인가? 그리고 십자가 위에서 피 흘려 죽으신 이유가 무엇인가? 죄로 말미암아 거룩한 하나님의 형상을 깨뜨린 채, 돼지보다 못한 더러운 사탄의 형상으로 살아가고 있는 우리를 불쌍히 여기셨기 때문이다. 즉 잃어버린 하나님의 형상을 다시 회복시켜 주시기 위함이었다. 그래서 사도 바울은 이렇게 외친다.

> "그런즉 누구든지 그리스도 안에 있으면 새로운 피조물이라 이전 것은 지나갔으니 보라 새 것이 되었도다"(고후 5:17).

사울은 용모가 준수하고, 지혜롭고, 성령이 충만한 자였다. 그러나 왕이 된 이후 세상 욕심과 교만에 빠져 하나님을 떠나갔다. 그는 악령에 사로잡혀 자기 멋대로 세상을 살아갔다. 그런가 하면 하나님의 사람 다윗을 죽이려고 온갖 음모를 꾸몄다. 그러다가 사울은 결국 하나님께 버림을 당해 처참한 모습으로 세상을 떠났다. 사울의 겉모습은 귀한 용포를 입고 권위 있는 황금의 홀을 들고 천하를 호령하는 권세 있는 왕이었지만, 실상은 하나님을 떠나 헛된 욕망의 삶을 살다 결국은 파멸에 이른 비극의 사람이었다. 그렇다면 그는 곧 돼지 같은 짐승의 실존이 아니고 무엇이랴!

반대로 다윗의 삶은 어떤가? 다윗은 보잘것없는 양치기 목동이었다. 성경에는 양과 목동의 이야기가 많이 등장한다. 그래서 그런지는 몰라도 양치기 목동을 생각할 때 우리는 흔히 끝없이 펼쳐져 있는 푸른 초원과 그 앞에는 맑은 시냇물이 졸졸 흐르고, 푸른 나뭇가지 위에서는 갖가지 이름 모를 아름다운 새들이 지저귀는 목가적인 풍경을 연상한다.

20여 년 전쯤에 뉴질랜드를 방문한 적이 있다. 뉴질랜드는 참으로 아름다운 나라이다. 그곳은 어디를 가도 끝없는 푸른 초원이 펼쳐져 있었다. 그리고 그 푸른 초원 위에는 어김없이 하얀 양 떼들이 여유로운 모습으로 풀을 뜯고 있었다. 사진이나 그림에서만 보아왔던 목가적인 풍경을 보았을 때 마음이 얼마나 평온했는지 모른다. 그래서 가까이 다가가 그 양 떼들을 세밀하게 관찰하고 싶었다. 아름다운 환상을 품고 그 앞으로 다가간 순간, 오랫동안 간직해왔던 기대와 상상은 순식간에 물거품이 되고 말았다. 사진이나 그림으로 보았을 때는 아름답고 고혹스럽던 그 광경이, 가까이 다가가 보니 전혀 딴판이었기 때문이다.

양들의 온몸에는 시커먼 오물 투성이가 여기저기 덕지덕지 붙어 있었고, 참을 수 없는 악취가 코끝을 자극했다. 그리고 양들이 밟고 있는 잔디는 푸르고 싱싱한 초원이 아니라 오히려 오물밭이라고 하는 것이 더 타당할 정도였다.

그러면 그곳에서 양들을 치고 있는 양치기 목동과 돼지치기 하인이 다를 것이 무엇인가? 소년 시절 양치기 목동이었던 다윗은 그처럼 천한 겉모습임에도 불구하고 하나님과 동행하는 자였다. 언제나 하나님의 말씀을 준행하며 거룩한 비전을 가슴에 품은 자였다. 참으로 순결하고 아름다운 영혼의 소유자였다. 하나님께서는 이런 사람을 결코 내버려두지 않으신다. 하나님은 그에게 기름을 부어 왕이 되게 하셨다. 그리고 이렇게 말씀하셨다.

> "다윗을 만나니 내 마음에 합한 사람이라 내 뜻을 다 이루게 하리라 하시더니"(행 13:22).

겉모습이 중요한 것이 아니다. 하나님은 언제나 사람의 외모를 보지 않으시고 그 중심을 보시기 때문이다.

*돼지 같은 실존의 사람

탕자는 돼지우리 속에서 돼지 먹이인 쥐엄 열매를 먹으며 돼지같이 더럽고 천한 모습으로 떨어졌을 때 비로소 자신의 실존을 깨달았다. 그것은 바로 자신의 모습이 지금 옆에서 꿀꿀거리며 악취를 풍기고 있는 돼지와 다름없었다. 그 순간 지난날 아버지의 집에서 존귀한 모습으로 살아왔던 아름답고 풍요로웠던 시간들이 떠올랐다. 그리고 그는 굶주림과 비천함의 절망 가운데서 이렇게 외친다.

> "내 아버지에게는 양식이 풍족한 품꾼이 얼마나 많은고 나는 여기서 주려 죽는구나"(눅 15:17).

더럽고 추한 돼지우리 속에서 굶주린 채 쓰러져 절규하고 있는 탕자. 그가 깨달은 것은 단순한 배고픔만이 아니었다. 헐벗은 자신의 모습도 아니었다. 악취 풍기는 돼지우리 속에서 뒹굴고 있는 자신의 처참한 모습도 아니었다. 그것은 바로 돼지의 모습을 통해 바라본 진정한 자아(自我)의 모습이었다. 그것은 참담했다. 사람이 하나님의 형상을 상실하고, 사람됨의 모습을 갖추지 못했을 때, 그는 결코 동물이상일 수가 없기 때문이다. 아니, 동물보다 못한 수준이라는 것이 오히려 타당한 표현일 것이다. 굶주림과 더러움과 천박함의 극한 상황 속에서 탕자는 비로소 자신의 실존(實存)을 극명하게 깨달았다.

그리고 그 순간 그는 통곡한다. 그 통곡은 결코 배고픔으로 인한 생물학적인 것이 아니었다. 외로움의 통곡도 아니었다. 그것은 바로 말할 수 없이 초라하고 더럽혀진 자기 실존에 대한 슬픈 통곡이었다. 그리고 절망과 파멸의 깊은 구렁텅이 속에 빠져 허우적거리고 있는 자기 영혼의 피 맺힌 절규였다.

오늘 우리의 진정한 실존은 무엇인가? 하나님의 거룩한 형상을 닮은 아름다운 사람의 모습인가? 아니면 사탄의 형상을 닮은 더럽고 추한 모습인가? 탕자는 그 처절한 절망의 나락 속에서 자신의 온전한 실존을 발견한 후에야 비로소 떠나온 아버지의 집으로 귀향(歸鄕)할 것을 결심한다. 그런데 그 귀향은 단순한 귀향이 아니다. 호의호식(好衣好食)하며 제멋대로 살아왔던 지난날과 같은 모습을 다시 찾고자 하는 욕망에 의한 귀향이 아니다. 권위 있는 아들로서의 당당한 귀향도 아니다.

탕자의 고백이 그의 실존을 적나라하게 드러내고 있다.

> "아버지여 내가 하늘과 아버지께 죄를 얻었사오니 지금부터는 아버지의 아들이라 감당치 못하겠나이다 나를 품꾼의 하나로 보소서"(눅 15:18-19).

지난날 아버지의 집에서는 그분의 상속자인 당당한 아들의 모습으로 살아왔지만, 이제는 천한 품꾼의 위치로 돌아가는 것이다. 곧 종의 모습으로 돌아가는 것이다. 탕자는 드디어 아버지의 집으로 돌아간다. 여기서 두 장면이 극명하게 대조된다. 탕자가 아버지의 집을 떠날 때의 모습과 다시 돌아갈 때의 모습이다.

아버지의 집을 떠날 때 탕자의 모습은 어떠했는가? 막대한 재산을 챙긴 후 번쩍이는 비단옷을 입고 말을 타고 당당히 떠나는 탕자의 모습은 흡사 개선장군 같았다. 그러나 다시 집으로 돌아오는 모습은 어떤가? 헐어빠진 누더기 옷에 온통 더러운 돼지 오물을 뒤집어쓴 채, 헝클어진 머리칼을 날리면서 다 낡아 떨어진 구두를 질질 끌며 터벅터벅 걸어오는 모습이 흡사 패잔병 같은, 차마 바라볼 수 없는 몰골이었다. 그런데 또 한 가지 대조되는 것이 있다. 탕자의 영적 실존의 모습이다. 아버지의 집을 떠날 때 탕자의 겉모습은 비록 아름답고 찬란했지만, 그 순간 그의 실존은 한없이 더럽고 추한 동물과 같은 모습이었다. 이에 반해 다시 아버지의 집으로 돌아오는 탕자의 겉모습은 비록 악취가 풍기는 더럽고 천박한 모습이었지만, 그의 영혼은 오히려 그 어느 때보다도 찬란히 빛나고 있었다.

*돼지우리 속에서 찾은 진주

이런 속담이 생각난다. "돼지 앞에 진주를 던지지 말라!" 그런데 이 비유를 묵상하면서 떠오르는 깊은 깨달음이 있다. 탕자는 돼지우리 속에서 귀한 진주를 찾았다는 사실이다. 아버지의 집에서 근심 걱정 없이 호의호식(好衣好食)하며 제멋대로 살아오는 동안, 그는 진정한 자기의 실존을 깨닫지 못했을 뿐만 아니라 인자한 아버지의 존재조차 온전히 알지 못했다. 그런데 그가 돼지우리 속의 천한 모습으로 떨어졌을 때 비로소 새로운 영적 실존에 눈을 뜬 것이다.

진주는 반드시 바닷속 깊은 곳에서만 찾을 수 있는 것이 아니다. 그리고 진주는 아름다운 여인의 가녀린 목에만 걸려 있는 것이 아니다. 진리 또한 높고 거룩한 곳에서만 찾을 수 있는 것이 아니다. 그리고 진리는 먼 곳에서만 찾을 수 있는 것도 아니다. 더럽고 천한 곳에서도 진리를 찾을 수 있다. 쓰레기통에서도 진리를 찾을 수 있다. 그리고 오물이 튕기고 악취가 풍기는 돼지우리 속에서도 진리를 찾을 수 있다. 주님은 더러운 돼지우리에까지 우리를 위해 기꺼이 귀한 진주를 던지는 분이시기 때문이다.

탕자가 돼지우리 속에서 바라본 자신의 영적 실존은 참담한 모습이었다. 지난날의 그의 삶은 더러운 욕망과 온갖 정욕으로 뭉뚱그려진 삶이었다. 그것은 말할 수 없는 죄악으로 점철된 삶이었다. 돼지우리 속에서 비로소 영적 실존에 눈 뜬 탕자는 이제 새로운 빛을 바라본다. 진정한 진리를 바라본다. 새로운 소망을 바라본다. 새로운 생명의 길을 바라본다. 그것은 바로 아버지의 집이었다. 아버지의 집이야말로 빛과 진리와 소망과 생명의 터전임을 깨달은 것이다. 그러기에 그는 그곳으로 되돌아가야 하는 것이다.

오랫동안 아버지의 집에 함께 살면서 알지도, 깨닫지도 못했던 그 귀한 진리를 돼지우리 속에서 깨달은 탕자는 다시 그 길로 돌아가지 않으면 안 된다. 지금 비록 다 떨어진 누더기 옷을 걸쳤지만, 그는 다시 돌아가지 않으면 안 된다. 돼지 오물을 뒤집어쓴 더러운 몸일지라도 그는 다시 돌아가지 않으면 안 된다. 자신의 추한 몰골에 사람들이 손가락질할지라도 그는 돌아가지 않으면 안 된다. 말할 수 없는 악취에 사람들이 코를 막고 피해 갈지라도 그는 돌아가지 않으면 안 된다. 이제는 과거에 잘 먹고 잘 살면서 대우를 받던 존귀한 아들이 아닌 천한 품꾼의 모습일지라도 그는 돌아가지 않으면 안 된다.

많은 사람들이 흔히 이 비유를 잘못 이해할 수 있다. 한심한 몰골을 한 채 아버지의 집으로 돌아가고 있는 탕자의 모습을 바라보며 혀를 찬다. 한심하다고 한다. 만약 이렇게 생각한다면, 예수님께서 이 비유를 통해 우리에게 교훈하시고자 하는 참 뜻을 바로 깨닫지 못하고 있는 것이다. 우리는 성경이 말하는 본질을 깨달아야 한다. 이 비유를 한 번 이렇게 가정해 보자. 돼지 먹이인 쥐엄 열매조차도 먹을 수 없어 잔뜩 굶주린 탕자는 떠나온 아버지의 집을 생각한다. 그러나 그는 자존심이 허락하지 않아 고향으로 돌아갈 엄두도 내지 못한다. 그는 이렇게 말한다.

"내가 여기서 굶어 죽으면 죽었지, 결코 아버지 집으로 돌아갈 수는 없어."

탕자가 이런 생각을 안 했겠는가? 사실 아버지의 집으로 다시 돌아간다는 것은 결코 쉬운 일이 아니었다. 탕자가 다시 아버지의 집으로 돌아가기 위해서는 먼저 자기의 모든 부끄러움을 내려놓아야 했다. 욕망과 탐욕도 던져버려야 했다. 알량한 자존심도 내동댕이쳐야 했다. 그리고 권위도 벗어버려야 했다. 그 모든 것을 벗어버린 벌거숭이의 모습이어야 했다. 그래서 탕자의 귀향은 결코 쉬운 것이 아니었다. 그렇다! 탕자의 귀향은 위대한 결단이었다.

베드로와 가룟 유다는 똑같은 주님의 제자들이었다. 그들은 똑같이 주님을 배반했고 똑같이 자기 잘못을 뉘우쳤다. 그런데 베드로는 예수님께로 다시 돌아와 위대한 사도가 되었다. 그러나 가룟 유다는 결코 돌아올 수 없는 길을 떠나고 말았다. 이처럼 돌아온다는 것은 쉬운 일이 아니다.

지금까지 즐겨 입던 욕망의 옷을 벗어버린 자만이 아버지께 돌아올 수 있다. 세상의 모든 가치를 내려놓은 자만이 비로소 돌아올 수 있다.

지금 우리는 탕자와 같은 모습으로 살아가고 있지는 않은가? 그럼에도 불구하고 스스로 탕자임을 자각하는 자는 많지 않다. 그리고 탕자임을 자각하고 아버지의 집으로 돌아가는 자 또한 매우 적다. 스스로가 탕자임을 처절하게 인식하는 자만이 비로소 아버지의 집으로 돌아갈 수 있다. 그리고 진정 애통하는 자만이 아버지의 집으로 돌아갈 수 있다.

*렘브란트와 헨리 나우웬, 그리고 "탕자의 귀환"

17세기 네덜란드의 유명한 화가 렘브란트(Rembrandt)는 어느 날 누가복음을 읽다가 크게 감명을 받아 그 장면을 화폭에 옮겼다. 그 그림의 제목은 "탕자의 귀향"이다. 그런데 우연한 기회에 이 그림을 본 이 시대의 위대한 영성 작가 헨리 나우웬은 렘브란트의 그림을 보고 크게 감명을 받아 똑같은 제목의 책을 집필했다. 헨리 나우엔(Henri Nouwen)은 그 책에서 돌아온 탕자의 모습을 이렇게 표현하고 있다.

> 다 낡은 황갈색 하의는 그의 지치고 기력이 다 쇠퇴해 버린 상한 육체를 간신히 덮고 있을 뿐이다. 그의 발에 신겨진 구두창은 기나긴 굴욕의 여행담을 이야기해 주고 있다. 다 떨어진 구두 밖으로 삐져나온 그의 왼발은 상처투성이고, 찢어진 구두로 겨우 일부분만을 가리고 있는 그의 오른발 역시 고난과 역경을 대변하고 있다. 이 사람이야말로 검 하나만을 남겨놓고 그 외에 모든 것을 잃어버린 사람이다.
>
> 유일하게 남은 위엄의 상징은 그의 엉덩이 쪽에 덜렁거리며 걸려

> 있는 단검(短劍)뿐이다. 그 검(劍)은 자신이 귀족 신분이었다는 것을 보여주는 상징이다. 그의 품위가 하락하는 와중에도 그는 아직도 자기가 그의 아버지의 아들이었다고 하는 사실을 의지하고 있었다. 그것마저 없었다면 그는 아들을 입증하고 있는 귀중한 검을 팔아버렸을 것이다. 거기서 그 검은 비록 그가 자신을 거지이며, 아버지로부터 버림받은 자라고 말하면서 귀향했지만, 그럼에도 불구하고 자신이 여전히 아버지의 아들임을 잊지 않고 있었음을 보여주고 있다. 마침내 그를 다시 돌아오게 설득한 것은 바로 이렇게 고귀하고 잊을 수 없는 아들의 신분이었다.

아버지 앞에 무릎 꿇은 탕자, 그의 옷은 누더기가 되어 여기저기 꿰맨 자국이 드러나 있었고, 다 떨어진 구두짝이 먼 길을 달려온 고달픈 여정을 적나라하게 웅변해 주고 있었다. 무릎 꿇은 아들을 말없이 두 손으로 감싸고 있는 늙은 아버지의 인자한 모습이 탕자의 모습과 대비되어 진한 감동으로 다가오고 있다.

헨리 나우웬은 이 장면을 다시 이렇게 묘사하고 있다.

> 아버지에게 안긴 그 젊은이는 더 이상 회개하고 돌아온 한 사람의 죄인이 아니라, 하나님께 돌아온 인류를 가리킨다. 만신창이가 된 탕자의 몸은 인류의 부서진 몸이 되고, 돌아온 아들의 아기와 같은 얼굴은 잃어버린 낙원에 다시 들어가기를 갈망하는, 고난받은 온 백성의 얼굴이 된다. 따라서 렘브란트의 그림은 단순히 감동을 주는 한 비유의 내용을 그린 그림 그 이상의 의미

를 갖는다. 그것은 한마디로 우리의 구원의 역사의 개괄이다.

*탕자의 비유가 주는 교훈

예수님께서 이 비유를 통해 우리에게 주시고자 하는 교훈은 죄인인 우리가 바로 인자한 아버지이신 하나님께로 돌아오는 것이었다. 아버지가 죽기를 바라면서까지 그 재산을 가지고 떠나간 탕자, 그는 바로 우리 모두의 솔직한 모습이다. 비록 아버지에게 말할 수 없는 죄를 저지르고 집을 떠나 허랑방탕한 생활을 하며 재산을 탕진한 아들이었지만, 그럼에도 불구하고 여전히 그를 사랑하시며 기다리시는 선한 아버지, 그분이 바로 하나님이시다.

하나님은 오늘 파멸의 삶을 살아가고 있는 우리가 돌아오기를 간절히 기다리고 계신다. 세상은 점점 더 각박해지고 있다. GDP 수치가 상승할수록 돈이 더욱 기승을 부리고 있다. 그래서 돈으로 대표되는 맘모니즘의 세상 속에서 오늘도 부귀영화와 쾌락을 찾아 방황하는 작은아들들이 많다. 그러나 스스로 탕자임을 자각하고 돌아오는 작은아들은 많지 않다.

지금 우리는 무엇을 하고 있는가? 우리는 혹시 방황하는 작은아들을 바라보며 손가락질하고 있는 진짜 탕자는 아닌가? 탕자이면서도 스스로 탕자임을 알지 못하는 자, 그가 진짜 탕자가 아니겠는가?

인자한 아버지에게로 돌아가야 한다. 내가 탕자임에도 불구하고 언제나 슬픔과 눈물 속에 나를 기다리고 계시는 아버지, 그분께로 돌아가야 한다.

오늘 예수님은 이 비유를 통하여 탕자인 우리가 인자한 아버지께로 돌아갈 수 있는 길을 알려 주고 계신다. 그것은 오직 하나, 먼저 스스로가 탕자임을 인식하는 것이다. 스스로가 탕자임을 인식하지 못하는 자는 결코 아버지의 집으로 돌아갈 수 없다. 오늘 자신이 탕자임을 인식하는 자만이 비로소 아버지께로 나아갈 수 있다. 그렇다면 역설적이지만 우리 모두 작은아들이 되어야 한다. 우리 모두 탕자가 되어야 한다. 그래서 절망과 파멸의 심연에 떨어진 스스로의 실존을 온전히 바라보아야만 한다. 그 순간 우리는 영원하신 아버지, 인자한 하나님의 은혜의 손길을 바라볼 수 있다. 그리고 그분께로 겸허히 나아갈 수 있다.

*누가 탕자인가?(큰아들의 경우)

흔히 탕자의 비유라고 이름하는 누가복음의 이 비유는 일반적으로 집을 떠나간 작은아들에게 초점을 맞추고 있다. 그리고 그를 일컬어 탕자라고 부른다. 그래서 이 비유를 탕자의 비유라고 하는 것이다. 탕자의 비유에는 작은아들에 대한 행적이 주로 묘사되어 있다. 그래서 이 비유의 주인공은 작은아들로 보인다. 따라서 큰아들은 분명히 이 비유의 조역으로 비쳐진다. 그렇다면 큰아들은 정말 이 비유에서 비중 낮은 조역일까? 탕자인 작은아들이 아버지의 유산을 미리 챙겨 집을 떠났다 돌아올 때까지 큰아들은 아버지의 곁에서 열심히 땀 흘려 일하면서 집안을 잘 이끌어왔다.

또한 큰아들은 언제나 아버지의 말씀에 순종하며 지극 정성으로 섬겨왔다. 이런 모습은 분명히 제멋대로 허랑방탕하게 살기 위해 집을 떠나간 작은아들의 모습과 확연히 비교된다. 따라서 작은아들이 천하의 호로자식이요 탕자라면, 이에 비해 큰아들은 착하고 성실한 효자임에 틀림없다. 그런데 '탕자의 비유'는 아버지의 집을 떠나간 작은아들이 거지꼴이 되어 다시 돌아옴으로써 이 이야기가 끝나는 것이 아니라, 오히려 새로운 반전을 이루게 된다.

*새로운 탕자의 등장

작은아들이 집으로 돌아오자, 이번에는 큰아들이 아버지의 집을 떠나는 것이다. 그 기막힌 장면을 누가는 이렇게 기록하고 있다.

> "저가 노하여 들어가기를 즐겨 아니하거늘"(눅 15:28).

아버지를 대신해 하루 종일 밭에 나가 땀 흘려 일하던 큰아들이 저녁 때가 되자 집으로 돌아온다. 여기까지는 참으로 성실하고 아름다운 큰아들의 모습을 보여주고 있다. 그런데 큰아들이 거반 집에 도착했을 때 집 안에서 음악소리에 맞추어 신나게 노는 소리가 들린다. 그때 하인이 큰아들에게 보고한다.

"아우님이 집에 돌아왔습니다. 건강한 몸으로 돌아온 것을 반겨 주인님께서 살진 송아지를 잡아 큰 잔치를 베푸셨습니다."

집을 떠나 여러 해 동안 소식이 끊어졌던 동생이 돌아왔다면 어찌해야 하는가? 동생을 사랑하는 형이라면 얼른 달려가 돌아온 동생을 반갑게 맞아야 한다. 그런데 큰아들은 오히려 화가 나서 집으로 들어가려고 하지 않았다. 순간 큰아들은 동생에 대한 강한 거부감과 함께 지금까지 성심껏 섬겨왔던 아버지에 대한 미움과 분노가

치솟았다. 여기서 맏아들의 진면목이 드러난다.

> "아버지께 대답하여 가로되 내가 여러 해 아버지를 섬겨 명을 어김이 없거늘 내게는 염소 새끼라도 주어 나와 내 벗으로 즐기게 하신 일이 없더니 아버지의 살림을 창기와 함께 먹어버린 이 아들이 돌아오매 이를 위하여 살진 송아지를 잡으셨나이다"(눅 15:29-30).

큰아들의 외침을 들어보면, 그가 지금까지 아버지에게 효도하며 집안을 잘 돌보고 성실하게 살아왔음을 알 수 있다. 이런 사람이라면 아마 이웃들로부터 효자라고 칭송받았을 것이다. 그리고 요즘 보기 드문 착하고 성실한 사람이라고 존경받았을 것이다. 그 모든 것이 사실이었다. 그러나 그가 그렇게 한 데는 이유가 있었던 것이다. 그것은 바로 탐욕이었다. 큰아들의 항변은 사실 어디서 많이 들어본 말 같다. 이 외침에서 큰아들의 본연의 모습이 적나라하게 드러난다. 그는 살진 송아지와 염소 새끼 한 마리를 비유하고 있다. 송아지와 염소의 대비를 통해 지금까지 큰아들의 심령 깊이 감추어져 있던 욕망과 탐욕, 그리고 시기와 질투가 일순간에 터져 나온 것이다.

지금까지 큰아들이 아버지의 말씀에 순종하며 집안을 일구고 성실히 살아왔던 것은 바로 아버지로부터 받고자 하는 막대한 유산 때문이었던 것이다. 큰아들은 지금까지 그 타오르는 욕망의 불길을 잔뜩 숨긴 채 살아왔던 것이다. 그런데 그 욕망의 불길이 작은아들이 돌아옴으로 말미암아 밖으로 분출되었던 것이다. 큰아들은 동생이 떠나간 집안을 지키며, 이제는 아버지의 재산이 모두 자신의 것이라고 생각했다. 그는 어쩌면 동생이 집을 떠나감으로 인해 내심 쾌재를 불렀는지도 모른다. 그런데 생각지도 않았던 동생이 어느 날 갑자기 돌아왔다. 그러자 지금까지 꿈꾸어 왔던 모든 일들이 순식간에 물거품처럼 사라짐을 느꼈다. 그 순간 큰아들은 아버지의 집을 떠나가는 것이다. 그리고 지금까지 작은아들에게 맞추어져 있던 비유의 초점이 자연스럽게 큰아들에게 맞추어진다.

탕자의 비유를 왜 비유 중의 비유라고 일컫는지 그 이유가 분명해진다. 즉 이 탕자의 비유는 한 아들이 탕자가 되었다가 다시 돌아오는 단순한 이야기가 아니기 때문이다. 흔히 강단에서 선포되는 탕자의 비유에서는 언제나 작은아들의 이야기만이 주축을 이루고 있다. 그런데 예수님께서 이 비유를 통해 우리에게 주시고자 하는 메시지는 단순히 작은아들의 이야기만이 아니다. 집을 나갔던 작은아들이 다시 돌아옴으로써 이번에는 큰아들의 진정한 실존이 드러나는 것이다.

돌아온 작은아들로 인하여 드러난 큰아들의 모습을 바라보면서 과연 '나는 누구인가?'라고 우리 모두 진지하게 스스로에게 질문하지 않으면 안 된다. 하나님을 믿으며 언제나 거룩한 척하며 살아왔던 나 자신의 모습이 사실은 말할 수 없는 죄인이요, 진짜 탕자였다는 사실에 새삼 놀란다. 사실 우리는 지금까지 숱한 작은아들들의 모습을 바라보면서 손가락질하고 정죄해 왔다. 또 그렇게 함으로써 상대적으로 스스로의 존재가 거룩한 모습으로 빛나는 것 같은 착각과 위선 속에 살아왔다. 그것이 곧 나의 실존이다. 바로 큰아들의 실존이다.

*나는 누구인가?

그러면 탕자는 누구인가? 작은아들인가? 큰아들인가? 작은아들과 큰아들 모두가 탕자이다. 작은아들의 모습보다는 오히려 나와 더욱 닮은 아들은 바로 큰아들이라는 자괴감이 들지는 않는가?

그렇다. 나는 지금껏 나 스스로가 큰아들에 더 가깝다는 사실을 인식하지 못했다. 그리고 큰아들이 작은아들보다 훨씬 낫다고 생각했음이 적합할 것이다. 그런데 예수님은 이 비유를 통해 결코 작은아들만이 탕자라고 말씀하지 않으신다.

렘브란트가 그린 〈탕자의 귀향〉이라는 그림을 보면, 캔버스 왼쪽에 집으로 돌아와 무릎 꿇은 작은아들을 어루만지고 있는 선한 아버지의 모습이 보인다. 그리고 캔버스 오른쪽 조금 떨어진 거리에서 그 광경을 지켜보고 있는 큰아들의 모습이 보인다. 돌아온 동생을 사랑스럽게 어루만지고 있는 아버지의 모습을 마치 방관자처럼 바라보는 큰아들의 얼굴은 욕망과 탐욕으로 일그러져 있으며, 그의 강한 눈빛에는 미움과 분노가 잔뜩 서려 있다. 반쯤 감겨진, 그래서 거의 장님이 된 듯한 아버지의 선한 눈빛과 대비되어 그림의 긴장감을 높여 주고 있다.

한쪽에서는 사랑이 넘쳐나고 있는데, 다른 한쪽에서는 미움이 끓어오르고 있다. 한쪽에서는 은혜가 넘쳐나고 있는데, 다른 한쪽에서는 분노가 피어오르고 있다. 한쪽에서는 온아함이 넘쳐나고 있는데, 다른 한쪽에서는 시기가 넘쳐나고 있다. 아버지와 큰아들은 똑같이 위엄을 상징하는 빨간 외투를 입고 있어 겉으로는 서로 동질감을 나타내고 있지만 실제로는 서로 다른 색깔의 외투를 입고 있는 이질적인 사람들의 모습이다. 렘브란트는 이 그림을 통해 큰아들의 내면을 소름끼치리만큼 적나라하게 묘사하고 있다.

탕자의 비유를 묵상하면 할수록 내 안에 존재하고 있는 큰아들의 모습이 더욱 드러난다. 항상 스스로를 거룩한 척하며 남을 비판하고 정죄했던 나의 자아가 드러난다. 크리스천이라는 미명(美名) 아래 꽁꽁 묶어두었던 내 욕망과 탐욕의 자아가 드러난다. 지성인이라는 이름 속에 숨겨 두었던 내 원망과 분노가 불같이 타오른다. 큰아들의 원망과 분노에도 아버지는 작은아들과 마찬가지로 그를 사랑으로 감싸안는다.

> "아버지가 이르되 얘 너는 항상 나와 함께 있으니 내 것이 다 네 것이로되 이 네 동생은 죽었다가 살았으며 내가 잃었다가 얻었기로 우리가 즐거워하고 기뻐하는 것이 마땅하다 하니라"(눅 15:31-32).

사실 이 비유의 제목을 '탕자의 비유'라고 하는 데는 문제가 있다. '탕자의 비유'라고 하면 집을 떠나간 작은아들에게 초점을 맞추는 이야기이기 때문이다. 그래서 어떤 성경학자는 이를 '잃어버린 아들들의 비유'라고 불러야 한다고 주장한다. 이 비유에는 작은아들의 이야기가 상당한 부분을 차지하지만, 실은 그만의 이야기가 아니기 때문이다. 탕자의 비유에는 모두 세 명의 인물이 등장한다. 그들 모두 독특한 캐릭터를 가지고 있다. 아버지 또한 중요한 인물이다. 그러면 비유에 등장하는 아버지는 누구인가? 탕자의 비유에 등장하는 아버지의 모습이 곧 우리의 하나님이시라는 사실이 자명하다.

그 하나님은 어떤 분이신가? 하나님은 두 아들을 똑같이 사랑하시는 인자한 아버지처럼, 탕자의 모습으로 죄악된 세상에서 방황하며 파멸의 나락으로 떨어져 가는 우리가 돌아오기만을 간절히 기다리시는 분이다. 우리가 어떤 죄악에 빠졌을지라도, 한없이 악할지라도 결코 버리지 않으시고, 오늘도 문 밖에 나와 눈물을 흘리며 나를 기다리는 은혜로운 아버지이시다.

*큰아들은 어디로 갔나?

성경에 기록된 탕자의 비유는 분노에 가득 찬 큰아들의 외침에 대한 아버지의 선한 말씀으로 끝나고 있다. 그래서 아버지의 말씀에 대한 큰아들의 답변이 생략되어 있다. 그러므로 아버지의 집을 떠난 또 하나의 탕자, 큰아들의 다음 모습이 궁금해진다. 예수님은 이 비유에서 왜 큰아들의 답변을 생략하셨을까? 큰아들은 아버지의 인자하신 말씀을 듣고 과연 다시 돌아왔을까? 아니면 영원한 탕자로 떠나갔을까?

결론부터 이야기하면, 큰아들 역시 아버지의 품으로 다시 돌아왔다는 것이다. 우리가 회심하고 아버지 하나님께로 나아갈 수 있었던 이유는 무엇이었는가? 말할 수 없는 흉악한 죄악에 빠졌을지라도 결코 포기하지 않고 기다리시는 인자한 아버지의 넘치는 사랑과 은혜가 끊이지 않는 한, 탕자인 큰아들도 작은아들처럼 다시 아버지의 품으로 돌아갈 수 있음이 자명한 일이기 때문이다. 우리에 남아 있는 99마리의 양보다 잃어버린 양 한 마리를 찾기 위해 산 넘고 물 건너 험한 곳을 돌아다니다가 마침내 가시덤불 속에서 그것을 찾아

품에 안고 돌아오시는 선한 목자 되신 하나님이기 때문이다.

내 마음, 내 뜻대로 믿은 것이 아니다. 내가 하나님께로 나아온 것이 아니라는 것이다. 그것은 바로 하나님을 떠나 죄악 속을 방황하던 나를, 일방적인 은혜로 이끌어 주신 선한 아버지, 하나님의 사랑 때문이었다. 그것은 바로 장 칼뱅(Jean Calvin)이 말했듯이 하나님의 필승불패(必勝不敗)의 은혜 때문이었다. 그분은 사랑하는 독생자 예수 그리스도를 십자가에 못 박아 죽게 하시기까지 나를 사랑하신 분이기 때문이다.

그래서 그 놀라운 사랑을 체험한 영국의 존 뉴턴(John Newton) 목사는 이렇게 노래하지 않았는가!

> 나 같은 죄인 살리신 그 은혜 놀라워
> 잃었던 생명 찾았고 광명을 얻었네

그 유명한 찬송가인 "나 같은 죄인 살리신"이다. 악명 높은 노예 상인이었던 존 뉴턴이 위대한 전도자가 될 수 있었던 것은 바로 하나님의 일방적인 사랑과 은혜 덕분이었다.

그 사랑만이 미움을 녹일 수 있다. 그 사랑만이 분노를 잠재울 수 있다. 그 사랑만이 내 욕망과 탐욕도 태워버릴 수 있다. 그리고 그 사랑만이 나를 영원한 생명의 길로 인도할 수 있다. 언제까지나 내가 돌아오기만을 기다리시며 오늘도 문 밖에 나와 애타게 기다리시는 인자한 아버지 하나님의 끝없는 사랑과 은혜, 그것이 바로 우리가 이해할 수 없는 신비이다.

큰아들은 동생이 돌아오기 전까지만 하더라도 자신의 실존을 온전히 바라보지 못했다. 흔히 우리가 스스로 거룩한 척하며 그렇게 잘못 살아가듯이 큰아들은 스스로가 참 잘난 아들인 줄 알았다. 아버지께 순종하는 효자인 줄 알았다. 열심히 집안일을 거들고 챙기는 성실한 아들인 줄 알았다. 그런데 동생이 돌아옴으로써 그 모든 것의 진면목(眞面目)이 드러났다. 흡사 어둠 속에 가려 있던 혼돈과 무질서가 빛이 비추임으로 말미암아 일순간에 적나라하게 드러난 것처럼 말이다. 역설적(逆說的)으로 말하면, 작은아들은 탕자가 됨으로써 비로소 아버지의 집으로 돌아올 수 있었다.

그런가 하면 큰아들은 탕자가 되어 집을 떠났던 작은아들이 돌아옴으로써 지금까지 깨닫지 못했던 자신의 진정한 실존을 발견한 것이다. 집을 나갔던 동생이 다시 돌아온 순간 형은 그를 시기했다. 질투했다. 분노했다. 그리고 절망했다. 장차 되어질 일에 큰 기대와 소망을 품고 열심히 살아왔는데, 그 모든 것들이 철저히 깨어짐을 느꼈던 것이다. 그 순간 큰아들은 지금까지 숨겨 왔던 자신의 본 모습을 비로소 드러내는 것이다. 그 모습은 또한 탕자의 모습이었다. 아버지의 유산을 미리 챙겨 집을 떠난 후 허랑방탕하여 모든 것을 탕진하며 살아온 동생을 탕자라고 손가락질해 왔는데, 사실은 자기가 탕자였던 것이다. 큰아들이 탕자의 모습으로 적나라하게 드러날 수 있었던 것은 바로 미움과 원망과 분노의 대상인 동생 때문이었다.

*인자하신 아버지 하나님

이 비유를 통해 우리가 어떤 죄악에 빠졌을지라도 결코 버려두지 아니하시고 끝없이 사랑하시는 하나님의 은혜를 바라본다. 하나님은 아버지의 집을 떠난 탕자인 작은아들을 구원하시기 위해 그를 더러운 돼지우리 속에 던져 굶주림에 쓰러지기까지 그를 철저히 낮추셨다.

그런가 하면 이웃의 칭송을 받으며 효자 소리를 듣던, 그래서 승승장구하던 큰아들을 절망과 분노에 빠지게 하심으로 말미암아 오히려 스스로의 실존을 회복하여 아버지의 품으로 돌아오게 하시기까지 그를 사랑하셨다. 큰아들은 돌아온 동생으로 인해 절망했지만, 그의 절망은 사실 절망이 아니다. 하나님은 그 절망을 소망으로 바꾸어 주시는 선한 아버지이시기 때문이다.

미움과 원망과 분노에 빠진 새로운 탕자 큰아들까지도 결코 미워하거나 버리지 아니하시고 품에 안아 주시는 인자한 아버지 하나님의 그 큰 사랑과 넘치는 은혜를 바라본다. 탕자인 작은아들에 이어 또 하나의 탕자 큰아들까지도 넘치는 사랑으로 어루만지시는 하나님의 손길을 바라본다.

*나는 누구인가?

오늘 나는 어디서, 또 어떤 모습으로 인생을 살아가고 있는가? 부귀영화와 쾌락을 찾아 방황하는 작은아들은 아닌가? 탐욕의 거친 이빨을 드러내고 분노와 저주의 갈기를 곧게 세우고 있는 큰아들은 아닌가? 혹시 지금 나의 자리가 더럽고 냄새나는 돼지우리는 아닌가?

지금 내가 더럽고 냄새나는 모습일지라도 결코 절망하지 말아야 한다. 그것이 선한 아버지께로 돌아갈 수 있는 소망의 자리가 될 수 있기 때문이다.

혹시 지금 나의 자리가 힘들고 지쳐 고달프지는 않는가? 그래도 절망하지 말자. 그것은 잠자는 내 영혼을 일깨워 선한 아버지께로 인도하시기 위한 영원한 생명의 자리가 될 수 있기 때문이다. 성경은 말한다.

> "하나님을 사랑하는 자 곧 그 뜻대로 부르심을 입은 자들에게는 모든 것이 합력하여 선을 이루느니라"(롬 8:28).

겉모습이 아버지의 집을 떠난 자가 탕자는 아니다. 인자한 아버지, 곧 하나님을 믿는다고 고백할지라도 그 중심이 하나님을 떠나 있다면, 그가 곧 탕자이다.

나는 누구인가? 나는 오늘 과연 어디에 있는가? 내 존재의 진정한 실존은 무엇인가? 우리 모두 인자한 아버지의 품으로 돌아가야 한다. 스스로가 탕자임을 인식하는 자만이 비로소 아버지의 집으로 돌아갈 수 있다. 스스로가 탕자임을 깨달아야 한다. 내가 탕자임을 고백해야 한다. 내가 죄인 중의 괴수임을 눈물로 고백해야 한다. 가슴을 치며 진정 애통하는 자만이 인자한 아버지, 하나님께로 돌아갈 수 있다.

그래서 다메섹 언덕에서 부활하신 예수 그리스도를 만난 사도 바울은 이렇게 고백하지 않았는가?

"죄인 중에 내가 괴수니라"(딤전 1:15).

나를 위해 살진 송아지를 잡지 않았다고 원망하지 말자. 나를 위해 거창한 잔치를 베풀지 않았다고 시기하지 말자. 내 손에 귀한 가락지를 끼워 주지 않았다고 질투하지 말자. 아버지의 모든 것이 다 내 것이지 않는가. 아버지께서 이미 다 내게 주시지 않았는가.

그렇다! 하나님께서는 이미 모든 것을 다 주셨다. 영원한 천국까지도 주셨다. 그럼에도 불구하고 아직도 끝없는 욕망에 사로잡혀 어두움의 자식으로 살아가고 있다면 이보다 더한 비극은 없을 것이다. 더럽고 추한 돼지우리 속에서 차마 먹을 수 없는 쥐엄 열매를 부둥켜안고 굶주림에 몸부림치고 있는 작은아들에게 오버랩된 나의 모습을 바라본다. 그리고 빛나는 천국 열쇠를 손에 쥐고도 욕망의 돼지우리 속을 뒹굴고 있는 큰아들에 오버랩된 또 다른 나의 모습을 바라본다.

누가 탕자인가? 모든 것이 내 것인데도 불구하고 그것을 자기 것으로 알지 못하는 자, 그가 탕자이다. 영원한 천국 열쇠를 손에 움켜쥐고도 허무하게 사라져 갈 세상 욕망의 또 다른 열쇠를 붙잡고자 방황하는 자, 그가 곧 탕자이다.

누가복음 15장에는 아버지의 말씀에 대한 큰아들의 답변이 생략되어 있다. 큰아들 같은 우리는 이제 그 대답을 스스로 적어 넣지 않으면 안 된다. 당신은 누가복음 15장 33절을 어떻게 적어 넣겠는가?

나는 이렇게 적어 넣고 싶다.

"아버지, 내가 진짜 탕자입니다. 그리고 내가 정말 죄인 중의 괴수입니다."

*** 아버지를 위한 노래**(아버지의 경우)

탕자의 비유를 한 편의 연극에 비유한다면, 사람들은 흔히 그 주역이 당연히 집을 떠나갔다 돌아온 탕자, 곧 작은아들일 것이라고 말할 것이다. 그리고 큰아들은 연극의 조역이라고 말할 것이다.

그러면 아버지의 역할은 무엇이겠는가? 아버지 또한 조역이라고 할 수 있을지도 모른다. 어쩌면 조역보다 못한 단역이라고 할 수 있을지도 모른다. 그러나 예수님께서 탕자의 비유를 말씀하실 때, 이 비유의 진정한 주역은 아버지라는 사실을 아는가?

연극에서는 언제나 주인공이 가장 많이 등장한다. 더구나 연극의 제목이 "탕자의 비유"라면 당연히 주인공은 작은아들이다. 이 같은 세상의 논리 속에서 이 비유를 이해하려고 한다면 당연히 그 주인공은 작은아들이다. 그래서 언제부터인지는 몰라도 본문의 비유를 일컬어 작은아들의 이야기에 초점을 맞추어 탕자의 비유라고 했던 것이다. 그러나 성경이 말하는 참다운 진리를 인식하려면 세상의 논리를 버려야 한다. 세상의 논리라는 두터운 비늘이 눈에 덮인 자는 주님이 우리에게 주시고자 하는 참다운 의미와 진리를 바라볼 수 없기 때문이다. 다시 말해, 교회를 수십 년 동안 다녀도, 수천 번 복음의 말씀을 들어도, 수십 번 성경을 읽어도 성령에 감동되지 않으면, 그래서 하나님께서 조명해 주시지 않으면 아무 소용이 없다는 것이다.

우리 속담에 '수박 겉핥기'라는 말이 있다. 아무리 크고 맛있는 수

박이 있다 할지라도 그것을 깨어 먹지 않고 그냥 겉만 핥고 있다면, 그야말로 천하의 바보, 멍청이가 아니겠는가?

수박은 깨어야 한다. 껍질을 깬 자만이 수박을 먹을 수 있고, 비로소 달콤하고 시원한 그 맛을 감지할 수 있다. 마찬가지로 하나님의 말씀을 바르게 인식하고자 하는 자, 그 누구라도 그 말씀 앞에 스스로가 깨어지지 않으면 안 된다. 능력의 말씀 앞에 깨어져야 한다. 거룩한 말씀 앞에 깨어져야 한다. 진리의 말씀 앞에 깨어져야 한다. 생명의 말씀 앞에 깨어져야 한다. 오직 말씀 앞에 깨어진 자만이 그 말씀의 의미를 바르게 인식할 수 있다. 그리고 그 말씀을 바르게 인식하는 자만이 또한 말씀 앞에 바르게 설 수 있다.

날이 갈수록 세상이 혼란스럽고 죄악이 넘쳐나고 있다. 황금의 신 맘몬이 우리의 혼을 빼고 있다. 음란과 퇴폐가 독버섯처럼 피어나고 있다. 흡사 불을 찾아 헤매는 부나비처럼 부귀영화와 쾌락을 찾아 죄악 속을 방황하는 수많은 탕자들의 죽음의 행렬이 이 땅을 뒤덮고 있다. 여기저기 돼지우리에서 풍기는 참을 수 없는 악취가 진동하고 있다. 이 세상을 바라보노라면 진정 우리가 돌아갈 곳이 없는 것 같다.

*비유의 주인공은 아버지

절망의 짙은 어둠이 깔린 죄악된 이 세상, 정녕 우리에게 소망의 빛은 비추이지 않는 것인가? 모두 눈을 부릅뜨고 살아도 그 진리의 참 빛을 바라보는 자는 많지 않다. 청맹과니 같은, 그래서 육신의 눈을 뜨고도 영원한 진리를 알지 못하고 캄캄한 미로(迷路)를 헤매는 어둠의 자식들에게 지금 주님은 외롭게 등불을 들고 서서 우리를 그 빛 가운데로 부르고 계신다. 바로 그 아버지가 오늘 탕자의 비유에 등장하는 아버지이시다. 그렇다면 이 비유에 등장하는 아버지, 그분이 곧 주인공임은 이제 자명(自明)해진다. 그래서 이 비유는 사실 탕자의 비유가 아니라 '인자한 아버지의 비유' 또는 '사랑의 아버지의 비유' 라고 부르는 것이 타당하다.

이 비유를 어떻게, 그리고 어떤 각도에서 이해하느냐에 따라 그 의미는 크게 달라진다. 다시 말해, 이 비유가 탕자의 비유가 아니라 '인자한 아버지의 비유' 임을 알고 온전히 그 말씀 앞에 나아갈 때 비로소 진정한 감동과 벅찬 감격을 체험할 수 있다.

*렘브란트가 그린 아버지와 어머니의 손

다시 17세기 네덜란드의 거장 렘브란트의 그림 〈탕자의 귀향〉을 바라보자. 렘브란트는 이 그림에서 색다른 구도를 배치하고 있다. 일반적으로 인물화를 그릴 때는 주인공을 화폭 중앙에 배치하는 것이 상식이다. 그런데 이 그림에서 렘브란트는 무릎 꿇은 작은아들을 어루만지고 있는 아버지의 모습을 화폭 왼쪽에 몰아넣고 있다. 그리고 오른쪽에는 큰아들을, 그리고 뒤쪽으로 여기저기 또 다른 세 명의 신원을 알 수 없는 인물을 배치하고 있다.

렘브란트를 일컬어 우리는 흔히 '빛의 화가'라고 한다. 그의 그림에는 언제나 빛이 등장한다. 렘브란트는 언제나 화면의 대부분을 어두운 색으로 처리하고 그가 강조하고자 하는 곳에는 어김없이 빛을 투사해 그 인물을 잔잔하게 드러내고 있다. 이것이 렘브란트의 위대한 기법이다. 그러면 렘브란트가 그 그림에서 가장 강한 빛을 투사하고 있는 곳이 어디겠는가? 그것은 바로 작은아들을 어루만지고 있는 아버지의 두 손이다. 그런데 렘브란트는 그 그림에서 돌아온 작은아들을 어루만지고 있는 아버지의 두 손을 특이하게 묘사하고 있다.

우리 시대 위대한 영성 작가 헨리 나우웬은 렘브란트의 그림에서 아버지의 두 손을 이렇게 묘사하고 있다.

> 그 두 손은 아주 대조적이다. 아들의 어깨를 어루만지는 그 아버지의 왼손은 강하고 힘이 있어 보이고, 그 손가락들은 쫙 펴진 채 탕자의 어깨와 등을 크게 덮고 있다. 나는 특별히 그분의 엄지손가락에서 확실한 힘을 볼 수 있었다. 그 손은 단순히 어루만지는 정도가 아니라 힘을 가지고 붙잡는 것으로 보였다. 아버지가 왼손으로 아들을 어루만지고 있는 모습이 부드러워 보이기는 했지만, 단순히 쥐고 있는 모습이기도 했다. 그 아버지의 오른손과 얼마나 대조적인가! 그 손은 아무것도 쥐거나 붙잡지 않고 있다. 그것은 세련되고 부드러우며 매우 다정해 보인다. 그 손가락들은 오므라져 있으며 품위가 있다. 그 손은 아들의 어깨 위에 부드럽게 얹혀져 있을 뿐이다. 그 손은 어루만지고 쓰다듬고 위로와 평안을 주고 싶어하는 것처럼 보인다. 바로 어머니의 손과 같다.

참으로 놀라운 통찰력이다. 작은아들을 어루만지고 있는 아버지의 두 손은 서로 다르다. 헨리 나우웬의 지적처럼 그것은 아버지와 어머니의 손이기 때문이다. 한 손은 아버지의 손, 그리고 또 한 손은 어머니의 손이다. 그렇다면 탕자의 비유에 등장하는 아버지는 단순한 아버지가 아니다. 그분은 아버지요, 동시에 어머니인 것이다. 그래서 그분은 사랑하는 아버지의 강한 손과 은혜로운 어머니의 부드러운 손으로 각각 어루만지고 있는 것이다. 헨리 나우웬은 다시 이렇게 말한다.

> 오른손은 확신을, 왼손은 위로를 주고 있다. 그분은 남성과 여성, 부성(父性)과 모성(母性)을 완벽하게 소유하고 계신 하나님이시다.

이처럼 아버지와 어머니의 양 손을 가지고 계신 분, 그분이 바로 우리의 하나님이시다. 그래서 그 하나님은 아버지와 어머니의 두 마음으로 우리를 사랑하신다. 그리고 그 사랑으로 우리를 기다리고 계신다.

탕자인 작은아들이 집으로 돌아왔을 때, 그 아버지가 맨 처음 한 일이 무엇인가?

> "이에 일어나서 아버지께로 돌아가니라 아직도 상거가 먼데 아버지가 저를 보고 측은히 여겨 달려가 목을 안고 입을 맞추니"(눅 15:20).

집으로 돌아오는 탕자, 그는 아마도 만감이 교차했을 것이다. 아버지가 자신을 다시 받아주실까 하면서 많은 걱정을 했을 것이다. 그런데 그 순간 갑자기 아버지가 달려온다.

성경은 이 광경을 이렇게 기록하고 있다.

> "아직도 상거가 먼데"(눅 15:20).

다시 집으로 돌아오는 탕자는 고향 동네 입구에 들어서기는 했지만 아버지의 집은 아직 더 가야 한다. 그런데 매일 아침 눈을 뜨자마자 집 앞에 나와 작은아들을 애타게 기다리는 아버지는 허름한 옷차림에 다 낡아 떨어진 구두짝을 질질 끌며 거렁뱅이 같은 모습으로 터덜터덜 걸어오는 작은아들을 먼 거리에서 발견하고 달려간다. 작은아들은 그 순간 아버지를 알아보지 못하는 상황에서 아버지는 벌써 작은아들을 알아보았던 것이다.

렘브란트의 그림에 나오는 아버지는 앞이 잘 보이지 않는, 그래서 반쯤은 감은 듯한 눈을 가지고 있는 늙은 아버지의 모습이다. 그런데 그토록 눈이 어두운 늙은 아버지가 상당히 먼 거리에서도 아들을 먼저 알아보고 달려가는 것이다. 이것이 아버지다. 그리고 이것이 바로 아버지의 사랑이다.

*사랑이란?

여기서 우리는 위대한 교훈을 깨닫는다. 사랑이란 무엇인가? 사랑은 이처럼 먼저 알아보는 것이다. 사랑은 먼저 느끼는 것이다. 사랑은 먼저 아는 것이다. 그리고 사랑은 먼저 달려가는 것이다.

우리는 예수님께서 사랑하시던 제자 사도 요한을 기억한다. 그는 언제나 주님께서 사랑하시는 제자라는 호칭을 자기 자신에게 사용할 정도로 예수님을 사랑했다. 주님께서 부활하신 이후 제자들은 디베랴 바다로 고기를 잡으러 나갔다. 그러나 그들은 밤이 새도록 그물을 내렸지만 한 마리의 고기도 잡지 못했다. 날이 새어갈 무렵 갑자기 예수님이 바닷가에 나타나셨다. 그런데도 제자들은 주님을 알아보지 못했다. 세상의 욕망을 가득 안고 밤이 새도록 헛그물질만을 하며 배고픔과 피곤에 지친 제자들, 그들의 눈에 주님이 들어올 리 만무했다. 그러나 사랑하는 제자 요한은 달랐다. 그는 새벽 미명 아직도 어둠이 채 가시지 않은 바닷가에 주님이 나타나셨음을 알고 소리친다.

"주님이시다!"

그런가 하면 예수님이 십자가에서 돌아가시고 삼 일 후 부활하셨을 때, 막달라 마리아로부터 무덤 문이 열리고 주님의 시신이 없어졌다는 소식을 들었을 때, 요한은 수제자인 베드로보다 먼저 뛰어가 무덤에 도착했다. 이처럼 사랑은 먼저 보는 것이다. 사랑은 눈을 감아도 보이는 것이다. 당신도 사랑을 해 보지 않았는가? 당신이 사랑을 할 때 어떠했는가? 그때 사랑하는 사람의 모습이 꿈결에서조차 선명하게 보이지 않았는가?

또한 사랑은 자석보다 강한 힘을 가지고 있다. 그래서 사랑하는 사람을 위해 그냥 달려가는 것이다. 그 옛날 당신이 사랑했던 사람을 위해서 달려갔던 것처럼 말이다. 바로 그와 같은 모습으로 날마다 부어 주시는 아버지 하나님의 사랑을 우리는 얼마나 알고 있는가? 그리고 끝없는 그 사랑에 우리는 어떤 사랑으로 응답하고 있는가? 아버지가 작은아들을 보았을 때 행한 첫 번째 행동이 무엇이었는가? 목을 끌어안고 입을 맞춘 것이었다. 이 말씀이 은혜로 다가오고 있다. 아버지의 막대한 재산을 챙겨 집을 떠나 허랑방탕하게 살다 거지꼴로 돌아온 초라한 아들에게 아버지는 단 한 마디의 말씀도 없으셨다. 비난의 말도 하지 않으셨다. 원망의 말도 하지 않으셨다. 아버지는 그저 아들의 목을 끌어안고 입을 맞출 뿐이었다. 말없는 입맞춤, 그것은 천 마디의 말보다 더 깊은 사랑과 은혜의 말이었다.

그렇다. 사랑은 결코 '사랑한다는 말'이 아니다. 비록 아무 말이 없으셨지만 탕자는 아버지의 말없는 입맞춤을 통해서 그분의 사랑을 느낀다. 입맞춤을 통해 아버지의 인자한 마음을 느낀다. 비록 아버지는 한 마디의 말도 없으셨지만, 탕자는 아버지의 말없는 입맞춤을 통해 아버지의 뜨거운 마음을 느끼는 것이다. 그 입맞춤은 탕자가 아직도 아버지의 사랑하는 귀한 아들임을 나타내는 행위이기 때문이다. 그 입맞춤을 통해 탕자는 통곡한다. 그리고 비로소 거듭나는 것이다.

우리가 아버지의 집을 떠나 죄악 가운데 떨어졌을지라도 결코 버리지 아니하시고, 다시 돌아오기만을 애타게 기다리시는 하나님의 사랑과 은혜를 바라본다. 돌아온 탕자, 작은아들에게는 말없는 침묵의 입맞춤으로 지극한 사랑을 나타낸 아버지가 새로운 탕자인 큰아들에게는 넘치는 그 사랑을 인자한 언어로 나타낸다.

"아버지가 이르되 얘 너는 항상 나와 함께 있으니 내 것이 다 네 것이로되 이 네 동생은 죽었다가 살았으며 내가 잃었다가 얻었기로 우리가 즐거워하고 기뻐하는 것이 마땅하다 하니라"(눅 15:31-32).

하나님은 이처럼 때로는 침묵을 통해, 때로는 말씀을 통해 우리에게 그 사랑을 나타내신다. 돌아온 탕자인 작은아들을 책망하지 않은 아버지는 새롭게 집을 떠난 또 다른 탕자인 큰아들 또한 책망하지 않는다. 욕망과 탐욕의 노예로 살아온 큰아들 탕자에게 오히려 아버지는 당신의 모든 것을 내놓는다. 그러면서 큰아들에게 세상의 욕망과 재물보다 더 귀한 것이 있음을 알려 준다. 그것은 바로 사랑이었다. 그리고 생명이었다.

아버지는 작은아들이 집을 떠난 이후 단 하루도 거르지 않고 그를 기다렸다. 이제나 돌아올까, 저제나 돌아올까, 매일 집 앞에 나와 희미해진 눈으로 먼 곳을 응시하면서 작은아들을 기다리는 아버지의 눈에는 언제나 이슬이 맺혀 있었다. 비록 작은아들은 아버지의 곁을 떠나갔지만 아버지는 단 하루도 그 아들의 곁을 떠난 적이 없었다.

이처럼 하나님은 우리가 비록 그분의 곁을 떠나갔을지라도 결코 우리를 버리지 않으시고 언제나 우리와 함께하시는 분이다. 그분은 내가 지치고 힘들 때, 나와 함께 그 괴로움을 나누는 분이시다. 내가 더러운 돼지우리 속에 뒹굴 때일지라도 나와 함께 냄새나는 그 우리 속에서 뒹굴며 함께 슬퍼하시는 분이다. 그런가 하면 큰아들처럼 내가 지독한 미움과 분노 속에 떨어졌을 때조차도 책망하지 않고 언제나 사랑의 모습으로 다가오시는 분이다. 이처럼 인자한 아버지의 모습으로, 또는 '사랑의 아버지'의 모습으로 나타나시는 분이 바로 탕자의 비유 속에 등장하는 아버지, 곧 우리의 하나님이시다.

그렇다면 이제 큰아들 같고, 작은아들 같은 탕자인 우리는 하나님 앞에 어떤 모습으로 나아가야 하는가?

*새롭게 시작되는 비유

탕자의 비유, 이 연극의 3막 5장은 탕자인 큰아들과 작은아들이 단순히 회개하고 돌아옴으로써 끝나는 것이 아니라, 오히려 그 순간부터 새롭게 시작되어 가는 것이다. 그것은 인자한 아버지의 모습 그대로, 두 아들도 인자한 아버지가 되어가는 것이다. 그렇다면 큰아들과 작은아들, 다시 말해 탕자들의 귀향은 이 비유의 끝이 아니라 시작이다.

아버지의 사랑 속에 돌아온 큰아들과 작은아들은 세월의 흐름 속에 점차 아버지의 모습으로 변해 간다. 그것은 단순한 나이 먹음에 대한 육체의 생물학적인 변화가 아니다. 매일매일 변치 않는 아버지의 사랑과 은혜 속에서 그분의 인자한 영혼을 닮아 영적으로 더욱 성숙해 가는 것이다. 그래서 훗날 자기들을 사랑으로 안아 주시고 권면해 주시던 인자한 그 아버지가 떠나가시고 어느덧 그 자리에 대신 섰을 때, 그 옛날 아버지와 똑같은 모습으로 그들의 자녀를 끝없는 사랑으로 기다리고, 감싸 주는 새로운 아버지의 모습으로 존재할 것이다.

이제 우리 모두 그 아버지가 되어야 한다. 탕자인 나를 그처럼 기다리시고 사랑하셨던 선한 아버지, 그분이 계셨던 그 자리로 올라가야 한다. 그래서 나와 같은 욕망의 삶을 살고 있는 이 시대의 새로운 탕자들을 기다려야 한다. 그들을 사랑해야 한다. 그들을 어루만져야 한다. 그 옛날 말할 수 없는 탕자임에도 불구하고 결코 포기하지 않고 나를 눈물로 기다려 준 그 아버지처럼 말이다.

*아버지가 되는 세 가지 길

아버지가 되는 길은 무엇인가? 거기에는 세 가지 길이 있다. 아버지가 되는 첫 번째 길은 애통하는 것이다. 그것은 죄악에 대한 애통이다. 바로 자신의 죄악을 바라보며 진정 애통해야 하는 것이다. 진정 가슴을 치고 눈물을 흘리며 애통해야 하는 것이다.

두 번째 길은 용서이다. 우리는 용서를 통해서만 오직 아버지와 같이 될 수 있기 때문이다. 그래서 주님은 이렇게 말씀하신다.

> "만일 하루 일곱 번이라도 네게 죄를 얻고 일곱 번 네게 돌아와 내가 회개하노라 하거든 너는 용서하라"(눅 17:4).

주님이 말씀하시는 용서는 어떤 것인가? 그것은 조건 없는 용서이다. 무조건 용서하는 것이다. 그 누구라도, 그리고 그 어떤 잘못일지라도 용서해야 하는 것이다. 끝없이 용서해야 하는 것이다.

아버지와 같이 되는 세 번째 길은 사랑이다. 앞에서 이런 서술을 했다. 유산을 미리 요구하는 것은 그 아버지가 빨리 죽기를 바라는 뜻이라고 말이다. 그렇다면 이런 패륜아를 어찌 아들이라 할 수 있겠는가? 그리고 또 어찌 이런 자를 아들이라고 사랑할 수 있겠는가? 그럼에도 아버지는 당신의 유산을 미리 챙겨 집을 떠나간 탕자를 단 하루도 잊지 않고, 매일 집 밖에 나와 그 아들이 돌아오기만을 기다리셨다. 그 이유가 무엇이었겠는가?

그럼에도 불구하고 아버지는 아들의 죄악된 행실을 결코 기억조차 하지 않으셨기 때문이다. 그러므로 집을 떠나는 작은아들에게 그가 요구하는 모든 것을 줄 뿐만 아니라, 다시 집으로 돌아왔을 때에도 그에게 모든 것을 주고 있다. 아버지는 아들에게 새 옷을 입히고, 새 구두를 신기며, 귀한 가락지를 끼워 준다. 그런가 하면 동생으로 인하여 새롭게 집을 떠나는 큰아들에게는 자신의 모든 것을 내어 준다. 아버지는 두 아들에게 당신의 모든 것을 쏟아붓는다. 그리고 아버지는 사랑하는 두 아들에게 자신의 생명까지도 내어 준다. 이것이 아버지의 사랑이다.

이제 우리 모두 돌아가야 한다. 오늘 내가 비록 세상 욕망의 노예가 되어 방황하고 있을지라도 돌아가야 한다. 미움과 분노의 불길 속에 타오르고 있을지라도 돌아가야 한다. 비록 돼지우리 같은 더럽고 추한 죄악 가운데 빠져 있을지라도 돌아가야 한다. 내가 지금 어디 있을지라도, 또 무엇을 하고 있을지라도 결코 나를 버리지 않으시고 책망하지 않으시는 인자한 아버지, 그분이 기다리는 곳으로 말이다.

아버지의 집으로 돌아가는 자만이 비로소 훗날 그 아버지를 닮을 수 있다. 그 아버지의 넓은 마음을 닮을 수 있다. 그 아버지의 인자한 얼굴을 닮을 수 있다. 그리고 그 아버지의 거룩한 손을 닮을 수 있다.

***아버지가 그리워질 때**

세월이 흘러 어느덧 아버지가 된 작은아들은 언제나 그 옛날 선하신 자신의 아버지를 기억했다. 그리고 언제나 그분의 사랑을 느꼈다. 그렇게 작은아들은 선하신 아버지를 본받아 스스로도 선한 아버지가 되어 자식을 키우고 사랑하며 살아간다. 그럼에도 불구하고 어느 날 자신도 모르는 사이 세상의 정욕에 빠져가고 오만과 편견에 사로잡히는 자신을 바라볼 때면 스스로 화들짝 놀라곤 한다. 바로 지난날 아버지의 집을 떠나 허랑방탕한 삶을 살던 고달프고 초라한 자기 모습이 떠올랐기 때문이다. 그 순간 지금은 자신의 곁을 영원히 떠나가신 아버지를 생각한다. 그리고 그의 눈에서는 어느덧 뜨거운 눈물이 흐른다. 그럴 때면 언제나 작은아들이 홀로 찾아가는 곳이 있다.

다시 퀴즈를 드린다. 그곳이 어디인 줄 아는가? 그곳은 바로 돼지우리이다. 그는 집 마당 뒤쪽 멀리 떨어져 있는 돼지우리를 찾아가, 그 더럽고 악취 풍기는 울타리에 기대어 먹이를 찾느라 뒤적질을 하고 있는 돼지떼들을 물끄러미 바라본다. 그리고 그 옛날 아버지의 집을 떠나 낯선 이국 땅에서 돼지치기를 하던 탕자인 그때를 기억하는 것이다. 그럴 때면 돼지우리 속에서 쥐엄 열매를 주워 먹으며 돼지들과 함께 뒹굴던 그 시간들이 바로 엊그제 일처럼 또렷한 영상으로 다가왔다.

돼지우리는 탕자에게 있어서 그 인자하신 아버지를 기억할 수 있는 유일한 장소이다. 탕자에게 있어서 돼지우리는 더럽고 추하고 악취 풍기는 고약한 곳이 아니라, 자신이 잠시 잊어버렸던 인자하신 아버지를 기억하며, 또 그 아버지의 선하심과 인자하심을 배우는 거룩한 성전이다. 그는 언제나 이렇듯 돼지우리를 찾아가 새롭게 태어나는 것이다. 그럴 때면 작은아들은, 지금은 자기 곁을 떠나가신, 선한 아버지의 이름을 불러본다.

"아버지!"

이제 세월이 흘러 자신도 그 아버지와 같이 아버지가 되었다. 그러나 그에게 있어서 아버지는 언제까지나 영원히 살아 계시는 선한 아버지시다. 그 아버지는 이미 오래 전 자신의 곁을 떠나셨음에도 불구하고, 지금도 여전히 자신의 곁에서 말없이 미소를 지으며 두 손을 벌리고 계시는 인자한 아버지시다. 그 아버지는 자신이 이 세상을 떠나는 순간까지, 언제나 자기 앞에 인자한 모습으로 그렇게 서 계실 것이다. 그리고 그 인자하신 아버지가 자기 앞에 그렇게 존재하는 한, 작은아들은 언제나 그 옛날 돌아온 탕자처럼 그렇게 아버지 앞에 겸허히 엎드릴 것이다. 그리고 눈물을 흘리며 애통할 것이다.

그렇다! 그 인자하신 아버지가 자기 곁에 영원히 계심으로 말미암아, 작은아들 또한 인자한 아버지를 닮은, 그런 아버지로 존재할 것이다.

사자 굴에서 찾은 천국

다니엘 6장 16-23절

"이에 왕이 명하매 다니엘을 끌어다가 사자 굴에 던져 넣는지라 왕이 다니엘에게 일러 가로되 너의 항상 섬기는 네 하나님이 너를 구원하시리라 하니라 이에 돌을 굴려다가 굴 아구를 막으매 왕이 어인과 귀인들의 인을 쳐서 봉하였으니 이는 다니엘 처치한 것을 변개함이 없게 하려 함이었더라 왕이 궁에 돌아가서는 밤이 맞도록 금식하고 그 앞에 기악을 그치고 침수를 폐하니라 이튿날에 왕이 새벽에 일어나 급히 사자 굴로 가서 다니엘의 든 굴에 가까이 이르러는 슬피 소리질러 다니엘에게 물어 가로되 사시는 하나님의 종 다니엘아 너의 항상 섬기는 네 하나님이 사자에게서 너를 구원하시기에 능하셨느냐 다니엘이 왕에게 고하되 왕이여 원컨대 왕은 만세수를 하옵소서 나의 하나님이 이미 그 천사를 보내어 사자들의 입을 봉하셨으므로 사자들이 나를 상해치 아니하였사오니 이는 나의 무죄함이 그 앞에 명백함이오며 또 왕이여 나는 왕의 앞에도 해를 끼치지 아니하였나이다 왕이 심히 기뻐서 명하여 다니엘을 굴에서 올리라 하매 그들이 다니엘을 굴에서 올린즉 그 몸이 조금도 상하지 아니하였으니 이는 그가 자기 하나님을 의뢰함이었더라."

*사자 굴에 던져진 청년

“저 자를 사자 굴에 던져라!”

왕의 명령이 떨어지자마자 무장한 군인들이 한 청년을 둘러쌌다. 그리고 두 명의 건장한 군인이 청년의 양팔을 거칠게 잡은 채 그를 끌고 갔다. 그리고 청년의 앞뒤에는 십여 명의 군인들이 창과 칼을 들고 둘러싼 채 험악한 모습으로 함께 무리지어 걸어갔다.

멀지 않은 곳에 낭떠러지 같은 깊은 구덩이가 시야에 들어왔다. 그리고 그 속에서는 맹수들의 울음소리가 거칠게 들려왔다. 굶주린 사자들의 울음소리였다. 어흥! 어흥! 불규칙적으로 들려오는 사자들의 울음소리는 흡사 악귀들의 비명처럼 소름이 끼쳤다. 사자 굴 앞에 도착한 군인들은 모두 한 청년에게 달려들었다. 그리고 지체하지 않고 청년을 높이 위로 들어올렸다. 굴 안에서 사람들의 냄새를 맡은 굶주린 사자들은 더욱 사납게 포효했다. 사자들의 울음소리가 하늘까지 메아리치는 듯했다. 사자들의 울음소리가 어찌나 컸던지 청년을 호위하는 건장한 군인들조차 온몸에 소름이 끼칠 지경이었다.

거친 군인들의 손에 높이 들려진 청년은 조용히 눈을 감았다. 순간 말할 수 없는 공포가 전신에 몰려왔다. 그럼에도 불구하고 청년은 하나님을 모르는 이방인들 앞에서 믿음 없는 나약한 모습을 보여서는 안 된다고 스스로 다그쳤다. 청년은 군인들의 손에 들림을 받는 순간 잠시 하늘을 바라보았다. 그 어느 때보다 더 푸르고 높은 하늘이었다. 곧이어 청년은 하나님께 간절한 기도를 드렸다.

“전능하신 하나님, 나를 지켜 주시옵소서. 저 굶주린 사자들로부터 나를 구하여 주실 줄 믿습니다. 그리 아니하실지라도 신실하신 주님 뜻에 따르기를 원하옵나이다."

기도가 끝나는가 싶었는데 그 순간 청년이 사자 굴로 던져졌다. 군인들의 손에서 던져진 청년의 몸이 하늘 높이 치솟는가 싶었는데 어느덧 다시 아래를 향해 떨어지고 있었다. 그것은 아주 짧은 순간이었지만 청년에게 그 순간은 한 십 년쯤 된 것처럼 길게 느껴졌다. 던져진 몸이 아래로 떨어지는 순간, 사자들의 울음소리가 점점 더 가까이 크게 들려왔다. 그 순간의 공포는 말할 수 없을 만큼 컸지만 청년은 그럴수록 더 간절히 하나님께 기도드렸다.

"나의 주 하나님, 나의 모든 것을 맡깁니다!"

청년은 모든 것을 하나님께 의뢰했다. 드디어 청년의 몸은 굴 속으로 떨어졌다.

'이젠 죽는구나!'

그런데 이상한 느낌이 들었다. 굴 속 바닥이라면 딱딱한 땅이나 돌멩이여서 몸에 큰 충격으로 다가왔을 텐데 이상하리만큼 몸이 부드러웠다. 청년은 순간 자기가 벌써 죽어 하나님 나라에 온 것인가 하고 생각해 보았다. 청년은 살며시 눈을 떠 보았다. 어두컴컴한 곳이 틀림없는 굴 속이었다. 그리고 청년의 주위에는 십여 마리의 사자떼가 모여들어 으르렁거리며 배고픈 울음을 울고 있었다. 청년이 떨어진 자리가 바로 그 사자떼 가운데 한 마리인 거대한 사자의 몸이었음을 깨달은 것은 그리 오랜 시간이 지나지 않아서였다.

청년이 사자 굴 안에 있음을 느꼈을 때 잠시 무서운 공포가 스쳐 지나갔다. 그러나 곧이어 그는 안심하기 시작했다. 굶주린 사자들이 비록 자신의 주위에서 빙빙 돌고는 있지만 자신을 공격할 수 없음을 알아챘기 때문이다. 사자들은 모두 사나운 그 입을 열지 못하는 것이었다. 사자들은 모두 입을 열지 못한 채 그냥 킁킁거리며 청년의 주위를 맴돌기만 하는 것이었다.

그때 굶주린 사자들 저쪽에서 한 사람이 나타났다. 그는 하얀 세마포 옷을 입었는데 얼굴에는 말할 수 없는 아름다운 광채가 빛나고 있었다. 그 광채가 얼마나 밝고 황홀했던지 청년은 그를 제대로 쳐다볼 수조차 없었다. 사실은 광채 때문이라기보다는 그에게서 풍기는 엄위함과 거룩함 때문이었다는 것이 더 정확한 말일 것이다. 그의 몸의 광채는 흡사 타오르는 불꽃 같았다.

그 순간 어두웠던 사자 굴 속은 흡사 대낮보다 더 밝고 찬란한 빛으로 가득 차올랐다. 흰옷을 입은 그는 아무 말이 없었다. 다만 얼굴에 잔잔한 미소만을 띠고 있을 뿐이었다. 그러나 청년은 그분이 누구인지 분명히 알 수 있었다. 그리고 그 잔잔한 미소 가운데 깃든 말 없는 의미를 직감할 수 있었다. 청년은 그를 본 순간 갑자기 온몸의 기력이 한순간에 빠져 나갔다. 그러나 정신은 더욱 또렷해지는 것을 느낄 수 있었다. 그리고 그 순간 온몸에 기쁨과 평화가 넘쳐났다. 그것은 지금까지 세상에서 단 한 번도 느껴보지 못한 참된 기쁨이요, 진정한 평화였다. 청년은 그 자리에 엎드렸다.

*바벨론 총리가 된 다니엘

유다 왕 여호야김 3년인 주전 605년 바벨론의 느부갓네살 왕은 예루살렘을 공격하여 유다 왕의 항복을 받아냈다. 느부갓네살은 유다 왕 여호야김을 쇠사슬로 결박해 바벨론으로 잡아갔다. 또한 여호와 하나님의 성전 기구들을 모두 빼앗아 바벨론으로 가져가 그들의 신당에 넣어 두었다.

이때 느부갓네살 왕은 환관장 아스부나스에게 명하여 이스라엘 왕족과 귀족 가운데 흠이 없고 아름다우며 모든 재주에 통달하며 학문에 익숙한 소년을 가려 뽑아 그들에게 바벨론의 학문과 말을 가르쳤다. 이것은 비록 식민지 국가의 백성일지라도 유능하고 똑똑한 자들을 양성해 관직을 맡김으로써 바벨론의 중흥을 이룩하기 위함이었다. 이때 이스라엘에서 바벨론으로 잡혀 온 포로 가운데 다니엘과 그의 세 친구 하나냐, 미사엘, 아사랴가 있었다. 이들은 모두 바벨론 궁정에 거하면서 매일 고도의 학문을 철저하게 배웠다.

그런데 다니엘은 언제나 여호와 하나님만을 경외하며 그분의 영광만을 높였다. 하나님은 그런 다니엘을 높여 바벨론의 총리가 되게 하셨다. 바벨론의 느부갓네살 왕에 이어 메대 바사 제국이 들어선다. 그러나 다니엘은 메대 바사의 벨사살 왕, 그리고 다리오 왕에 이르기까지 3대 왕에 걸쳐 총리 직위를 유지했다. 다니엘은 언제나 겸손했을 뿐만 아니라, 맡은 바 책무를 하나님의 공의에 따라 정직하고 청렴하게 처리했다. 그런 연유로 세 번씩이나 나라와 정권이 바뀌었음에도 불구하고 여전히 새로운 제국의 총리 자리를 유지했다. 다니엘은 무려 60년이 넘게 세 명의 왕으로부터 큰 신임을 받았던 것이다.

다니엘이 이방 땅에 포로로 끌려와 맞는 세 번째 왕인 메대 바사의 다리오 왕 시대의 이야기이다. 다니엘은 다리오 왕에게도 큰 신임과 사랑을 받았다. 그런데 어느 날 문제가 생겼다. 오랜 세월 동안 총리 자리를 지키고 있는 식민지의 한 포로를 바라보고 있는 메대 바사의 왕족과 귀족들의 마음에는 시기와 질투, 그리고 미움이 날이 갈수록 불타올랐다. 이에 궁중의 대신들이 다니엘을 끌어내리기 위한 음모를 꾸몄다.

그러나 다니엘이 언제나 하나님의 뜻에 따라 의롭게 행동하므로 그를 참소할 근거를 전혀 찾지 못했다. 그러던 어느 날, 그들은 드디어 다니엘을 모함할 절묘한 계략을 꾸몄다. 그리고 그 계획을 다리오 왕에게 올려 재가를 받는다.

> "나라의 모든 총리와 수령과 방백과 모사와 관원이 의논하고 왕에게 한 율법을 세우며 한 금령을 정하실 것을 구하려 하였는데 왕이여 그것은 이제부터 삼십 일 동안에 누구든지 왕 외에 어느 신에게나 사람에게 무엇을 구하면 사자 굴에 던져 넣기로 한 것이니이다 그런즉 왕이여 원컨대 금령을 세우시고 그 조서에 어인을 찍어서 메대와 바사의 변개치 아니하는 규례를 따라 그것을 다시 고치지 못하게 하옵소서 하매 이에 다리오 왕이 조서에 어인을 찍어 금령을 내니라"(단 6:7-9).

메대 바사의 대신들은 참으로 대단한 계략을 꾸몄다. 이 계략에는 왕과 다니엘이 모두 걸려들게 되었다. 먼저 다리오 왕이 계략에 걸려들었다. "왕 외의 누구에게라도 구하면 사자 굴에 던지십시오"

언뜻 들으면 왕에 대한 대단한 충성심의 표현인 것 같다. 왕에게 충성하지 않는 자를 단호히 처벌하라는 충성스러운(?) 궁중 대신들의 의견에 동조하지 않을 왕이 어디 있겠는가! 다리오 왕은 이것이 계략인 줄도 모르고 신이 나서 덥썩 조서에 사인을 했다. 메대 바사의 대신들은 속으로 쾌재를 불렀다.

다니엘은 하루 세 번씩 유대인의 율례에 따라 예루살렘을 향해 무릎을 꿇고 기도했다. 그들이 노린 것은 바로 이것이었다. 다니엘은 그들의 계략에 걸려들 수밖에 없었다. 여느 때처럼 하루 세 번씩 무릎 꿇고 기도하다가는 사자 굴에 떨어질 판이었다. 그런데 다니엘은 어찌 하는가?

> "다니엘이 이 조서에 어인이 찍힌 것을 알고도 자기 집에 돌아가서는 그 방의 예루살렘으로 향하여 열린 창에서 전에 행하던 대로 하루 세 번씩 무릎을 꿇고 기도하며 그 하나님께 감사하였더라"(단 6:10).

그럼에도 다니엘은 하나님께 대한 기도를 중지하지 않았다. 그는 문을 잠그고 남몰래 기도하지도 않았다. 고민하거나 근심, 걱정하지도 않았다. 다니엘은 태연했다. 전과 달라진 것이 아무것도 없었다. 다니엘은 집으로 돌아가 예루살렘을 향하여 문을 열어젖히고 무릎을 꿇고 변함없이 기도했던 것이다. 하나님께 기도하는 자는 굶주린 사자 굴에 던져져 그야말로 뼈도 못 추리고 처참하게 찢겨져 죽을 텐데, 그럼에도 불구하고 근심하거나 고민하지 않는 다니엘의 믿음을 보게 된다. 죽음의 위기 속에서도 평온할 수 있는 다니엘의 모습은 6장 10절의 마지막 말씀에서 넘치는 은혜로 다가온다.

> "그 하나님께 감사하였더라."

인생의 고난이나 위기의 순간에 우리는 기도할 수 있다. 그리고 죽음의 절박한 순간 또한 우리는 기도할 수 있다. 그때 우리의 기도는 어떤 것일까?

"하나님, 나를 이 위기로부터 구해 주시옵소서!"

"하나님, 어찌하여 나를 버리려 하십니까!"

아마 이런 기도가 아닐까? 그런데 다니엘은 스스로 그 길을 자초했을 뿐만 아니라, 죽음의 길에서조차 하나님께 감사하고 있다. 죽음조차 두려워하지 않고 평온할 수 있는 삶, 그것이 다니엘의 삶이다. 그리고 죽음조차 피하지 아니하고 감사할 수 있는 믿음, 그것이 또한 다니엘의 믿음이다.

다니엘을 죽일 계략을 꾸민 대신들은, 그럼에도 불구하고 다니엘이 여전히 기도하는 모습을 보자마자 급히 왕에게 보고한다. 왕은 깜짝 놀랐다. 다리오 왕은 다니엘을 너무나 아끼고 신임했기 때문이다. 그래서 왕은 다니엘을 살리려고 그날 해가 질 때까지 끙끙거리며 온갖 방책을 마련하려고 한다. 그러나 대신들은 왕이 어인을 찍어 공포한 것을 변개케 할 수 없다며 강경하게 다니엘을 참소했다. 이에 왕은 더 이상 어쩔 도리가 없었다. 그래서 다니엘을 잡아 사자굴에 던지라고 명령한다. 그러면서도 왕은 너무나 안타까워 이렇게 다니엘에게 말했다.

"너의 항상 섬기는 네 하나님이 너를 구원하시리라"(단 6:16).

다리오 왕이 여호와 하나님을 믿는 믿음을 가지고 있었던 것은 아니다. 그러나 그는 상황이 급한 나머지 평소 다니엘이 믿던 하나님을 생각했던 것이다. 드디어 다니엘이 사자 굴에 던져졌다. 그리고 혹시라도 굴 위로 기어 올라올까봐 큰 돌을 굴려 굴 아구를 꽉 막았다.

그리고 왕의 어인(御印)과 대신들의 도장을 쳐서 어느 누구도 다니엘을 구할 수 없게 했다. 다리오 왕은 자신이 아끼고 신임하는 유능한 신하 한 명을 잃었다는 슬픔에 몸을 가누지 못했다. 어찌나 슬펐던지 왕은 그날 식사도 하지 못했다. 그리고 모든 가무음곡(歌舞音曲)을 금지시켰다. 뜬눈으로 밤을 지새우다시피 한 왕은 날이 밝자마자 이른 새벽에 사자 굴로 뛰어갔다. 그리고 그 사자 굴 입구에서 이렇게 소리쳤다.

> "사시는 하나님의 종 다니엘아 너의 항상 섬기는 네 하나님이 사자에게서 너를 구원하시기에 능하셨느냐"(단 6:20).

다리오 왕의 이 말은 사실 다니엘에게 던진 질문이 아니었다. 그는 설마 다니엘이 사자 굴 속에서 살아 있을 것이라고는 상상하지 못했을 것이다. 급하고 안타까운 마음에 그냥 속절없이 혼잣말처럼 외쳤던 것이다. 그의 외침은 차라리 슬픈 넋두리였다. 자기 위안에 불과했다. 그런데 이때 사자 굴 속에서 귀에 익은 한 사람의 목소리가 희미하게 들려왔다.

> "왕이여 원컨대 왕은 만세수를 하옵소서 나의 하나님이 이미 그 천사를

보내어 사자들의 입을 봉하셨으므로 사자들이 나를 상해치 아니하였사오니 이는 나의 무죄함이 그 앞에 명백함이오며 또 왕이여 나는 왕의 앞에도 해를 끼치지 아니하였나이다"(단 6:21-22).

기적이 일어났다. 다리오 왕이 넋두리처럼 던졌던 열망이 실현되었다. 다니엘은 굶주린 사자 굴 속에서도 무사했던 것이다. 그러면 무엇이 다니엘을 굶주린 사자 굴의 입에서 구했는가? 그것은 바로 기도의 힘이었다. 하루 세 번씩 시간을 정하여 하나님께 올려드렸던 다니엘의 기도를 하늘의 하나님이 열납하셨던 것이다.

다니엘은 기도의 사람이었다. 다니엘은 하나님의 사람으로서 기도의 본을 보여주었다. 다니엘의 기도는 사나운 사자의 입을 틀어막았다. 날카로운 사자의 발톱을 뭉그러뜨렸다. 다니엘의 기도는 바로 목숨을 건 기도였다. 자기 생명까지도 담보로 할 수 있는 기도라면 이보다 더 신실한 기도가 있겠는가? 그리고 이런 기도를 어찌 하나님이 열납하지 않으시겠는가?

*사자 굴 속에서 다니엘이 행한 것은?

여기서 퀴즈를 드린다. 다니엘이 사자 굴에 던져졌을 때 그는 거기서 무엇을 하였을까? 우리는 쉽게 그 해답을 찾을 수 있다.

첫째, 다니엘은 사자 굴 속에서 성자 하나님, 곧 미리 오신 예수 그리스도를 만났다.

"나의 하나님이 이미 그 천사를 보내어 사자들의 입을 봉하셨으므로

> 사자들이 나를 상해치 아니하였사오니 이는 나의 무죄함이 그 앞에 명백함이오며 또 왕이여 나는 왕의 앞에도 해를 끼치지 아니하였나이다" (단 6:22).

여기서 말하는 '그 천사'는 영어 성경을 보면 'The Angel'로 대문자로 표기되어 있다. 영어 성경에서는 천사를 가리켜 일반적으로 'a angel'이라고 소문자로 표기되어 있는데, 구약 성경에서는 가끔 천사를 대문자로 표기하는 때가 있다. 그것은 일반적인 천사와는 구별된다. 다시 말해, '그 천사'는 특별한 신적 존재를 가리키는데, '그 천사'는 바로 구약 시대에 필요에 따라 잠깐 이 땅에 내려오셨던 성자 하나님, 곧 예수 그리스도를 말한다.

'그 천사'를 보내 다니엘을 사자 굴에서 구해 주신 하나님은 이 사건을 통해 그의 이름이 만방에 계시되기를 원하셨다. 하나님은 최대의 위기 속에서 최상의 구원을 전개하신다. 구약 성서 학자인 게라르트 반 그로닝겐(Gerard Van Groningen)은 그의 대표적 저서인 《구약의 메시아 사상》에서 이렇게 주장하고 있다.

> 사자 굴 속에서의 다니엘의 경험으로부터 도출될 수 있는 결론은, 강한 약탈자들뿐만 아니라 인간 왕들과 행정자들에 대한 자신의 주권을 다시금 입증해 보였다는 것이다. 여호와께서 특별한 대표자를 메신저의 형태로 보내셔서 사자 굴 속에서 그 주권을 행사하게 하시며, 그 결과 분명한 죽음으로부터 다니엘을 구원하게 하셨다. 실제로 구원을 가져다주시는 분은 과거나 현재

나 미래에도 영원한 구원자, 즉 메시아셨다. 이분, 즉 메시아는 다니엘이 사자 굴에 들어가기 전에 받은 환상들을 기록할 때(7, 9장) 분명하고도 적극적으로 규명되었다. 다니엘은 자신을 사자 굴 속에서도 구원하신 분이 누구인지 알고 있었다.

그분은 아브라함과 함께 식사를 하셨던 분이고, 이삭과 야곱에게 나타나셨던 분이다. 그리고 그분은 또 모세에게 나타나셨던 분이기도 하다. 그런가 하면 다니엘의 세 친구 하나냐와 미사엘과 아사랴에게 극렬히 타는 풀무불 가운데 나타나셨던 바로 그분이시다. 그분은 바로 미리 오신 예수 그리스도셨다.

둘째, 다니엘은 기도했다.

추상 같은 왕의 명령에도 두려워하지 않고 평온히 기도했던 다니엘, 그는 사자 굴 속에 떨어져서도 똑같이 평온한 마음으로 기도했다. 기도의 사람은 언제 어디서나, 또 어떤 상황에서라도 기도를 멈추지 않는다. 다니엘이 사자 굴 속에서 드린 기도야말로 그의 일생에서 가장 아름답고 선한 기도였다.

셋째, 하나님을 찬양했다.

사자 굴 속에까지 찾아와 주신 하나님, 그리고 굶주린 사자의 입을 봉하신 하나님을 어찌 찬양하지 않을 수 있었겠는가? 다니엘이 사자 굴에서 하나님께 드린 찬양이야말로 지금까지 그가 드렸던 어떤 찬양보다 더 아름다운 것이었다.

넷째, 다니엘은 그의 인생에서 가장 평온한 잠을 이루었다.

모든 위험과 공포로부터 자신을 지켜 주시는 전능하신 하나님의 은혜와 사랑 속에서, 다니엘은 그 밤에 지금까지 지나온 그 어느 때의 밤보다도, 또 누구보다도 평온한 잠을 이루었다.

이제 두 번째 퀴즈를 드린다. 다니엘은 그날 사자 굴 속에서 어떤 모습으로 잠을 이루었겠는가? 사실 그 해답도 그리 어려운 것은 아니다. 춥고 습기찬 굴속에서, 그리고 딱딱하고 더러운 오물투성이의 땅바닥에 누워 어찌 평온한 잠을 이룰 수 있겠는가?

그 밤 다니엘은 사자들을 품에 안고 평온한 잠을 이루었다. 예로부터 짐승의 가죽은 매우 귀하고 값도 비쌌다. 그런데 다니엘은 그 귀한 사자털, 그것도 살아 있어서 체온이 느껴지는 따뜻하고 부드러운 사자를 품고 그의 인생에서 가장 호화스럽고 깊은 잠을 이루었다.

여기서 세 번째 퀴즈를 드린다. 믿음의 사람 다니엘이 사자 굴 속에서 평안히 잠을 이루고 있을 때 차마 잠을 이루지 못하고 밤을 지새운 분이 계셨다. 그분은 누구일까? 그분은 바로 하늘의 하나님이시다.

영국의 스펄전(C.H. Sprugeon) 목사는 이 사건을 묵상하면서 이렇게 표현했다.

"사자 굴 속에서 다니엘이 평안히 잠을 잘 때 저 하늘의 궁전에서는 하나님이 잠을 이루지 못하고 지켜보고 계셨다."

다니엘은 사자 굴 속에서 평안히 깊은 잠을 이루었지만, 그 밤에 하나님은 결코 잠을 이루실 수가 없었다. 사랑하는 그의 종을 지켜주시기 위함이었다.

이처럼 믿음의 사람 다니엘에게는 죽음조차도 절망일 수 없었다. 그리고 죽음조차도 고난일 수 없었다. 그는 언제나 전능하신 하나님만을 의뢰했기 때문이다. 죽음조차도 절망일 수 없는 삶이라면, 그의 삶은 얼마나 아름답고도 찬란한 삶이겠는가! 또한 죽음조차도 고난일 수 없는 삶이라면, 그의 삶은 얼마나 거룩한 삶이겠는가!

*죽음에 이르는 병

요한복음 11장에는 예수 그리스도께서 죽었던 나사로를 다시 살리신 감격적인 이야기가 실려 있다. 예수님께서 베뢰아 지방에서 말씀을 전하고 계실 때에, 베다니에서 한 심부름꾼이 달려와 나사로가 위급하다고 알려왔다. 그러나 예수님은 그 순간 나사로가 이미 죽었음을 알고 계셨다. 그럼에도 주님은 이렇게 말씀하셨다.

> "예수께서 들으시고 가라사대 이 병은 죽을 병이 아니라 하나님의 영광을 위함이요 하나님이 아들로 이를 인하여 영광을 얻게 하려 함이라 하시더라"(요 11:4).

이 말씀은 덴마크의 위대한 철학자인 키에르케고르(S. Kierkegaard)에게 큰 감명을 주었다. 그는 이 말씀에 연유해 위대한 한 권의 책을 썼다. 그 책의 이름은 《죽음에 이르는 병》이다. 예수님은 인간의 육체적 죽음조차 죽음에 이르는 병이 아니라고 말씀하셨다. 키에르케고르는 이에 전적으로 동의한다. 그러면 키에르케고르가 말하는 죽음에 이르는 병은 과연 무엇일까? 그는 이렇게 말한다.

"죽음까지도 역시 죽음에 이르는 병이 아니다. 하물며 세상적이고도 일시적인 고뇌라고 불리고 있는 일체의 것, 즉 병, 비참, 곤고,

재난, 번민, 근심, 비애, 일체의 것이 죽음에 이르는 병이 아님은 두말할 필요도 없다."

그러면 무엇이 죽음에 이르는 병일까? 키에르케고르는 다시 말한다.

"죽음에 이르는 병은 절망이다. 그리고 절망은 죄다."

키에르케고르의 이 말은 철학적이고 신학적이며, 또한 변증법적인 표현이었다. 그의 신학을 정리하면 이렇다.

"절망은 병이다. 이 병은 죽음에 이르는 병인 동시에 또한 영생에 이르는 병이다. 만약 이 병이 단지 인간을 죽음으로만 이끌어갈 뿐이요 영생으로 이끌어갈 수 없는 병이라면 우리와는 무관할 것이다. 그러나 이 병이 영생으로 전환되기 위해서는 단독자(單獨者)로서 하나님 앞에 홀로 서는 자각이 필요하고, 신앙에 대한 결단이 필요하다. 이런 자각과 결단이 없으면 그 병은 언제까지나 죽음에 이르는 병으로 남아 있고 하나의 근본적인 죄로 남아 있을 것이다."

키에르케고르의 근본 의도는 단지 절망을 죽음에 이르는 병으로 파악하려는 데 있는 것이 아니라, 이 병이 근본적으로 고침을 받을 수 있다는 점을 천명하려는 데 있는 것이다. 그러므로 절망이라는 병은 바로 예수 그리스도의 복음으로 이해되어야 한다. 그리고 그 절망에 실족하는 자는 바로 복음에 실족하는 자인 것이다.

이제 예수님께서 왜 나사로의 죽음을 아시고도 "이 병은 죽을 병이 아니라"라고 말씀하셨는지 이해가 될 것이다. 죽음조차도 죽음에 이르는 병이 아닌데, 그 무엇이 우리를 죽음에 이르게 할 수 있겠는가? 하나님을 믿지 않는 자는 절망한다. 그들은 영원히 절망한다. 그들은 붙잡을 소망의 끈이 없기 때문이다. 이것은 죄다. 그리고 영원한 죽음이다.

키에르케고르는 이렇게 결론 짓는다.

"나사로가 죽은 자 가운데서 일깨움을 받았기 때문에, 바로 그 때문에 이 병이 죽음에 이르는 병이 아닌 것이 아니고, 그리스도께서 거기에 계시기 때문에, 바로 그 까닭으로 이 병은 죽음에 이르는 병이 아니다."

그렇다! 절망 앞에서도 우리가 결코 절망할 수 없는 것은 천지를 지으신 전능하신 하나님, 예수 그리스도가 우리와 함께 계시기 때문이다. 그러면 무엇이 죽음에 이르는 병인가? 그것은 바로 예수 그리스도께서 그곳에 계시지 않는 것이다. 그것이 바로 죽음이요, 영원한 절망인 것이다.

하나님은 절망 앞에서도 결코 절망하지 않는 다니엘의 모습에 감격하셨다. 사자 굴 속에서 구원받은 다니엘의 모습은, 그의 세 친구 하나냐와 미사엘과 아사랴가 구원받은 모습과 묘한 대조를 이루고 있다. 느부갓네살 왕이 만든 금 신상에 끝내 절하지 않은 다니엘의 세 친구는 극렬히 타는 풀무불 속에 던져졌다. '그리 아니 하실지라도!' 이런 유명한 말을 남긴 그들은 극렬히 타오르는 풀무불 속에서 하나님을 만났다. 다니엘도, 그리고 그의 세 친구 하나냐와 미사엘과 아사랴도 모두 고난의 한가운데서 하나님을 만났다.

누구든지 기쁠 때, 행복할 때, 배부를 때 그 입술로 "하나님, 감사합니다"라고 말할 수는 있다. 그러나 그때 그곳에서는 결코 하나님을 만날 수가 없다. 하나님은 언제나 우리의 고난 중에 계시기 때문이다.

살아 계신 하나님을 만나고 싶은가? 그렇다면 다가오는 고난을 결코 두려워하거나 외면하지 말자. 오히려 적극적으로 그 고난의 한가운데로 걸어가야 한다. 그때 그곳에서 우리를 기다리시는 하나님을 만날 수 있다. 다니엘처럼 말이다. 그리고 그의 세 친구 하나냐와 미사엘과 아사랴처럼 말이다.

*천국은 어디에

천국은 어디에 있는가? 그리고 또 천국은 어떤 곳인가? 천국은 하나님께서 통치하시는 곳이다. 그리고 메시아이신 예수 그리스도의 통치가 실현되는 그날이다.

이사야 선지자는 그날을 이렇게 예언했다.

> "그때에 이리가 어린 양과 함께 거하며 표범이 어린 염소와 함께 누우며 송아지와 어린 사자와 살진 짐승이 함께 있어 어린아이에게 끌리며 암소와 곰이 함께 먹으며 그것들의 새끼가 함께 엎드리며 사자가 소처럼 풀을 먹을 것이며 젖먹는 아이가 독사의 구멍에서 장난하며 젖뗀 어린 아이가 독사의 굴에 손을 넣을 것이라 나의 거룩한 산 모든 곳에서 해됨도 없고 상함도 없을 것이니 이는 물이 바다를 덮음같이 여호와를 아는 지식이 세상에 충만할 것임이니라"(사 11:6-9).

주님이 계시는 곳, 그리고 주님이 통치하시는 그곳이 천국이라면 다니엘이 떨어진 사자 굴은 바로 천국이었다. 그곳에는 하나님이 계셨기 때문이다. 그리고 하나님이 계신 그곳에서 만난 사자는 더 이상 맹수일 수 없었다. 사자는 이미 어린 양처럼 순한 모습이었기 때문이다. 그렇다. 다니엘은 바로 천국에 떨어졌던 것이다. 그의 세 친구도 마찬가지였다. 하나냐와 미사엘과 아사랴, 그들 또한 극렬히 타는 풀무불에 던져진 것이 아니라 바로 천국에 던져졌던 것이다.

천국은 어디에 있는가? 혹시 우리의 편협한 생각 속에만 존재하고 있는 것은 아닌가? 아름다운 진주문, 빛나는 황금길, 그리고 오색찬란한 보석들, 곧 다이아몬드와 루비, 사파이어, 에메랄드로 뒤덮인 황홀한 정원이 있는 곳, 천국이 이런 곳이라고 상상해 보지 않았는가? 그런데 만약 그런 곳에 하나님이 계시지 않는다면, 그곳은 결코 천국일 수 없다. 아름답고 눈부신 천국일지라도 만약 그곳에 하나님이 계시지 않는다면, 그곳은 더 이상 천국이 아니다. 천국은 오직 하나님이 계시는 곳이다. 그렇다면 다니엘이 떨어졌던 사자 굴은 바로 천국이었다. 하나님이 그곳에 계셨기 때문이다. 그리고 하나냐와 미사엘과 아사랴가 떨어진 풀무불 또한 천국이었다. 하나님은 그곳에도 계셨기 때문이다. 그렇다면 하나님이 계시지 않는 천국은 바로 지옥이다. 그리고 비록 활활 타오르는 지옥일지라도, 만약 하나님이 그곳에 계신다면, 그곳은 더 이상 지옥일 수 없다. 하나님이 계신 곳, 그곳은 이미 천국이기 때문이다.

그렇다면 이제 우리 모두 대답해야 할 시간이다.

하나님께서 안 계신 천국을 원하는가? 아니면, 하나님께서 계신 지옥을 원하는가?

영원히 사라진 이름,
그러나 영원히 사라지지 않을 이름

마태복음 26장 47-56절

"말씀하실 때에 열둘 중에 하나인 유다가 왔는데 대제사장들과 백성의 장로들에게서 파송된 큰 무리가 검과 몽치를 가지고 그와 함께하였더라 예수를 파는 자가 그들에게 군호를 짜 가로되 내가 입맞추는 자가 그이니 그를 잡으라 하였는지라 곧 예수께 나아와 랍비여 안녕하시옵니까 하고 입을 맞추니 예수께서 가라사대 친구여 네가 무엇을 하려고 왔는지 행하라 하신대 이에 저희가 나아와 예수께 손을 대어 잡는지라 예수와 함께 있던 자 중에 하나가 손을 펴 검을 빼어 대제사장의 종을 쳐 그 귀를 떨어뜨리니 이에 예수께서 이르시되 네 검을 도로 집에 꽂으라 검을 가지는 자는 다 검으로 망하느니라 너는 내가 내 아버지께 구하여 지금 열두 영 더 되는 천사를 보내시게 할 수 없는 줄로 아느냐 내가 만일 그렇게 하면 이런 일이 있으리라 한 성경이 어떻게 이루어지리요 하시더라 그때에 예수께서 무리에게 말씀하시되 너희가 강도를 잡는 것같이 검과 몽치를 가지고 나를 잡으러 나왔느냐 내가 날마다 성전에 앉아 가르쳤으되 너희가 나를 잡지 아니하였도다 그러나 이렇게 된 것은 다 선지자들의 글을 이루려 함이니라 하시더라 이에 제자들이 다 예수를 버리고 도망하니라."

*성경 속 인물들

성경에는 수많은 인물들이 등장한다. 베드로, 요한, 바울, 아브라함, 모세, 다윗, 엘리야, 다니엘, 요셉……. 오랜 시간이 지난 지금까지도 사람들이 존경하고 흠모하는 이름들이다. 어디 그들뿐이겠는가? 그들 외에도 수많은 사람들의 이름을 얼마든지 더 헤아릴 수 있다. 그 많은 성경 속의 영웅들은 오랜 세월이 지나도 결코 사라지지 않은 채, 오늘 우리의 이름으로 다시 살아나 그 영광의 빛을 발하고 있다.

몇 년 전 미국인들이 사용하는 이름을 통계로 발표한 적이 있었다. 그 통계에 의하면, 미국 남성 중 가장 많이 사용하고 있는 이름은 John(요한)이었다. 아마도 '사랑의 사도'라는 요한의 심성이 미국인들의 마음에 큰 공감을 얻었던 것 같다.

어느 나라 사람이든지 이름을 중요하게 생각한다. 따라서 예나 지금이나 많은 사람들은 성경 속의 위대한 인물의 이름을 차용하거나, 좋은 뜻의 이름을 만들어 사용한다. 그러다 보니 성경 속에도 같은 이름을 가진 사람들이 많이 등장한다. 그래서 성경에서는 이를 구별하기 위해 그가 태어난 고장을 그의 이름 앞에 붙여 사용한다.

예를 들어, 성경에는 마리아라는 이름이 많이 나타난다. 예수의 어머니 마리아를 비롯해 일곱 귀신 들렸던 마리아, 그리고 예수님의 머리에 귀한 향유를 부었던 마리아가 등장한다. 그래서 예수를 낳은 마리아는 그냥 마리아, 또는 예수의 어머니 마리아라고 부르는 데 반해 일곱 귀신 들렸던 마리아는 막달라 지방 출신이기에 막달라 마리아, 그리고 예수님의 머리에 귀한 향유를 부었던 마리아는 베다니 마리아, 또는 나사로의 누이 마리아 등으로 구별하여 부른다.

*사라진 이름, 유다

그런데 2천 년 전까지는 많이 불렸는데 예수님이 십자가에서 돌아가시고 난 이후 갑자기 지상에서 사라진 한 이름이 있다. 그것은 바로 '유다'라는 이름이다. 유다라는 이름을 듣는 순간 우리는 먼저 '가룟 유다'라는 인물을 쉽게 떠올릴 것이다. 그리고 유다라는 이름은 악한 이름이라고 짐작할 것이다.

그런데 유다라는 이름의 뜻이 무엇인지 아는가? 그것은 '찬양'이라는 의미이다. 얼마나 좋은 이름인가? 따라서 유다라는 이 아름다운 이름은 신약이나 구약에 많이 등장하고 있음을 알 수 있다. 먼저 구약 성경을 보면 열두 지파의 한 사람인 유다가 있다. 신약과 구약의 중간기에는 이스라엘을 구원하기 위해 용감히 싸운 민족의 영웅 유다-마카비라는 사람이 있다.

그런가 하면 신약 성경에는 유다서를 기록한 예수님의 동생 유다가 있다. 이밖에도 유다라는 이름이 많이 있다. 그래서 성경은 이 많은 유다를 구별하기 위해 예수님을 판 유다를 가룟 유다라고 부른다. 가룟은 곧 가룟이라는 지방 출신이라는 것이다. 따라서 가룟 유다라고 하면 흔히 가룟을 유다의 성으로 잘못 알고 있는 사람들이 있는데 그것은 아니다. 이처럼 유다, 곧 가룟 유다는 스승인 예수 그리스도를 은 30에 팔아 십자가에서 죽게 한 역사상 가장 악한 사람의 대명사로 낙인 찍혀 2천 년이 지난 오늘에 이르기까지 사람들의 입에 회자되고 있는 사람이다. 따라서 기독교인은 물론 유대교, 또는 무신론자라고 할지라도 유다라는 이름을 자식에게 지어 주는 부모는 아무도 없다. 2천 년 전에 사라진 이 유다라는 이름은 아마 인류 역사가 끝나는 날까지 영원히 불려지지 않을 이름일 것이다.

최근에 발견된 유다복음이라는 책이 있다. 이 책은 예수님을 배신한 가룟 유다의 입장에서 쓰여진 고문서로서 최근에 그 내용이 공개되어 큰 파문을 일으켰다. 유다복음서는 서기 180년 당시 영향력이 컸던 교부 성 이레니우스가 통렬하게 비판함으로써 그 존재가 언급되었지만 이단으로 몰리면서 전해 내려오지 않고 있다가 최근 공개되었다. 유다복음은 모두 26페이지 분량의 문서로, 정통 복음서와는 전혀 다른 파격적인 내용으로 전 세계에 큰 파문을 일으켰다.

유다복음은 유다를 배신자로 묘사한 마태, 마가, 누가, 요한복음과는 달리 예수 그리스도를 당국에 넘긴 가룟 유다의 행동이 예수의 요구에 의한 것이라고 주장하고 있다. 같은 맥락에서 예수가 왕국의 비밀을 알려 주고 다른 제자들에게 멸시를 당할 것이나 그들보다 고귀한 신분이 될 것이라는 등 유다를 특별한 신분으로 묘사했다. 반면 예수가 십자가에 못 박히는 고난이나 부활에 관해서는 전혀 언급하지 않아 기독교의 중추를 이루는 교리와 큰 차이를 나타내고 있다. 물론 이 책은 고대에 쓰여진 많은 위경(僞經) 중의 하나로 여기에 특별한 의미를 부여할 필요는 없다. 그러나 일부의 생각처럼, 유다를 예수 그리스도의 인류 구원 사역에 꼭 필요했던 사람이라고 판단하는 어리석음을 범하지 말라는 것이다. 가룟 유다는 예수 그리스도의 구원 사역에 꼭 필요했던 사람이 절대 아니다. 더구나 그의 행위는 어떤 이유로든 정당화될 수 없다. 그 사실은 성경을 통하여 확인할 수 있다.

예수님은 마태복음에서 이렇게 말씀하신다.

> "인자는 자기에게 대하여 기록된 대로 가거니와 인자를 파는 그 사람에게는 화가 있으리로다 그 사람은 차라리 나지 아니하였더면 제게 좋을 뻔하였느니라"(마 26:24).

그러면 유다는 누구인가? 예수 그리스도의 열두 제자 가운데 유다는 조금 특이한 제자였다. 유다를 제외한 나머지 열한 제자들은 모두 갈릴리 출신이었는 데 비해 그는 가룟 출신이었다. 가룟은 헤브론이라는 지역에서 수 마일 떨어진 곳에 있는 곳이다. 헤브론은 하나님께서 갈렙에게 주시고자 했던 약속의 땅이다. 나이 80이 넘은 갈렙은 하나님의 약속을 25년 동안 간직하고 가나안을 향해 달려왔다. 그리고 여호수아에게 "이 산지를 내게 주소서"(수 14:12)라고 외치며 담대히 나아가 점령했던 바로 그 땅이다.

그런데 가룟 출신인 유다가 무슨 연유로 갈릴리로 와서 예수님의 제자가 되었는지는 확실치 않다. 유다를 제외한 베드로나 안드레, 야고보 등 다른 제자들은 대부분 갈릴리의 어부 출신이다. 물론 세리 출신인 마태 같은 제자도 있었다.

예수님의 제자들은 이처럼 대부분 가난하고 무식하고 난폭한, 그래서 남들에게 손가락질당하던 형편없는 갈릴리 촌사람들이었다. 그런데 오직 한 사람 유다만은 외지(外地)에서 온 유식하고 똑똑한 사람이었다.

성경은 가룟 유다에 관해 많은 이야기를 기록하고 있지 않다. 따라서 그에 관한 정보가 많지 않다. 그 이유는 그가 성경의 주역이 아니기 때문이다. 요한복음 13장 2절을 보면, 가룟 유다의 아버지 이름이 시몬이었다는 것을 밝혀 주고 있다.

그러면 시몬의 아들 가룟 유다는 예수의 열두 제자 중 어떤 사람이었을까? 요한복음은 가룟 유다를 가리켜 도적이라고 기록하고 있다.

> "이렇게 말함은 가난한 자들을 생각함이 아니요 저는 도적이라 돈 궤를 맡고 거기 넣는 것을 훔쳐감이러라"(요 12:6).

유다는 바로 예수 그리스도와 제자단의 회계 책임자였던 것이다. 사회에서 어떤 집단이나 그룹의 회계를 맡길 때 누구에게 맡기는가? 똑똑하고 믿을 만한 사람에게 맡기지 않는가! 앞에서도 서술했듯이 예수님의 제자들은 거의 대부분 갈릴리의 무식한 어부 출신이었다. 그 중 세수에 밝은 세리 마태가 있었음에도 불구하고 가룟 유다에게 회계를 맡긴 것으로 보아 유다는 대단히 똑똑하고 학식이 많았으며, 또 제자단의 신뢰를 받았던 것으로 짐작할 수 있다. 그런데 유다의 실체는 도적이었다. 겉으로는 유식한 척, 정직한 척하면서 제자단의 신임을 얻어 돈 궤를 맡았지만, 그의 모든 행위는 도적질을 하기 위한 철저한 위선이었던 것이다. 그는 매우 영리한 도적이었다.

가룟 유다는 처음부터 돈에 욕심이 많은 사람이었다. 제자단에 헌금이 들어올 때마다 한 푼, 두 푼 남모르게 돈을 훔쳐 착복했던 것이다. 가룟 유다는 사실 처음부터 예수님을 이용해 출세를 한번 해 보려고 계획했던 사람이었다. 그는 3년 동안 예수님을 좇아다니면서 귀신을 쫓아내고 병을 고치는 등 많은 이적과 권능을 체험했다. 그러나 그는 예수님을 오직 정치적인 메시아로만 기대했다. 그래서 예수 그리스도가 로마 정권을 무너뜨리고 지상의 왕으로 등극하면 그 권좌에 의지해서 큰 감투를 하나 얻을 것으로 생각했던 것이다. 그래서 힘든 제자 생활을 감내하면서 예수님을 3년 동안 좇아다녔던 것이다. 그런데 약삭빠른 제자 가룟 유다는 그분이 정치적 메시아가 아닌 것을 알아챘다. 세상의 왕으로 오신 분이 아니라는 것을 알았다. 예수님은 그가 기대했던 강하고 능력 있는 분이 아니라 힘없고 볼품없는, 그래서 더 이상 기대할 것이 없는 사람이라는 판단이 섰다. 따라서 유다는 이 스승을 떠날 준비를 한다.

그래서 유다는 이제 마지막으로 최대의 도적질을 계획한다. 그것은 자기 스승인 예수님을 팔아 돈을 챙기는 것이었다. 계산 잘하는 사람, 이재에 밝았던 사람, 그리고 욕심 많았던 사람인 가룟 유다는 그의 스승을 은 30에 팔아버리는 것이다.

성경은 말한다.

"돈을 사랑함이 일만 악의 뿌리가 되나니"(딤전 6:10).

"너희가 하나님과 재물을 겸하여 섬기지 못하느니라"(마 6:24).

물질에 눈이 어두워 사랑하는 스승을 팔아버린 가련한 사람, 유다의 모습에서 우리는 깊은 슬픔과 비애를 느낀다. 가룟 유다는 누구인가? 그는 우리와 전혀 다른 성정의 사람이 아니다. 가룟 유다는 우리와 똑같은 생각과 심성을 가진 사람이었다. 그는 정신병자도 아니었고, 그렇다고 감정도 없고 사리 분별도 못하는 저능아도 아니었다. 그는 천부적인 악한도 아니었다. 우리는 그 사실을 마태복음에서 알 수 있다

> "때에 예수를 판 유다가 그의 정죄됨을 보고 스스로 뉘우쳐 그 은 삼십을 대제사장들과 장로들에게 도로 갖다 주며 가로되 내가 무죄한 피를 팔고 죄를 범하였도다 하니 저희가 가로되 그것이 우리에게 무슨 상관이 있느냐 네가 당하라 하거늘"(마 27:3-4).

스승을 팔고 난 다음 가룟 유다는 곧 그의 행위를 후회했다. 유다는 3년 동안 예수님을 좇아다니면서 결국은 자기의 기대와 다른 점에 대해 실망했다. 하지만 예수님이 진정 의로우신 분이었음을 부인할 수는 없었다. 그래서 유다는 비록 돈 때문에 스승을 팔아버리는 파렴치한 죄악을 저질렀지만 뒤늦게 자기의 죄악을 후회했던 것이다. 그 후 유다는 은 30을 돌려주려고 대제사장과 장로들을 찾아갔다. 그러나 그들은 돈을 돌려받지 않았다. 슬픔과 회한에 가득 찬 유다는 은 30을 성전에다 내동댕이치고는 산에 올라 나무에 스스로 목을 매어 비참한 최후를 맞이했다. 가룟 유다의 이야기는 성경에서 이렇게 끝난다.

잠시 가룟 유다에 대해 생각해 보자. 당신은 가룟 유다에 대해 어떻게 생각하는가?

잘 죽었다고 생각하는가? 죗값을 치렀다고 생각하는가? 아니면 가련하기는 하지만 인간적인 죽음이었다고 생각하지는 않는가?

가룟 유다의 최후의 장면은 유다의 행위 중 가장 크고 무서운, 그래서 몸서리쳐지는 비극이다. 그 이유는 유다가 단순히 죽었다는 사실 때문이 아니라, 그가 죽기까지 회개하지 않았다는 것 때문이다.

회개란 무엇인가? 하나님을 떠났던 사람이 하나님께로 다시 돌아오는 것이다. 유다는 주님을 떠났다. 그리고 다시 돌아오지 않았다. 유다는 비록 자기의 죄악에 대해 후회는 했지만 결코 회개하지 않았던 것이다.

*베드로의 회개

이제 예수님의 나머지 열한 제자들의 모습을 잠시 생각해 보자. 유다가 예수님을 팔고 떠나간 이후 나머지 열한 제자들은 과연 무엇을 하고 있었는가? 복음서의 기록을 보면, 그 시간에 열한 제자들은 모두 주님을 버리고 도망치고 말았다. 마태복음 26장 56절 하반절은 성경에서 가장 쓸쓸하고 적막한 장면을 기록하고 있다.

> "이에 제자들이 다 예수를 버리고 도망하니라."

한 제자가 조금 전 스승을 팔아버리고 떠나간 다음, 곧이어 나머지 열한 제자들마저 스승을 버리고 모두 도망쳤던 것이다. 겟세마네 동산에서 예수님을 잡아간 무리들은 대제사장 가야바에게로 갔다. 그곳에는 이미 많은 서기관들과 장로들이 모여 있었다. 그들은 예수 그리스도를 심문하기 위해 모여 있었던 것이다. 예수님에 대한 심문이 진행되고 있는 그 순간, 겟세마네 동산에서 공포에 질려 도망쳤던 베드로가 못내 궁금하여 가야바의 집으로 몰래 숨어 들어갔다. 그때 가야바의 집 한 여종이 베드로를 알아보고 이렇게 말했다.

> "너도 갈릴리 사람 예수와 함께 있었도다"(마 26:69).

이에 베드로는 즉각 예수를 부인한다. 잠시 후 또 다른 여종이 베드로를 알아보고, "예수와 함께 있었던 자"라고 말하자 베드로는 맹세하며 부인한다. 잠시 후에 다른 사람이 베드로에게 이르되 "네가 진실로 예수와 한 패니라"라고 말한다. 그러자 베드로는 더욱 강하게 이렇게 부인한다.

> "저가 저주하며 맹세하여 가로되 내가 그 사람을 알지 못하노라 하니" (마 26:74).

베드로의 세 번째 부인은 절정을 이룬다. 우리는 베드로의 이 사건을 단순히 예수님을 세 번 부인한 사건으로 기억한다. 그러나 베드로의 부인은 단순한 부인이 아니다. 처음 한 여종이 베드로를 추궁할 때 베드로는 주님을 모른다며 부인했다. 그런데 두 번째 여종이 베드로를 추궁할 때에는 맹세하며 부인했다. 그리고 마지막 세 번째 사람이 추궁할 때에는 맹세하고 저주하며 부인했다. 예수님에 대한 베드로의 부인이 점차 강도를 높여가고 있다. 처음은 그냥 단순한 부인이다. 자기는 예수라는 사람을 모른다는 것이다. 그러나 두 번째는 맹세하며 부인을 했다. 이 맹세라는 말에서 실소(失笑)를 자아내게 한다.

생각해 보라! 베드로가 예수님을 부인하기 위해 맹세를 했다면 그는 과연 누구에게 맹세를 했다는 것인가? 하나님께 맹세했다는 것이다. 그렇다면 베드로는 하나님을 부인하기 위해 하나님께 맹세했다는 것이다. 이것이야말로 희대의 코미디가 아닌가?

세 번째는 맹세하고 저주하며 부인했다. 저주했다는 것은 예수님을 욕했다는 것이다. 온갖 더러운 세상의 욕을 동원해 예수님께 퍼부었다는 것이다. 그 순간 우리 주님은 만신창이가 되어버렸다. 지난 3년 동안 동고동락하며 희로애락을 함께 나누었던 제자, 그리고 누구보다 사랑했던 수제자라는 자가 수많은 사람들 앞에서 스승에게 지울 수 없는 모욕과 아픔을 던져 주고 있는 것이다. 그 순간 주님의 마음이 얼마나 찢어질듯이 아프고 참담하였을까? 참으로 어처구니없는 짓이다. 열두 제자 중의 수제자라는 자가, 그것도 조금 전 자기 목숨을 버릴지언정 결코 주님을 버리지 않겠다고 호언장담하던 자가 이처럼 더럽고 사악한 짓을 저질렀던 것이다.

이런 베드로의 행위는 유다의 행위보다 더 악하면 악했지, 결코 나을 것도 없다. 사실 유다는 돈에 눈이 어두워 단순한 생각에 스승을 팔아버렸을 뿐이다. 베드로처럼 제 목숨을 부지하겠다고 스승에게 더러운 욕을 지껄이고 저주하고 맹세하는 파렴치한 짓은 저지르지 않았다. 그리고 유다는 자기 행위에 대한 모멸감과 수치심에 못 이겨 스스로 자기 목숨을 끊어버렸던 것이다.

베드로는 누구인가? 그는 열두 제자 가운데 수제자요, 언제나 주님이 사랑하던 특별한 제자였다. 그는 유일하게 물 위를 걸었던 사람이요, 주님께서 용모가 변화하는 산에서 신비한 체험을 했던 제자였다. 그런가 하면 "주는 그리스도시요 살아 계신 하나님의 아들이시니이다"라는 위대한 신앙고백을 함으로써 주님으로부터 천국의 열쇠를 받은 제자였다. 그런 베드로가 예수님이 가장 힘든 순간, 주님 앞에서 온갖 추태와 패륜을 저지르며 결국은 주님을 떠나갔던 것이다.

십자가 사건이 있기 직전 열두 제자들이 행한 이 불미스러운 사건들 속에서 베드로와 유다의 행위를 단순 비교한다면 오히려 베드로의 행위가 훨씬 더 악하고 치졸하다. 그런데도 우리에게는 유다의 행위가 베드로와는 비교조차 할 수 없는 악한 행위로 보인다.

그 이유가 무엇인가? 이유는 간단하다. 베드로는 회개하고 주님께 돌아왔다. 이에 반해 유다는 끝까지 주님께 돌아오지 않았기 때문이다. 다시 말해, 유다는 끝까지 회개하지 않았기 때문이다.

*회개하지 못한 유다

사실 유다에게는 회개할 수 있는 기회가 세 번 있었다. 첫 번째 기회는 최후의 만찬석상에서였다. 요한복음을 보자.

"예수께서 대답하시되 내가 한 조각을 찍어다가 주는 자가 그니라 하시고 곧 한 조각을 찍으셔다가 가룟 시몬의 아들 유다를 주시니"(요 13:26).

예수님은 유다가 자기를 팔 사람임을 이미 아시고 그에게 떡 한 조각을 찍어 주시면서 "이 떡을 받는 사람이 나를 팔 것"이라고 말씀하셨다. 그러나 유다는 그 순간 회개하지 않았다. 일말의 양심이 있는 사람이라면 그 떡을 받는 순간, 주님 앞에 무릎을 꿇었어야 한다. 그리고 이렇게 고백해야 했다.

"주님, 제가 죄인입니다. 제가 주님을 팔 계획을 꾸몄습니다. 저를 용서하여 주옵소서!"

유다는 여기서 무릎을 꿇고 통곡의 눈물을 흘려야 했다. 그런데도 유다는 뻔뻔하게 주님이 주시는 그 떡을 아무 일도 없는 것처럼 태연하게 받아먹었던 것이다.

두 번째 기회는 누가복음에 나타난다. 유다는 겟세마네 동산으로 대제사장과 장로들, 그리고 검과 몽치를 든 무리들의 앞잡이가 되어 찾아왔다. 그리고 유다는 주님께 입맞춤으로 그가 예수임을 알렸다. 주님은 한밤중에 겟세마네 동산에서 유다를 만나 그로부터 죽음에의 입맞춤을 당한다. 이때 주님은 유다에게 이렇게 말씀하신다.

"예수께서 이르시되 유다야 네가 입맞춤으로 인자를 파느냐 하시니"(눅 22:48).

예수님께서 모든 것을 아시고 이렇게 말씀하셨다면 유다는 그 순간 주님 앞에 엎드려야 했다. 그리고 통곡해야 했다. 회개해야 했다. 그런데도 유다는 아무 일도 없었다는 듯이 자기가 맡은 바 인류 역사상 최대의 악역을 자임하고 만다. 겟세마네 동산에서 유다가 예수님께 행한 입맞춤은 바로 죽음의 키스요, 인류 역사상 가장 더러운 키스였다.

세 번째 기회는 예수님을 팔고 난 다음이다. 스승을 판 대가로 은 30을 챙겨 집에 돌아온 유다는 큰 돈이 생겼다면서 처음에는 신이나 있었다. 그러나 불의의 돈을 바라보고 있노라니 그 돈 위에 갑자기 예수님의 선한 얼굴이 떠올랐다. 자기를 믿고 사랑해 주었던 얼굴이었다. 그리고 지난 3년 동안 주님과 함께 동고동락해 왔던 시간들이 주마등처럼 스쳐 지나갔다. 최후의 만찬석상에서 주님이 떡 한 조각을 떼어 주시며 자기에게 하시던 말씀이 비로소 생각났다. 그리고 방금 전 겟세마네 동산에서 그의 입맞춤으로 스승을 파는 순간 주님이 하신 말씀도 생각났다. 모든 것을 이미 다 알고 계셨으면서도 끝까지 기다리며 온아하게 말씀하셨던 그분의 음성이 유다의 귓전을 따갑게 때렸다. 그런가 하면 마지막 그 순간에도 사랑이 가득한 얼굴로 자기를 안타깝게 쳐다보시던 예수님의 순전한 얼굴이 떠올랐다. 그 순간 유다는 비로소 양심의 가책을 느꼈다. 그제서야 자기의 행동이 얼마나 잘못되었는지, 그리고 얼마나 파렴치한 짓이었는지 깨달았다.

우리는 그 사실을 마태복음을 통해 알 수 있다.

"때에 예수를 판 유다가 그의 정죄됨을 보고 스스로 뉘우쳐"(마 27:3).

유다는 예수님을 팔고 자기 집으로 돌아와 바로 뉘우치고 후회했다. 말할 수 없는 회한(悔恨)에 가득 찬 유다는 그날 차마 잠을 이루지 못하고 밤이 새도록 가슴을 치면서 통곡했다. 그리고 그는 여명(黎明)의 이른 시각, 대제사장과 장로들을 찾아가 은 30을 돌려주려 했던 것이다. 아마 유다는 은 30을 돌려줌으로써 자기의 죄책감을 조금이라도 덜어내려고 했던 것 같다. 그리고 그렇게 함으로써 그 회한과 죄책감으로부터 헤어나오려고 했는지도 모른다. 그런데 예수님을 팔고 받은 더러운 돈인 은 30을 돌려주지 못하자, 오히려 그 돈이 올가미처럼 자신을 더욱 옭아 매어왔던 것이다.

이제 유다는 더 이상 견딜 수 없었다. 그 순간 유다는 숨조차 쉴 수 없었다. 그리고 하늘조차 바라볼 수 없었다. 그가 선택할 수 있는 길은 오직 하나였다. 그것은 스스로 목숨을 끊는 것이었다. 유다에게 있어서 이 모든 일은 대단히 빠르게 진행되었다. 유다가 겟세마네 동산에서 입맞춤으로 주님을 판 이후 스스로 목숨을 끊기까지는 불과 하루도 걸리지 않았다. 이로 미루어 유다는 몹시 내성적이었으며, 상당히 자존심이 강하고, 성격도 급한 사람이었던 것 같다.

성격이 급하고 난폭했던 베드로나 요한의 경우를 보자. 그들 또한 유다에 이어 주님을 배신하고 떠나갔지만, 유다처럼 성급하게 자기의 문제를 그렇게 결론짓지는 않았다. 이런 생각을 잠시 해 본다. '예수님을 팔고 떠나간 유다가 조금만 더 참았더라면……. 유다는 마지막 순간 회개할 수 있지 않았을까? 그리고 그 순간 유다가 회개

했더라면 어떻게 되었을까?'

*유다의 회개

유다의 회개를 몇 가지로 가정해 본다.

첫 번째 경우

밤이 새도록 통곡하며 자신의 죄악을 철저히 회개한 유다는 날이 밝자마자 대제사장과 장로들을 찾아간다. 그리고 스승을 팔고 받은 은 30을 돌려주려 한다. 그러나 그들은 끝내 그 돈을 받지 않는다. 그것은 예수에 관한 모든 일이 유다로 인하여 이루어진 것이지, 자기들과는 무관하다는 것을 나타내는 단호한 행동이었다. 유다는 할 수 없이 성전으로 달려가 그곳에다 은 30을 던져버린다.

그리고 예수님이 십자가를 지고 가시는 골고다 언덕으로 뛰어간다. 그곳에는 이미 수많은 사람들이 모여들어 재미있는 구경거리라도 생긴 듯 히히덕거리고 있었다. 예수님은 로마 병정이 휘두르는 채찍에 맞아 피를 흘리며 만신창이가 된 몸으로 무거운 십자가를 지고 언덕을 오르고 계셨다. 야윈 체구에 지난밤부터 당한 심한 구타와 고문으로 주님은 거의 실신 상태의 몸으로 십자가를 질질 끌고 가시다가 앞으로 고꾸라졌다. 순간 로마 병정의 날카로운 채찍이 사정없이 예수님의 몸 위로 휘감겨 내렸다. 주님은 비명조차 제대로 지르지 못하시며 그만 길바닥에 나뒹굴었다. 이번에는 사나운 구둣발이 사정없이 예수님을 짓밟는다. 그리고 길바닥에 쓰러진 주님을 강제로 일으켜 강압적으로 십자가를 지게 한다. 그러나 예수님은 이번에도 몇 걸음 걸어가지 못하고 다시 앞으로 힘없이 고꾸라진다. 예수님을 호송해 가는 로마 병정의 입에서 순간 더러운 욕설이 튀어나온다. 이미 시간이 상당히 지체되었기 때문이다.

군중들 틈에 끼어 멀리서 몰래 이 광경을 지켜보고 있는 유다는 목이 메이고 가슴이 터져온다. 뜨거운 눈물이 쉴 새 없이 발등 위에까지 떨어져 흐른다. 예수님이 느끼고 있을 그 아픔이 바로 자기의 아픔으로 다가온다. 그때까지 예수님은 무거운 십자가를 지고 언덕을 오르다 넘어졌다가는 다시 일어나 십자가를 지고, 넘어졌다가 또 다시 일어나 십자가를 지기를 반복하셨다. 그렇게 몇 번을 쓰러지셨는지 모른다. 그런데 이번에는 쓰러진 예수님께서 좀처럼 일어서지 못하신다. 이에 화가 난 로마 병정이 예수님의 몸을 다시 더러운 구둣발로 짓밟는다. 한 병정이 재수없다는 표정으로 예수님의 얼굴에 침을 뱉으며 동시에 사나운 채찍을 휘두른다. 예수님의 짧은 비명이 들려온다. 그리고 주님은 끝내 일어서지 못하신다. 너무 지쳐서 온몸의 진이 다 빠진 것 같다. 흡사 죽은 듯이 쓰러져 피 흘리는 예수님의 몸에서는 여기저기 살이 찢겨지고 떨어져 나간 사이로 허연 뼈가 드러난다. 이미 온몸은 만신창이가 되어 선혈이 낭자하다. 주님의 몸에서 흐르는 피가 골고다 언덕길에 붉게 물들었다.

그때 로마 병정은 이제 더 이상 예수님이 스스로 십자가를 질 수 없음을 안다. 갑자기 군중을 향하여 노기 띤 눈빛이 번뜩인다. 그때 검은 피부의 건장해 보이는 한 청년이 눈에 들어온다. 로마 병정은 그 청년을 다짜고짜 끌어내 예수님의 십자가를 대신 지고 가라고 명령한다. 그 청년은 응하지 않는다. 그리고 그 자리를 빠져나가려 한다. 그 순간 로마 병정의 거친 구둣발이 청년의 몸을 향해 날아간다. 순간 외마디 소리를 지르며 길에 나가떨어진 청년은 공포에 질려 더 이상 반항하지 못한다. 그리고는 길바닥에 쓰러져 있는 예수님을 쳐다본다. 그리고 주님과 함께 제멋대로 나뒹굴어져 있는 십자가를 억지로 잡아든다. 그 순간 청년은 혼잣말처럼 이렇게 뇌까린다.

"오늘 참 재수 더럽네. 간밤에 꿈자리가 뒤숭숭하더니만. 제기랄!"

그 청년은 바로 구레네 시몬이다. 이때 군중들 틈에서 그 광경을 바라보고 있던 유다가 더 이상 참을 수 없다는 듯이 갑자기 뛰쳐나와 청년을 밀쳐내고는 자기가 대신 그 십자가를 짊어진다. 그 순간 땅바닥에 쓰러져 숨도 제대로 쉬지 못하고 계시던 예수님의 감겨진 두 눈이 살며시 열린다. 순간 예수님의 빛나는 눈과 회한에 찬 유다의 눈이 마주친다. 유다의 눈에는 주체하지 못할 정도로 눈물이 뜨겁게 흘러내린다. 그리고 피범벅이 된 예수의 얼굴에 잔잔한 미소가 한 송이 꽃처럼 피어올랐다.

유다는 십자가를 지고 천천히 골고다 언덕을 오르고 있다. 그리고 그 옆에는 지친 예수님이 힘겨운 모습으로 따라오고 계신다. 골고다 언덕 꼭대기까지 올라가는 동안 유다는 아무 말도 하지 않았다. 예수님도 아무 말도 하지 않으셨다. 그러나 두 사람의 대화는 그 어느 때보다도 길고 아름다웠다.

두 번째 경우

유다는 지체하지 않고 골고다로 향하는 길로 뛰어간다. 거기에는 이미 많은 사람들이 나와 예수님이 십자가를 지고 올라가는 모습을 바라보며 낄낄거리고 있다. 지치고 고단한 모습의 예수님이 무거운 십자가를 지고 골고다 언덕을 오르다가 힘에 겨워 쓰러지신다. 그 순간 로마 병정의 날카로운 채찍이 예수님의 야윈 몸에 날아든다. 살점이 떨어져나가고 붉은 선혈이 흡사 분수처럼 허공 중에 튀어오른다. 안간힘을 다해 겨우 일어난 예수님이 다시 십자가를 지고 몇 발자욱을 옮기다 견디지 못하고 또다시 쓰러져 나뒹군다. 사나운 채찍이 어김없이 또다시 날아든다. 신음소리조차 제대로 내지 못하는 예수님은 겨우 일어나 십자가를 지지만 온몸의 기운이 완전히 소진되어 더 이상 감당할 능력이 없다.

이미 많은 시간을 지체했음을 안 로마 병정은 순간 군중 속에서 그 광경을 지켜보고 있던 건장한 체구의 한 흑인을 발견한다. 그리고 그를 위협하여 강제로 예수님의 십자가를 지게 한다. 그는 바로 구레네에서 온 시몬이다. 시몬은 예수님의 십자가를 지지 않으려고 반항한다. 그 순간 로마 병정의 날카로운 채찍을 맞고 땅바닥에 쓰러진다. 그의 왼쪽 팔뚝에서는 살이 찢겨진 사이로 피가 흘러내리고 있다. 시몬은 강제로 예수의 십자가를 지고 골고다 언덕길을 오른다. 예수라는 죄인이 십자가에 달린다고 하여 구경을 나왔다가 운수 사납게 자기가 그 흉악한 십자가를 대신 지게 된 것이다. 시몬을 뒤따르는 예수님은 이제 조금 전보다는 빠른 걸음으로 언덕을 오르고 계신다. 그러나 주님은 여전히 지치고 힘든 모습이다.

드디어 골고다 언덕 꼭대기에 도착했다. 예수님으로 인하여 시간이 많이 지체됐기 때문에 사형 집행 과정은 오히려 순식간에 이루어졌다. 재빨리 세 개의 십자가가 언덕 위에 세워졌다. 해골이라 불리는 언덕 위에는 골고다로 오는 길목에서 만난 사람들보다 훨씬 더 많은 사람들로 인산인해를 이루었다. 유다는 여기까지 쫓아왔다. 멀리서 숨어 예수님을 바라보는 유다의 가슴이 찢어질듯이 아파온다. 그리고 눈에서는 뜨거운 눈물이 한없이 흘러내린다.

언덕 위에 십자가가 세워지고 두 명의 강도와 예수님이 십자가 위에 매달렸다. 건장한 로마 병정 한 사람이 거대한 해머와 못을 가지고 제일 먼저 예수님의 손에 못을 박는다. 순간 예수님은 한없이 고통스러운 비명을 지른다. 다시 발에 못을 박는다. 살과 뼈가 찢어지고 깨어지는 아픔에 몸부림친다. 이번에는 한 병사가 예수님께 이스라엘의 왕이라고 조롱을 하며 가시면류관을 씌운다. 순간 예수님의 머리가 찢겨지면서 붉은 피가 사정없이 얼굴로 흘러내린다. 차마 눈 뜨고는 못 볼 광경이다. 십자가 주변에서 그 광경을 구경하며 낄낄거리고 있던 군중들의 목소리가 점점 더 크게 멀리까지도 들려온다.

"야, 저 나사렛 예수를 좀 봐. 자기가 자칭 하나님의 아들이라고 하는 자야!"

"저 사람이 성전을 헐었다가 사흘 후에 다시 짓겠다는구먼."

"자기가 이스라엘의 메시아라는군."

"정신병자 아냐?"

"저런 사기꾼 같으니라고."

온갖 조롱과 멸시의 말들이 십자가 주변에서 울려퍼졌다. 그런가 하면 팔을 뻗어 이상한 쌍욕을 하는 무리도 있었다. 침을 뱉는 자도 있었다. 예수님을 향해 허공에 발길질을 하는 자도 있었다. 이를 멀리서 바라보던 유다는 예수님의 손과 발에 못이 박힐 때마다, 그리고 머리에 가시면류관이 씌어질 때마다 자기 몸에 못이 박히고 가시면류관이 씌어지는 것처럼 모진 아픔과 고통을 느낀다. 유다의 얼굴에서는 참회의 뜨거운 눈물이 흘러넘치고 있다.

'내 탓이야. 모든 것이 내 탓이야. 내가 저분을 저렇게 만들었어! 내가 그랬어!'

유다는 더 이상 견디지 못하고 죄책감과 자괴감에 못 이겨 자신의 얼굴을 두 손으로 감싼 채 예수님께로 달려간다. 그리고 그분 앞에 무릎을 꿇는다. 십자가에 달린 예수님 앞에서 뜨겁게 오열하는 유다, 그러나 그는 결코 한 마디 말도 할 수 없었다. 온몸의 물과 피가 다 빠져가는 가장 고통스러운 죽음의 순간, 뜻밖의 불청객을 만난 주님은 반쯤 감긴 눈으로 유다를 내려다보셨다.

한참을 오열하던 유다가 잠시 고개를 들었다. 순간 주님의 눈과 유다의 눈이 마주쳤다. 여기저기 터지고 찢어지고 깨어진, 그래서 상처와 피로 범벅이 된 예수님의 얼굴에서 순간 작은 미소가 피어올랐다. 이를 바라보는 유다의 얼굴은 비록 눈물로 얼룩졌지만 그 어느 때보다도 해맑았다. 유다는 아무 말이 없었다. 그리고 예수님도 아무 말도 하지 않으셨다. 유다는 말 없는 예수님의 그 잔잔한 미소가 무엇을 뜻하는지를 알고 있었다.

잠시 후 예수님은 이렇게 말씀하신다.

"다 이루었다"(요 19:30).

그리고 주님은 고개를 아래로 떨구셨다. 그 후 유다는 예수 그리스도의 부활 승천 이후, 베드로와 바울과 함께 사도행전의 주역으로 당당히 등장한다.

만약 유다가 다만 후회한 것이 아니라 베드로처럼 회개하고 주님께 다시 돌아왔더라면, 그것이야말로 성경 전체에서 가장 드라마틱한 사건이었을 것이요, 또 가장 감동적인 은혜의 이야기로 지금까지 회자(膾炙)되고 있을 것이다.

*유다를 통해 본 교훈

오늘 우리는 가룟 유다를 통하여 두 가지의 커다란 교훈을 얻을 수 있다.

첫째, 온전한 믿음이다. 유다가 3년 동안이나 예수님과 함께 생활하면서도 진정 변화되지 못한 이유는 무엇인가? 그것은 믿음이 없었기 때문이다. 그는 처음부터 생각이 다른 데 있었다. 유다는 자기의 야심과 탐욕을 위해 제자단에 들어왔던 것이다. 그는 오직 재물에만 관심이 있었다. 유다는 3년 동안 예수님과 함께 생활하면서 수많은 이적을 체험했다. 그런가 하면 자신도 귀신을 쫓아내거나 병을 고치는 등 능력도 나타냈다. 그러나 유다는 끝내 믿음이 없었다.

믿음이란 무엇인가? 믿음은 보이는 것이 아니다. 그리고 보고 믿는 것도 아니다. 믿음은 우리를 그리스도께 이끌어가는 푯대이다. 히브리서 기자는 이렇게 믿음을 정의하고 있다.

"믿음은 바라는 것들의 실상이요 보지 못하는 것들의 증거니"(히 11:1).

둘째, 진정한 회개이다. 그러면 죄는 무엇인가? 헬라어로는 '하마르티아'(Hamartia)인데, 화살을 잘못 쏘아 과녁을 벗어났음을 말한다. 그렇다면 회개는 그 잘못된 길에서 돌이키는 것을 뜻한다. 다시 말해, 주님을 떠나 멋대로 살아왔던 자가 주님께로 다시 돌아가는 것을 뜻한다. 유다는 예수님을 팔고 나서 바로 뉘우치고 후회했다. 그러나 끝내 회개하지 않았던 것이다. 유다는 회개하고 주님께로 바로 돌아가야 했다. 베드로처럼, 요한처럼, 그리고 다른 제자들처럼 말이다. 그러나 유다는 결코 돌아가지 못했다. 그 사실이 오늘 우리에게 많은 것을 시사한다.

예수 그리스도를 믿는다는 것은 무엇을 말하는가? 그것은 날마다 주님의 형상을 닮아가는 것을 뜻한다. 그것은 곧 죄로 얼룩진 우리의 일그러진 형상이 예수 그리스도로 말미암아 새로워짐을 의미한다. 다시 말해, 우리의 영혼이 날마다 거룩해짐을 의미한다. 그래서 사도 바울은 고린도후서에서 이렇게 고백한다.

> "그런즉 누구든지 그리스도 안에 있으면 새로운 피조물이라 이전 것은 지나갔으니 보라 새것이 되었도다"(고후 5:17).

그리스도인이란 예수 그리스도 안에서 날마다 새로운 피조물로 다시 빚어지는 자를 말한다. 그렇다면 이제 스스로를 한번 돌이켜 보자. 예수 그리스도를 믿고 고백하는 우리에게 진정한 회개가 이루어지고 있는가? 아니면 유다처럼 매일 뉘우치고 후회만 하고 있는 것은 아닌가? 내가 버려야 할 죄악의 유산들을 아직도 버리지 못하고 매일 뉘우치고 후회만 하고 있다면, 과연 나는 유다와 다른 점이 무엇인가?

유다는 유다가 아니다. 다시 말해, 유다는 'You다'가 아니라는 것이다. 유다는 '너'의 모습이 아니다. 유다는 곧 'Me다'. 유다는 곧 '나다'. 유다는 나와 관계없는 '너'의 모습이 아니라, 곧 '나'의 모습이라는 것이다. 그렇다! 우리는 그 누구라도 가룟 유다의 모습에서 결코 자유로울 수 있는 자가 아무도 없다. 내 속에 잠재해 있는 유다의 모습에 스스로 놀란다. 유다를 'You다' 로 인식하는 자는 결코 회개할 수 없다. 오직 유다를 'Me다' 곧 '나다'로 인식하는 자만이 진정 회개할 수 있다.

예수 그리스도와 가장 가까이 있었던, 그래서 복 있는 사람이었던 가룟 유다, 그런데도 그가 이 세상에서 가장 불행하고, 가장 비극적인 이유는 무엇인가?

그것은 스승을 팔아먹었던 그의 파렴치한 행위 때문이 아니다. 그리고 그의 처참한 죽음 때문만도 아니다. 유다의 진정한 비극은 이 땅에서 영원히 그의 이름을 잃어버렸다는 사실 때문이다. 그리고 2천 년 전 잃어버린 그 이름을 영원히 다시 회복할 수 없다는 사실 때문이다. 영원히 사라진 이름, 그러나 영원히 사라지지 않을 이름 유다, 그 이름이 오늘 우리를 한없이 슬프게 한다.

파멸의 십자가에서 소망의 십자가로

누가복음 23장 39-43절

"달린 행악자 중 하나는 비방하여 가로되 네가 그리스도가 아니냐 너와 우리를 구원하라 하되 하나는 그 사람을 꾸짖어 가로되 네가 동일한 정죄를 받고서도 하나님을 두려워 아니하느냐 우리는 우리의 행한 일에 상당한 보응을 받는 것이니 이에 당연하거니와 이 사람의 행한 것은 옳지 않은 것이 없느니라 하고 가로되 예수여 당신의 나라에 임하실 때에 나를 생각하소서 하니 예수께서 이르시되 내가 진실로 네게 이르노니 오늘 네가 나와 함께 낙원에 있으리라 하시니라."

*예수 그리스도와 죽음의 동행자들

예수 그리스도께서 우리의 죄를 대속하기 위해 고난의 십자가에 달리실 때, 주님의 좌우편에는 죽음의 동행자가 있었다. 성경은 이 동행자들의 죄명을 강도라고 기록하고 있다. 그런데 이들이 처참한 십자가형을 당한 것으로 미루어 단순한 강도가 아니라 많은 사람을 죽이고 재산을 약탈했던 흉악한 살인 강도였을 것으로 추측된다. 그렇다면 이 강도들은 당시 사회를 매우 어지럽히고 사람들을 해쳤던 극악무도한 행악자들로서 법에 따라 죽어 마땅한 죄인들이었다.

그러나 예수 그리스도는 죄 없는 성결한 분이셨음에도 불구하고 십자가에 달리셨다. 그런데 그분이 세 개의 십자가 중 가운데 달리신 것으로 미루어 예수님은 두 강도보다 더 큰 죄명을 뒤집어쓰고 있었음이 분명하다. 예수님의 머리 위에는 죄명을 쓴 작은 나무패가 걸려 있었다. 거기에는 '유대인의 왕'이라고 쓰여 있었다.

그날 사람들의 시선은 모두 예수 그리스도에게 향해 있었다. 골고다 언덕에 모인 수많은 무리들은 무슨 재미있는 구경거리라도 되는 듯 히히덕거리며 십자가의 처형을 구경하고 있었다. 그들은 십자가에 달리신 예수 그리스도를 향하여 온갖 조롱을 퍼부었다. 손가락질을 하며 킥킥거리는 자가 있었는가 하면, 온갖 손짓과 몸짓을 해가며 저주하는 자들도 있었다. 구경하던 관원들도 함께 동조하며 예수님을 조롱했다. 그런가 하면 예수님을 십자가에 못 박은 로마 병정들은 신 포도주를 예수님의 입에 갖다 대며 이렇게 조롱했다.

"네가 만일 유대인의 왕이어든 네가 너를 구원하라"(눅 23:37).

십자가 주변에는 오직 예수 그리스도를 조롱하고 욕하고 저주하는 험악한 소리들만이 난무했다. 십자가에 못 박힌 채, 모진 고통을 겪으면서 주변에서 벌어지고 있는 죄인들의 가련한 모습을 바라보시는 예수님의 마음은, 그 순간 십자가에서 찢겨지고 있는 손과 발의 아픔보다 오히려 더 큰 아픔으로 다가왔다. 그러나 예수님은 모든 것을 참으셨다. 온갖 멸시와 조롱과 저주까지도 참으셨다. 그 순간 주님께서 치욕의 십자가 위에서 처참하게 죽어가고 있는 것은 자기를 못 박고, 그 십자가 주위에서 자기를 조롱하고 욕하고 침을 뱉으며 희희낙락하고 있는, 바로 그 죄인들을 위한 구속의 사역이었기 때문이다.

시간이 지날수록 예수님의 못 박힌 손과 발이 체중에 의해 찢어지고 뼈가 어긋나면서 점점 더 말할 수 없는 통증이 찾아왔다. 손과 발에 박힌 커다란 못, 그리고 머리에 쓴 가시관에 찢겨진 상처로부터 선혈이 분수처럼 쏟아져 내리고 있다. 온몸이 붉은 피로 얼룩진 예수 그리스도의 모습은 차마 눈을 뜨고 볼 수 없는 처참한 광경이었다. 시간이 지날수록 주님은 점점 더 깊은 고통 속으로 빠져들어 가고 있다. 그리고 군중들의 조롱과 욕설은 큰 함성이 되어 골고다 언덕을 뒤흔들었다.

그때였다. 주님의 십자가 좌우에서 함께 못 박혀 죽어가던 강도들이 합세하여 갑자기 예수님을 욕하고 조롱하기 시작했다. 그들은 오히려 군중들보다 더욱 심한 욕설과 저주를 계속 퍼부었다. 그처럼 더럽고 고약한 욕설은 지금까지 들어 보지 못한 것이었다. 강도들의 외침은 차라리 단발마적 비명이라 하는 것이 옳을 것이다.

여기서 우리는 잠깐 성경을 이해하고 넘어가야 한다. 누가복음에는 두 강도가 예수님과 함께 못 박혔는데, 그중 한 강도는 예수님을 비방했지만 다른 한 강도는 오히려 그를 꾸짖고, 또 예수님을 믿어 낙원에 들어간 것으로 기록되어 있다. 그런데 예수님이 강도들과 함께 십자가에 못 박힌 사건은 누가복음뿐만 아니라 마태복음과 마가복음에도 함께 기록되어 있다. 그러면 마태와 마가는 이 사건을 어떻게 기록했을까? 먼저 마태복음을 살펴보자.

"함께 십자가에 못 박힌 강도들도 이와 같이 욕하더라"(마 27:44).

이번에는 마가복음을 보자.

"함께 십자가에 못 박힌 자들도 예수를 욕하더라"(막 15:32).

세 복음서 가운데 유일하게 누가복음에서만 한 강도는 욕을 했고, 다른 한 강도는 오히려 그 강도를 꾸짖고 주님을 믿었다고 기록하고 있다. 그런데 마태와 마가는 모든 사건을 생략한 채 복수명사를 사용해 "강도들이 예수를 욕하더라"라고 기록하고 있는 것이다. 그러면 이것은 어찌된 일일까? 과연 어느 복음서 기자의 기록이 맞는 것일까?

결론부터 이야기한다. 세 복음서의 기록이 다 사실이다. 세 복음서 기록을 종합해 볼 때 이런 결론을 이끌어 낼 수 있다. 예수님과 함께 십자가에 달린 두 강도는 지난 3년 동안 예수님에 관한 많은 이야기를 들었다. 어쩌면 한 번쯤은 예수님의 그 놀라운 이적의 현장을 직접 목격했을지도 모른다. 그런데 지금 그 나사렛 예수가 십자가에 달려 모진 고통을 당하며 무력한 모습으로 처절하게 죽어가고 있다. 강도들은 어쩌면 자기들 옆에서 피 흘리고 있는 예수가 진정 메시아라면 그 능력을 발휘해 스스로를 구원하고, 또 자기들을 구원할지도 모른다는 막연한 희망을 가지고 있었는지도 모른다. 그러나 계속 시간이 흐르면서 고통은 더욱 커지고 죽음의 시간은 점점 가까이 다가오고 있는데, 그럼에도 불구하고 그 고난의 십자가 위에서 내려오시 못하고 있는 나사렛 예수를 바라보며 절망했던 것이다.

그 순간 주위에서는 예수 그리스도를 향한 군중들의 조롱과 욕설이 점점 더 거세어지고 있었다. 그리고 두 강도는 절망 중에서 군중심리에 합세하게 되었던 것이다. 그리고 자신들의 좌절과 절망을 옆에 있는 나사렛 예수에게 모두 돌렸다. 그럼에도 불구하고 예수 그리스도는 어느 누구를 미워하거나 저주하지 않으셨다. 그분은 참을 수 없는 모진 고통에 신음하며 비록 얼굴을 찌푸리기도 했지만, 죄악된 인류를 자신의 고통과 죽음으로 용서하고 구원하려는 그 자비와 사랑의 마음으로, 오히려 말할 수 없는 기쁨과 평안이 피로 얼룩진 그 얼굴에 가득 넘쳤다. 오히려 주님은 자기를 욕보이고 있는 사람들에게, 그리고 자기를 욕하고 저주하고 있는 사람들에게 하나님의 용서와 사랑을 갈구했다.

"아버지여 저희를 사하여 주옵소서 자기의 하는 것을 알지 못함이니이다"(눅 23:34).

두 강도는 점점 더 크게 다가오는 고통과 죽음의 공포에 못 이겨 예수님께 더욱 심한 욕설과 조롱을 퍼부었다. 그럼에도 불구하고 주님은 전혀 미동도 하지 않은 채, 오히려 끝없는 사랑과 은혜로 모든 것을 참으셨다. 그 고통과 저주의 십자가 위에서 만난 세 사람은 참으로 기막힌 운명이었다. 강도들의 입장에서는 자기 생명의 마지막 줄이 끊어지는 절망과 파멸의 시간 속에서의 절박한 만남이었다. 또 예수 그리스도의 입장에서는 이 땅에서의 거룩한 사역을 마치는 마지막 순간의 극적인 만남이었던 것이다.

지나온 인생을 험악하게 살아왔던 두 강도는 자신들의 죄로 말미암아 비록 그 저주의 십자가에 매달렸지만, 그래도 그 순간 예수 그리스도를 만날 수 있었던 것은 말할 수 없는 축복이요, 놀라운 은혜의 시간이었다.

그런데도 한 강도는 끝내 주님을 외면하고 스스로 멸망의 길로 떠나갔다. 참으로 안타깝고 비극적인 순간이다. 주님의 십자가 왼편에 달려 있던 그 강도는 사탄의 품으로 떨어졌다. 그러나 십자가 오른편에 달려 있던 강도는 그날 낙원에 들어갔다.

*다이스마스와 가이스마스 형제

성경에는 이 강도들의 이름이나 행적 등에 관해 자세한 설명이 없다. 다만 그냥 강도 또는 행악자라고만 기록되어 있어서 이들의 구체적인 인적 사항이나 범죄 행위 등을 자세히 알 수는 없다. 그러나 전해 오는 다른 책에는, 이들의 이름은 '다이스마스'와 가이스마스'로 알려져 있다. 교회사에 따르면, 이들은 형제 또는 가까운 혈육이었을 것이라고 전해지는 이야기도 있다. 그 이유는 다음과 같다.

첫 번째 이유는 두 사람의 이름이 비슷하기 때문이다. '다이스마스'와 '가이스마스'는 앞 첫 글자만 제외하고는 네 글자가 모두 같다. 예를 들어 예전에 우리나라 사람들이 자녀들의 이름을 지을 때 영자와 영순, 또는 철수와 철주, 이런 식으로 비슷하게 짓지 않았는가? 물론 이스라엘 민족의 경우 꼭 그렇게 지은 것은 아니지만, 이들의 비슷한 이름에서 풍기는 동질성이 유난히 강하게 느껴지고 있는 것이 사실이다. 더구나 그 당시 이름을 두세 개씩 갖고 있는 사람들도 흔했기 때문에, 이들은 서로 다른 이름이 있으면서 또 다른 서로 비슷한 이름을 가지고 있었을 개연성을 생각해 본다. 예를 들어, 베드로는 시몬, 게바 등 다른 이름으로 불렸고, 또 예수님과 열두 제자들에게 최후의 만찬장을 제공한 마가는 요한이라는 또 다른 이름이 있었다.

두 번째 이유는 두 사람이 서로를 잘 알고 있었다는 사실이다. 본문 41절을 보면 오른쪽 강도가 왼쪽 강도에게 이렇게 말하고 있다.

> "우리는 우리의 행한 일에 상당한 보응을 받는 것이니 이에 당연하거니와 이 사람의 행한 것은 옳지 않은 것이 없느니라"(눅 23:41).

오른쪽 강도는 왼쪽 강도의 행한 일과 예수님의 행하신 일에 관하여 이미 잘 알고 있었다.

그가 예수님에 관하여 잘 알고 있었다는 것은 이해가 된다. 예수님은 지난 공생애 3년 동안 전국 각지를 돌아다니며 복음을 전하고, 또 많은 병자를 고치셨는가 하면 숱한 이적과 기사를 나타내셨기 때문에 모르는 사람이 거의 없었을 것이다. 그러나 그는 왼쪽 강도의 행악 사실을 잘 알고 있었다. 그 뿐만 아니라 그의 행악을 '우리의 행한 일'이라고 말함으로써 공동 범죄였을 가능성을 짙게 나타내고 있다.

세 번째 이유는 같은 날과 같은 시각에 같은 죄목으로 똑같이 십자가에 달린 것으로 미루어, 이들은 같은 날에 같이 범죄를 저지르다가 현장에서 붙잡혀 같이 사형 평결을 받고 같이 십자가에 달린 것으로 보인다. 그렇다면 두 강도는 형제 또는 가까운 혈육관계로 의기투합해 계속 공범으로서 흉악한 강도짓을 하다 체포되어 처형되었을 것이다.

예수님의 십자가 동반자였던 두 강도는 같은 시각에 각각 자기 십자가를 지고 골고다 언덕을 올라갔다. 자기가 져야 할 죽음의 십자가를 스스로 짊어지고 산꼭대기로 오르고 있는 사람의 모습을 생각해 본 적이 있는가? 그것은 도살장에 끌려가는 한 마리 소보다 더욱 처절하고 안타까운 모습이 아니었겠는가!

오래 전 어느 교도소 간수가 쓴 《하늘을 보고 땅을 보고》라는 책이 기억난다. 이 책은 사형 선고를 받고 복역하다 형장으로 끌려가는 사형수들의 마지막 이야기를 기록하고 있다. 사형 집행장으로 끌려가는 사형수들 대부분의 모습은 그야말로 처절한 몸부림과 말할 수 없는 발악으로 일관된다고 한다. 따라서 그들은 죽음에 대한 공포로 인해 눈이 뒤집힐 뿐만 아니라 온갖 더러운 욕설과 광란의 몸짓으로 끝없이 반항하고 저주하다가 교도관들에 의해 억지로 형장으로 끌려간다고 한다.

그렇다면 그날 두 강도는 골고다 언덕 위로 자기 십자가를 짊어지고 올라가는 그 길이 어떠했겠는가? 순순히 얌전하게 올라갔을까? 아니다. 두 강도는 십자가를 지지 않으려고 필사적으로 발버둥쳤다. 그때 로마 군병이 휘두르는 날카로운 채찍이 온몸에 휘감기면서 그 고통에 못 이겨 억지로 십자가를 지고 언덕을 올랐다. 그리고 그들의 입에서는 온갖 욕설과 원망과 저주가 터져나왔다. 그러나 한 사람 예수 그리스도만은 말없이 담담하게 그 십자가를 지고 오르셨다. 몸이 너무 야위고 힘에 부쳐 쓰러지고, 넘어지고, 결국은 우연히 그 길을 지나던 구레네 시몬이 그 십자가를 대신 졌지만 말이다.

이사야 선지자는 예수 그리스도의 십자가 사건을 이렇게 묘사하고 있다.

> "그가 곤욕을 당하여 괴로울 때에도 그 입을 열지 아니하였음이여 마치 도수장으로 끌려가는 어린 양과 털 깎는 자 앞에 잠잠한 양같이 그 입을 열지 아니하였도다"(사 53:7).

죽어 마땅한 흉악한 죄를 저지른 두 강도는 잠시 후 다가올 공포와 절망에 빠져 온갖 욕설과 원망과 저주를 퍼붓고 있는데, 죄 없는 다른 한 사람 예수 그리스도만은 아무 말 없이 자기 십자가를 지고 언덕을 오르고 있다. 그분의 얼굴에는 한 점의 불평이나 원망도 보이지 않았다. 또한 어떤 욕설이나 저주의 외침도 없었다. 십자가의 무게에 못 이겨 땅바닥에 넘어지고, 채찍에 맞아 온몸이 찢어지는 고통에 가끔은 외마디 소리를 지르기는 했지만, 그럼에도 불구하고 그의 얼굴은 오히려 담담했다. 그리고 평안했다. 그것은 바로 인류를 구원하기 위한 사랑과 은혜의 십자가였기 때문이다. 그분은 스스로 그 십자가를 지심으로 죄인인 우리와 하나님과의 화평을 이루셨다.

> "그가 찔림은 우리의 허물을 인함이요 그가 상함은 우리의 죄악을 인함이라 그가 징계를 받음으로 우리가 평화를 누리고 그가 채찍에 맞음으로 우리가 나음을 입었도다"(사 53:5).

온갖 욕지거리를 토해 내며 저주하고 악을 쓰며 발광하듯 몸부림치면서 억지로 십자가를 지고 오르는 두 사람, 그리고 그들 뒤에서 묵묵히, 그러나 엄숙하고 경건하게 십자가를 지고 골고다 언덕을 오르는 다른 한 사람……. 이 상반된 두 모습에서 무엇을 느낄 수 있는가?

두 강도는 십자가를 지고 골고다 언덕을 오르면서 죽음을 바라보았다. 파멸을 바라보았다. 그러나 다른 한 사람은 십자가를 지고 골고다를 오르면서 영원한 생명을 바라보았다. 우리의 구원을 바라보았다. 그분은 비록 말할 수 없는 고통과 아픔, 그리고 몸의 여기저기서 터져나오는 선혈로 인해 비록 초췌한 모습이었지만, 그럼에도 불구하고 얼굴 깊은 곳에서는 알 수 없는 엷은 미소가 피어올랐다. 그때 갈릴리에서 온 많은 여인들이 주님을 따라오면서 가슴을 치며 슬피 운다. 주님은 조용히 말씀하신다.

> "예루살렘의 딸들아 나를 위하여 울지 말고 너희와 너희 자녀를 위하여 울라"(눅 23:28).

그러나 여인들은 주님이 말씀하신 그 뜻을 깨닫는 자가 아무도 없었다. 그리고 주님은 다시 침묵하셨다.

예수님과 두 강도는 드디어 십자가에 못 박혔다. 순간 하늘이 무너지고 지축이 흔들리는 듯한 비명과 함께 온갖 더러운 욕설과 끔찍한 저주의 외침이 골고다 언덕을 삼킬 듯이 메아리쳤다. 그것은 주님의 십자가 좌우편에 못 박힌 두 강도들이 내뱉는 더러운 욕설과 참을 수 없는 비명이었다. 그것은 끈질긴 생명에 대한 마지막 몸부림이었다. 그리고 십자가 주변에 몰려 있던 무리들이 내뱉는 예수님을 향한 조롱과 저주의 외침이었다.

오랫동안 침묵하였던 주님은 마침내 입을 여신다.

> "아버지여 저희를 사하여 주옵소서 자기의 하는 것을 알지 못함이니이다"(눅 23:34).

흉악한 저주의 십자가 위에서 피 흘리며 죽어가는 순간조차 그 원수들을 원망하거나 저주하지 않고, 오히려 그들을 용서해 달라고 기도드리는 예수 그리스도. 주님의 이 기도는 과연 누구를 위한 기도인가?

*천국을 침노한 강도

그 순간까지 함께 십자가에 달려 예수님께 욕설을 퍼붓던 오른쪽 강도는 주님의 기도에 강퍅했던 마음이 깨어지기 시작했다. 주님의 기도는 죄로 마땅히 죽어가는, 바로 강도 자신을 위한 기도였음을 비로소 깨달았던 것이다. 그 강도는 조용히 고개를 돌려 주님을 바라보았다. 피투성이로 얼룩진 주님의 얼굴에는 그가 지금까지 세상에서 한 번도 경험해 보지 못한 거룩함이 넘쳐나고 있었다. 또한 그 얼굴에서는 감히 세상이 줄 수 없는 평안과 기쁨이 가득 피어올랐다. 그 순간 강도는 형언할 수 없는 뜨거운 전율과 감동이 전신을 휘감는 것을 느꼈다. 그때서야 비로소 강도는 눈앞의 메시아를 바라볼 수 있었다.

'이분이 바로 메시아로구나! 이분이 바로 그리스도야!'

강도는 지금까지 살아온 자기 인생이 순간 주마등처럼 스쳐 지나갔다. 그리고 그 순간 온갖 흉악한 죄로 얼룩져서 더럽고 추한 자신의 모습에 스스로 진저리를 쳤다. 지금까지 잘못 살아온 자기 인생에 대한 끝없는 회한과 오열 속에 뜨거운 눈물을 흘렸다. 그리고 그는 모든 죄를 회개했다. 그러나 왼쪽 강도는 여전히 그리스도를 알아보지 못하고 계속 더러운 욕설과 저주를 퍼붓고 있다. 이에 회개한 오른쪽 강도는 왼쪽 강도를 준엄하게 꾸짖는다. 그리고 주님께 겸손히 자신을 부탁한다.

"예수여 당신의 나라에 임하실 때에 나를 생각하소서"(눅 23:42).

주님은 즉시 응답하신다.

> "내가 진실로 네게 이르노니 오늘 네가 나와 함께 낙원에 있으리라"(눅 23:43).

똑같이 험한 인생을 살아온 두 사람이 똑같은 시각에 똑같은 장소에서 똑같은 십자가에 달렸다. 그리고 똑같이 십자가에서 주님을 만났다. 이 두 강도는 참으로 운명적인 관계였다. 지금까지 너무도 험했지만 비슷한 인생을 살아왔고 함께 죽음의 길을 간다. 그러나 그 길은 서로 너무 달랐다. 십자가에 달리기까지는 너무나 똑같은 길을 달려왔지만, 이제 두 사람은 정반대의 길을 걸어가는 것이다. 바로 이것이 믿음의 신비이다. 그리고 하나님의 은혜의 모습이다.

오른쪽의 강도는 십자가 위에서, 인생의 마지막 순간에 주님을 만났다. 바로 옆 십자가에 달린 분이 메시아이심을 알았다. 자신이 비록 세상에서는 용서받지 못할 흉악한 죄인이었지만, 이분만은 자신의 모든 죄를 용서해 주시고, 자신을 어두움 속에서 영원한 빛으로 인도해 주실 분임을 깨달았던 것이다. 평생을 더럽고 추한 죄악 속에서 잘못 살아왔던 강도이지만 그는 인생의 마지막, 그 절체절명의 순간에 가장 귀한 진리를 찾았던 것이다. 그 진리는 바로 예수 그리스도였다. 예수 그리스도, 그분이야말로 지금까지 그가 세상에 살면서 만났던 그 어떤 보화보다도 더 값지고 고귀한 것임을 깨달았다.

그래서 그 강도는 자신이 십자가 위에서 피 흘리며 죽어가는 순간, 마지막 강도짓을 계획한다. 그런데 그 강도짓은 그가 지금까지 세상을 살아오면서 저질렀던 그 어떤 행위보다도 더 엄청난 강도짓이었다. 그는 감히 천국을 침노하는 것이다. 그리고 그 강도는 마침내 그 천국을 빼앗는다.

> "세례 요한의 때부터 지금까지 천국은 침노를 당하나니 침노하는 자는 빼앗느니라"(마 11:12).

그렇다! 천국은 침노하는 자의 것이다. 그리고 침노하는 자는 누구든지 그 천국을 빼앗는 것이다. 이것이 복음이다. 그리고 이것이 하나님의 은혜이다. 주님의 십자가 오른편의 강도는 이렇게 저주와 파멸의 십자가 위에서 황홀한 구원을 얻었다. 그러나 왼편 강도는 끝내 멸망의 길로 떠났다. 참으로 극적인 순간이다. 두 강도는 같은 혈육으로 태어났다. 두 강도는 같이 성장했다. 두 강도는 같이 강도짓을 했다. 두 강도는 같이 붙잡혔다. 두 강도는 같이 재판을 받았다. 두 강도는 같이 사형 평결을 받았다. 그리고 두 강도는 같은 날, 같은 시각에 같이 십자가에 달렸다. 그런데 마지막 순간에 두 강도의 길은 너무 달랐다. 한쪽 길은 소망의 길이었지만 다른 한쪽 길은 멸망의 길이었다. 한쪽 길은 영광의 길이었지만 다른 한쪽 길은 저주의 길이었다. 한쪽 길은 승리의 길이었지만 다른 한쪽 길은 실패의 길이었다. 한쪽 길은 생명의 길이었지만 다른 한쪽 길은 죽음의 길이었다.

성경은 말한다.

"그때에 두 사람이 밭에 있으매 하나는 데려감을 당하고 하나는 버려둠을 당할 것이요 두 여자가 매를 갈고 있으매 하나는 데려감을 당하고 하나는 버려둠을 당할 것이니라"(마 24:40-41).

그날 주님의 십자가 왼편에 세워진 십자가는 욕망의 십자가였다. 평생을 더럽고 추한 욕망 속에서 살던 왼편 강도는 끝까지 자기 욕망의 늪에서 벗어날 수 없었다. 이글거리며 타오르는 육체의 욕망은 결코 그리스도를 바라보지 못하게 했다. 소망을 잃어버리게 했다. 그리고 영생을 바라보지 못하게 했다. 하늘도 그를 버렸다. 땅도 그를 버렸다. 그리고 그 순간 그는 그리스도를 버렸다. 그것은 곧 자기 자신을 버린 것이다.

이에 반해 오른쪽 십자가는 내려놓음의 십자가였다. 십자가에 달리기까지 똑같은 욕망의 삶을 살아왔던 오른편 강도는 주님을 만나는 순간 타오르던 욕망의 불길이 꺼지기 시작했다. 그 순간 그는 더러운 욕망의 십자가에서 내려와 주님의 십자가로 다가갔다. 주님의 십자가 밑에 자기의 모든 것을 내려놓았다. 그리고 그 순간 주님은 강도에게 낙원을 허락하신다.

*아름다운 강도

흔히 오른편 강도의 모습을 보면서 인생의 가장 최후의 순간에 구원받은 대단히 운수 좋은 사람으로만 기억하려고 한다. 그런데 성경은 이 사건을 운수 좋은 강도의 구원의 사실로 기록하고 있지 않다.

어떤 사람은 이렇게 말한다.

"나는 그 강도에 비하면 얼마나 의로운 사람인가?"

그런가 하면 이렇게 말하는 사람도 있다.

"아마 그 강도는 천국의 가장 낮은 자리에 앉았을 것이다. 왜냐하면 그 강도는 평생 나쁜 짓만 하다가 죽기 직전에 겨우 구원을 받았으니 선한 일을 한 적이 결코 없지 않은가. 그렇다면 그는 틀림없이 천국에서 가장 보잘것없는 자리에 앉았을 것이다."

만약 이렇게 생각하는 그리스도인이 있다면 그는 아직도 그리스도의 은혜와 복음을 제대로 이해하지 못한 사람이다.

성경은 말한다.

> "그 형제를 미워하는 자마다 살인하는 자니 살인하는 자마다 영생이 그 속에 거하지 아니하는 것을 너희가 아는 바라"(요일 3:15).

> "여자를 보고 음욕을 품는 자마다 마음에 이미 간음하였느니라"(마 5:28).

죄로부터 자유할 수 있는 사람이 어디 있겠는가?

> "기록된 바 의인은 없나니 하나도 없으며"(롬 3:10).

우리는 십자가 위에서 죽어간 두 강도보다 선하다고 자신 있게 말할 수 있는가? 그러면 한 강도는 어떻게 구원을 받았는가? 먼저 그는 예수를 그리스도로 고백했다. 예수 그리스도가 하나님의 아들이시며 자신의 구세주이심을 고백한 것이다. 그리고 이 사실을 그는 공개적으로 고백했다. 그것도 온갖 조롱과 욕설이 난무하는 살기등등한 죽음의 현장에서 담대하게 고백했던 것이다.

둘째, 그는 왼편의 십자가에 달려 주님을 욕하고 있던 자기와 너무나 닮은 그 강도를 준엄하게 꾸짖었다. 이 행위는 두 가지의 큰 의미를 가지고 있다. 하나는 '너도 나처럼 회개하고, 주님을 영접하라'는 것이며, 다른 하나는 예수님을 향해 흥분하여 욕설과 조롱을 퍼붓고 있는 우매한 군중들을 향한 준엄한 꾸짖음이기도 했다. 생각해 보라! 지금 자신이 당하고 있는 그 말할 수 없는 고통과 죽음의 공포 속에서 어느 누가 감히 이런 믿음을 가질 수 있으며, 또 이런 고백을 할 수 있겠는가?

셋째, 그 강도는 주님을 영접한 뒤 진정한 회개를 했다. 주님을 만난 순간, 지금까지 살아온 그의 인생 역정이 빠르게 스쳐 지나갔다. 그것은 모두 더럽고 추한 죄악의 흔적들뿐이었다. 그러나 짧은 순간이었지만 그 강도는 자기의 모든 죄악을 진심으로 회개하고 주님께 용서받았던 것이다.

넷째, 그 강도는 주님을 변호했다. 열두 제자까지도 주님을 버리고 도망간 갈보리 언덕의 그 외롭고 황량한 죽음의 길에서, 이 강도는 주님의 마지막 제자가 되어 진정으로 주님을 변호했던 것이다. 베드로도, 요한도, 야고보도, 그리고 다른 제자들이 모두 주님을 버리고 도망갔을 때, 피 흘리며 십자가 위에서 홀로 '주님'의 이름을 부르는 이 강도의 거룩한 모습을 바라보라! 이 얼마나 아름답고 찬란한 믿음인가! 이 장면이 참으로 장엄하지 않은가!

십자가 위의 이 강도는 주님께 부끄럽고 겸손한 모습으로 부탁했다.

"예수여, 당신의 나라에 임하실 때에 나를 기억하소서!"

그는 피 흘리며 죽어가고 있는 십자가 위에서 결코 자기를 내려달라고 간구하지 않았다. 그는 이미 영생을 바라보는 믿음을 가지고 있었던 것이다. 그와 함께 십자가 위에서 고통당하며 죽어가던 우리 주님은 이와 같은 강도의 믿음을 너무도 아름답게 보셨다. 주님은 지체하지 않고 즉시 답변하신다.

> "내가 진실로 네게 이르노니 오늘 네가 나와 함께 낙원에 있으리라"(눅 23:43).

우리 주님께서 이렇게 공개적으로 낙원을 허락하신 것은 이것이 처음이자 마지막이었다. 유명한 성 어거스틴(Agustine)은 이 사건을 이렇게 말했다.

"Latro laudablis et mirabilis", 즉 "구세주를 자신의 구세주로 붙잡은 찬양할 만하고도 놀라운 강도." 그렇다! 그 강도는 천국에 턱걸이로 겨우 들어간 사람이 아니다. 물론 시간적으로는 자기 인생의 가장 마지막 순간에 극적으로 천국에 들어간 사람이었지만, 그의 구원은 값싼 구원이 결코 아니었다는 것이다. 그 강도는 어거스틴의 고백처럼 '찬양할 만하고도 놀라운 강도'였던 것이다. 나는 이 강도를 이렇게 불러본다.

"너무나 아름다운 강도."

19세기 영국의 유명한 찰스 스펄전(C.S. Spurgeon) 목사는 이 사건을 묵상하면서 이렇게 표현했다.

"이 강도는 아침은 마귀와 함께 먹고, 점심은 이 땅에서 그리스도와 함께 먹고, 저녁은 낙원에서 그리스도와 함께 먹었다."

이 얼마나 재치 있는 표현인가? 그런가 하면 유명한 지동설을 주장한 폴란드의 천체 과학자 코페르니쿠스(N. Copernicus)는 임종 직전에, 자신과 하나님과의 관계를 생각해 보면서 자기가 비록 유명한 천문학자이지만 가엾은 죄인인 것을 깨닫고 난 다음, 자기의 묘비명에 이렇게 기록하라고 유언했다. 그의 묘비명(墓碑銘)에는 지금 이렇게 기록되어 있다.

"오, 주님! 사도 바울에게 주신 믿음을 제가 감히 구하지는 않습니다. 사도 베드로에게 주신 자비도 저는 감히 구할 수 없는 자입니다. 그러나 십자가 위에 달린 강도에게 베풀어 주셨던 그 긍휼, 그 은혜만이라도 주님, 제게 허락하여 주옵소서."

*십자가, 천국과 지옥의 교차점

이 사건은 참으로 드라마틱한 것이었다. 그러면 같은 혈육으로 태어나 평생 같은 길을 걸어온 두 강도, 그들은 절체절명의 그 마지막 순간 왜 서로 다른 길을 걸어갔을까? 그 원인을 찾아본다.

첫째, 구원받은 오른쪽 강도는 예수 그리스도를 바라보았다. 예수가 그리스도이심을, 곧 메시아 구원자이심을 바라본 것이다. 그러나 구원받지 못한 왼쪽 강도는 끝내 주님을 바라보지 못했다. 자기 자신도 구원하지 못하고 십자가에 달려 피 흘리며 무력하게 죽어가고 있는 자가 무슨 그리스도가 될 수 있겠느냐며 외면했던 것이다.

둘째, 오른쪽 강도는 자신이 십자가 위에서 참혹하게 죽어가고 있는 것이 바로 자신의 죄 때문임을 잘 알고 있었다. 그래서 그는 그 죗값으로 인하여 마땅히 죽고 있다고 생각했다. 그러나 왼편 강도는 끝까지 자기의 죄를 인정하지 않았다. 그는 이렇게 생각했다.

'이 세상이 나를 이렇게 만들었어. 나도 착하게 살고 싶었는데 말이야. 그러나 너희들이 나를 그렇게 살도록 하지 못했어. 내가 저지른 일들은 나의 잘못이 아니고 바로 너희들 때문이야. 그러니 나는 아무 죄가 없어.'

지금도 흉악한 범죄를 저지른 사람들 입에서 흔히 들을 수 있는 것은 세상과 타인에 대한 저주와 자기 회피의 외침이다.

셋째, 오른쪽 강도는 영원을 바라보았다. 그래서 그는 주님께 천국을 기원했다. 그러나 왼쪽 강도는 오직 육신과 세상만을 바라보았다. 그는 천국에 대한 소망이 없었기 때문이다. 이것이 천국을 소망하는 사람과 세상을 바라보는 사람의 차이점이다.

넷째, 오른쪽 강도는 모든 것을 주님께 맡겼다. 이것은 겸손과 낮아짐을 의미한다. 그러나 왼쪽 강도는 끝까지 자기의 모든 것을 스스로 짊어졌다. 그것은 끝없는 욕망의 짐이었다. 그리고 그것은 곧 멸망이었다. 똑같은 운명의 두 사람, 똑같은 시각에 똑같은 십자가에 매달려 주님을 만났지만 왼편 강도는 끝내 주님을 외면하고 멸망의 길로 걸어갔다. 십자가 왼편의 강도가 가룟 유다보다, 부자 청년보다 더 안타깝고 가슴 아프게 다가오는 이유는 무엇일까? 왜 이 강도는 주님을 만나고도 그분을 그리스도로 알아보지 못했을까?

십자가 왼편의 강도는 오직 보고 믿으려 했다. 예수가 정말 메시아라면 능력을 나타내 스스로 그 십자가 위에서 내려와 자기들의 결박을 풀어 주고 살려줄 것이라고 믿었던 것이다. 그러나 예수님은 그의 기대를 저버리고 십자가 위에서 끝까지 내려오지 않으셨다. 자기 자신도 구원하지 않았다. 그리고 온갖 조롱과 경멸 속에서 무력한 모습으로 죽어갔다. 아마 그 강도는 속으로 이렇게 조롱했을 것이다.

'자기 자신도 구원하지 못하는 더러운 사기꾼, 자칭 하나님의 아들이라 부르는 미치광이…….'

*보지 않고 믿는 은혜

혹시 전도를 해 보았는가? 믿지 않는 자들에게 예수 그리스도를 전할 때 그들로부터 듣는 말 가운데 가장 당혹스러운 것이 있다. "예수를 믿으십시오!" 이렇게 권하면 여러 가지 반응이 나온다. 그 중에 많이 들을 수 있는 말은 아마 이런 말일 것이다. "예수를 보여주면 그를 믿겠소." 이렇게 말하는 불신자들에게 만약 예수를 보여준다면 그들이 정말 예수를 믿을까?

예수를 그리스도요 살아 계신 하나님의 아들로 믿고 따를 수 있겠느냐는 것이다. 정답부터 말하면 그것은 NO, 결단코 아니다. 그들은 설령 예수님을 보여준다 할지라도 믿지 못할 것이다. 예수님이 이 땅에 계시는 동안에도 수많은 사람들이 그분으로부터 생명의 말씀을 들었다. 또 많은 사람들이 병 고침을 받았다. 죽은 자를 살리는 능력의 모습을 보았다. 물고기 두 마리와 떡 다섯 개로 5천 명을 먹이는 기적의 현장에서 부른 배를 두드리며 늘어지게 용트림도 해 보았다. 그런데 그들이 다 예수 그리스도를 믿었는가?

만약 예수님의 기적을 본 사람들이 그 당시 모두 예수를 믿었다면 아마 세계 역사가 달라졌을 것이다. 그러나 그런 일은 결코 일어나지 않았다. 그 많은 무리들이 예수님을 만났음에도 불구하고 그분을 믿은 사람은 손가락에 꼽을 정도였다. 그들은 주님을 믿지 않았을 뿐만 아니라 오히려 주님을 십자가에 못 박았다. 주님을 십자가에 못 박은 사람들은 그 당시 주님을 만나지 못했던 사람들이 아니었다. 그들은 주님을 스승으로 모셨던 사람들이었고, 또 곁에서 자주 주님을 보았으며 천국 복음을 들었던 사람들이었다. 그들 중에는 사랑하는 스승을 은 30에 팔아버린 제자 가룟 유다가 있었다. 하나님을 섬기는 거룩한 대제사장, 또 율법에 철저한 바리새인, 서기관들이 있었다. 그리고 주님이 예루살렘에 입성하실 때 자기들의 입었던 옷을 벗어 던지며 "호산나!" 하면서 소리 높여 주님을 찬양하던 자들이었다. 바로 예수님 가까이에 있었던, 그리고 그분을 보고 만났던 자들이 예수 그리스도를 십자가에 못 박았던 것이다.

예수님은 보고 믿는 분이 아니다. 그리고 또 본다고 믿어지는 분도 아니다. 부활하신 예수님은 두 손과 두 발에 있는 못자국을 만져 보고 믿겠다며 의심하던 제자 도마에게 이렇게 말씀하셨다.

> "너는 나를 본 고로 믿느냐 보지 못하고 믿는 자들은 복되도다"(요 20:29).

사실 우리가 보지도 못한 예수 그리스도를 믿는다는 것은 불가사의한 일이다. 그렇지 않은가? 예수님을 만나 보고도 믿지 못하는데 어찌 보지 못하고 믿을 수 있단 말인가? 가아사랴 빌립보에서 예수님은 제자들에게 이런 질문을 하셨다

> "가라사대 너희는 나를 누구랴 하느냐"(마 16:15).

그때 수제자 베드로는 이렇게 대답했다.

> "주는 그리스도시요 살아 계신 하나님의 아들이시니이다"(마 16:16).

성경에 나타난 가장 위대한 신앙고백이다. 이때 주님은 몹시 기뻐하며 이렇게 말씀하셨다.

> "바요나 시몬아 네가 복이 있도다 이를 네게 알게 한 이는 혈육이 아니요 하늘에 계신 내 아버지시니라"(마 16:17).

예수님을 그리스도로, 또 살아 계신 하나님의 아들로 믿고 고백할 수 있는 것은 내 마음대로 내 뜻대로 될 수 있는 것이 아니라, 바로 하늘에 계신 아버지의 뜻에 의하여 될 수 있다는 말씀이었다. 내가 먼저 주님을 믿은 것이 아니다. 내가 주님을 선택한 것이 아니다. 주님께서 나에게 일방적으로 찾아오셔서 내 마음의 문을 열어 주시고, 내 영혼을 깨워 주셨기 때문이다. 나 같은 죄인이 그리스도를 믿

어 구원에 이를 수 있다는 사실이 기적 중의 기적이요, 예수님의 일방적인 은혜요, 하나님의 무한하신 사랑이다. 그래서 사도 바울은 이렇게 말한다.

> "너희가 그 은혜를 인하여 믿음으로 말미암아 구원을 얻었나니 이것이 너희에게서 난 것이 아니요 하나님의 선물이라 행위에서 난 것이 아니니 누구든지 자랑치 못하게 함이니라"(엡 2:8-9).

그래서 위대한 종교개혁가요 신학자인 장 칼뱅(John Calvin)은 그것을 일컬어 '필승불패(必勝不敗)의 은혜'라고 표현했던 것이다. 성경은 말한다.

> "자기의 육체를 위하여 심는 자는 육체로부터 썩어진 것을 거두고 성령을 위하여 심는 자는 성령으로부터 영생을 거두리라"(갈 6:8).

돈을 바라보는 자는 주님을 바라볼 수 없다. 돈이 거대한 우상이 되어 주님의 모습을 가리기 때문이다. 권세를 바라보는 자는 주님을 바라볼 수 없다. 세상 권세가 자기 자신을 억누르기 때문이다. 명예를 바라보는 자는 주님을 바라볼 수 없다. 주님은 바로 명예 뒤에 계시기 때문이다. 육체를 바라보는 자는 주님을 바라볼 수 없다. 육체의 뜨거운 탐욕이 영생의 길을 거부하기 때문이다. 세상을 바라보는 자는 주님을 바라볼 수 없다. 세상의 온갖 죄악이 영혼을 멸망으로 인도하기 때문이다.

우리는 지금 무엇을 바라보고 있는가? 우리가 지금 그리스도를 바라보지 못하고 있다면 그것은 바로 절망이다. 그것은 바로 죽음이요, 영원한 파멸이다. 주님의 십자가 왼편의 구원받지 못한 강도는 예수님을 가장 가까운 자리에서 만났음에도 불구하고, 그 주님을 바라보지 못하고 영원한 멸망의 길로 떨어졌다. 똑같은 죄목으로 똑같은 시각에 똑같은 십자가 위에서 똑같은 형벌을 받았지만 한 강도는 구원을 받아 낙원에 들어갔다. 그러나 다른 한 강도는 멸망에 떨어졌다. 십자가는 멸망과 저주의 상징이었다. 그러나 예수 그리스도께서 십자가를 지셨을 때 그 십자가는 더 이상 멸망과 저주의 상징이 아니라, 구원과 축복의 구름다리가 되었다.

그날 멸망의 마지막 십자가를 지고 스스로 지옥문을 열고 들어간 애처로운 한 사람의 모습이 오늘 우리를 슬프게 한다. 그러나 우리는 이 사건의 초점을 단순히 강도에게만 맞추어서는 진정한 하나님의 뜻을 이해하지 못한다. 이 사건의 진정한 의미는 우리 주 예수 그리스도께 있다. 우리 주님은 마지막 순간까지 한 죄인을 끝까지 버리지 아니하고 구원하려는 모습을 보여주셨다. 우리를 위하여 죽으시는 그 고통과 치욕의 십자가 위에서조차 흉악한 죄인을 용서하시고 구원하시는 놀라운 사랑과 은혜의 모습이다. 또한 그 추악하고 죄 많은 강도까지도 결코 버리지 아니하시고 구원하시는 예수 그리스도의 손길에서, 우리를 위한 구원의 손길이 제외되어 있지 않다는 놀라운 상대적 진리를 발견할 수 있다.

그렇다! 말할 수 없는 죄인인 한 강도까지도 구원하시는 주님이라면, 하물며 예수 그리스도를 믿고 고백하며 헌신하는 자들에게는 얼마나 큰 사랑과 은혜로 감싸고 계시겠는가?

낮은 땅, 비천한 곳에 오셔서 천대받던 세리와 창녀, 그리고 죄인들의 친구로 사셨던 그리스도는 마지막에 세상을 떠나는 순간에 오히려 가장 흉악한 강도의 친구가 되어 함께 이 세상을 떠나가셨다. 그분은 마지막 순간까지 진정 죄인의 친구임을 나타내셨다.

*세 개의 십자가

그날 갈보리 산 위에는 세 개의 십자가가 있었다. 가운데 가장 큰 십자가는 우리 주님이 지신 사랑과 은혜의 십자가였다. 왼편 강도의 십자가는 저주와 멸망의 십자가였다. 그리고 오른편 강도의 십자가는 소망과 구원의 십자가였다. 같은 날, 같은 시각에 세워진 세 개의 십자가, 그 모양은 똑같았지만 그 역할은 달랐다.

주님은 말씀하신다.

> "아무든지 나를 따라오려거든 자기를 부인하고 자기 십자가를 지고 나를 좇을 것이니라"(마 16:24).

우리는 지금 어떤 십자가를 지고 있는가? 혹시 무거운 황금의 십자가를 지고 지친 걸음을 걸어가고 있는 것은 아닌가? 허공 중에 사라져버릴 무의미한 자랑의 십자가를 지고 으시대고 있는 것은 아닌가? 아니면 썩어져 갈 부귀영화의 십자가를 지고 땀 흘리고 있는 것은 아닌가? 나를 위해 그 귀한 사지백체(四肢百體)를 찢고 피 흘리시는 예수 그리스도를 바라보자. 그리고 주님의 그 십자가 앞에 자신을 내려놓자. 그때 놀라운 주님의 능력이 나타난다. 그때 주님의 십자가는 우리를 평강의 길로 인도할 것이다. 진리의 길로 인도할 것이다. 소망의 길로 인도할 것이다. 그리고 영광의 길로 인도할 것이다. 그날 골고다 언덕 위 하늘과 땅 사이 가장 높은 십자가 위에서 주님은 이미 다 이루셨기 때문이다.

한 시인이 이 장면을 묵상하다가 감격하여 이렇게 노래했다.

> 그날 하늘을 날던 새들은 캄캄한 창공을 향하여 말하기를 "다 이루었다!" 하고, 구름은 더 높은 곳에 있는 구름에게 외치기를 "다 이루었다!"고 하고, 다시 구름은 더 높은 곳에 있는 영광의 구름을 향해서 "다 이루었다!"고 외친다. 다시 구름들은 하나님의 보좌를 옹위하고 있는 그룹과 천사들을 향하여 "다 이루었다!"고 한다. 천사는 "아버지 하나님이시여, 범죄한 사람들의 죄를 용서하고 그들을 구원하기 위해서 당신의 독생자 그리스도 예수는 방금 골고다 언덕에서 피를 뿌리고 다 이루셨습니다"라고 말했다.

십자가는 무엇인가?

예수 그리스도는 그 십자가 위에서 무엇을 다 이루셨는가?

주님은 십자가 위에서 강도의 구원을 다 이루셨다. 주님은 그 십자가 위에서 바로 당신의 구원을 다 이루셨다. 주님은 그 십자가 위에서 나의 구원을 다 이루셨다.

십자가 위에서 구원받은 위대한 강도의 이야기가 감동과 감격으로 몰려오면 올수록, 끝내 구원받지 못한 십자가 왼편 강도의 모습이 한없는 아픔으로 몰려오는 것은 무슨 이유인가? 한 핏줄로 태어나 수십 년간 함께 생활하며, 함께 범죄를 저지르다가 같은 날 함께 붙잡혀 같은 시각에 사형 평결을 받고 함께 십자가에 달려 예수 그리스도를 만났다면, 그 강도 또한 함께 구원받아 낙원에 들어갔어야 마땅한 것 아닌가?

*오른편 강도와 함께 구원받은 왼편 강도

이런 가정을 해 본다.

'십자가 왼편의 강도 또한 그날 구원을 받았다면……'

그날 골고다 언덕 위에서 예수님과 함께 흉악한 죄악을 저지른 두 강도가 예수님과 함께 십자가에 못 박혔다. 그들은 모두 살이 찢어지고 뼈가 어긋나는 참을 수 없는 고통 가운데서 군중들의 외침 소리를 들었다. 온갖 소음과 불협화음 속에서 들려오는 소리였지만 특별하게 들려오는 한 소리가 있었다. 그것은 바로 '예수'라는 외침이었다.

그 소리는 한 군데에서만 들려오는 것이 아니었다. 여기저기서 '예수'라는 외침이 들려왔다. 건장한 청년의 쩌렁쩌렁한 목소리가 들려오는가 하면, 째지는 듯한 앙칼진 여인의 목소리가 들려오기도 했다. 여기저기서 '예수'라는 말이 흡사 합창처럼 들려왔다. 그것은 모두 지독한 욕설과 조롱, 그리고 모욕의 말과 더불어 들려오는 소리였다. 그러나 '예수'라는 말만은 또렷하게 귀에 메아리쳐 왔다. 손짓과 발짓, 그리고 온갖 몸짓을 하며 과격하게 예수를 향해 욕하는 자들도 있었다. 십자가 위에서 고통당하며 죽어가고 있던 두 강도가 자기들과 함께 죽어가고 있는 사람이 예수임을 알아차리기는 그리 어려운 일이 아니었다.

사실 두 강도는 지난 날, 온 땅을 돌아다니며 흉악한 죄악 속에 살면서 예수님의 이름을 숱하게 들었다. 각색 병든 자를 고쳤다는 이야기를 들었다. 귀신 들린 자를 고쳤다는 이야기를 들었다. 죽은 자를 살렸다는 이야기도 들었다. 그런가 하면 예수님이 바다 위로 걸어왔다는 이야기도 들었다. 바로 그 사람 예수, 그가 지금 자기들 옆에서 함께 십자가에 못 박혔다면 그 능력으로 고난의 십자가에서 내려가고, 또 자기들도 구원해 줄 수 있을 것이라고 막연한 기대를 했다. 그런데 오랜 시간이 흘렀다. 못 박힌 손과 발은 시간이 흐르면서 더욱 찢겨져 나가고 온몸의 물과 피가 빠져나가며 고통은 더욱 극심하게 다가왔다. 그런데도 예수라는 사람은 십자가 위에서 내려오지 못하고 있다.

십자가 위의 두 강도는 고통이 극에 달했다. 그리고 온몸의 기력이 점점 빠져나감을 느꼈다. 그들의 몸에서는 경련이 일어나고 있었다. 눈의 초점이 흐려지며 갑자기 짙은 안개가 낀 것처럼 사물이 희뿌옇게 춤을 추고 있었다. 이제 자신들의 생명의 불꽃이 점점 꺼져감을 느꼈다. 그 순간 옆 십자가에 달려 있는 예수님을 바라보았다. 연약하고 야윈 예수님은 오히려 자기들보다도 더 힘들고 괴로운 표정을 지으며 고통당하고 있었다.

두 강도는 이렇게 생각했다.

'저 사람도 별 볼 일 없는 인간이구나. 그동안 내가 들었던 그 숱

한 기적의 이야기는 모두 헛것이었어.'

두 강도는 크게 절망하여 예수님을 바라보며 군중들과 합세하여 온갖 욕설을 퍼부었다.

"네가 하나님의 아들이라고? 천하의 사기꾼, 천하의 선동꾼!"

"자기 자신도 구원하지 못하는 얼치기, 바보, 네가 메시아라고?"

평생을 험악한 삶을 살아왔던 두 강도의 입에서는 차마 들을 수조차 없는 온갖 더러운 욕설과 저주가 예수님을 향해 마구 쏟아져 나왔다.

예수님은 조금의 미동(微動)도 없이 모든 것을 참으셨다. 육신의 연약함으로 인해 비록 두 강도보다 더 큰 육신의 고통을 당하셨지만 주님의 얼굴에는 말할 수 없는 평온으로 가득했다. 잠잠히 계시던 예수님은 조용히 기도하신다.

> "아버지여 저희를 사하여 주옵소서 자기의 하는 것을 알지 못함이니이다"(눅 23:34).

그 순간 오른편의 강도는 깜짝 놀랐다. 십자가 위에서 모진 고통을 당하며 죄 없이 죽어가면서도, 그리고 온갖 조롱과 멸시를 당하면서도 한 마디 불평이나 반항은커녕, 오히려 자기를 못 박아 죽이고 있는 원수들을 위해 겸허히 기도하고 있는 예수님의 모습은 이상하리만큼 인자하고도 거룩하였다. 그 순간 깜깜한 어둠 속에서 방황하던 자신의 영혼에 찬란한 한줄기 빛이 다가왔다. 그리고 지나온 삶의 시간들이 빠른 속도로 스쳐 지나갔다. 그것은 참으로 더럽고 추한 모습이었다. 그는 자기의 부끄러운 모든 죄악을 남김없이 내려놓았다. 어느덧 강도의 눈에서는 뜨거운 눈물이 흘러내렸다. 그 순간 그는 주님을 향하여 겸손히 부탁한다.

> "예수여 당신의 나라에 임하실 때에 나를 생각하소서"(눅 23:42).

그때 주님은 즉시 허락하신다.

> "오늘 네가 나와 함께 낙원에 있으리라"(눅 23:43).

강도의 얼굴에는 평온이 찾아왔다. 기쁨이 찾아왔다. 이제 그는 더 이상 예수를 욕하지 않는다. 그러나 왼편 강도는 아직도 주님을 알지 못하고 욕하고 저주하고 있다. 그 모습을 본 오른편 강도는 왼편 강도를 향해 준엄히 꾸짖는다.

> "우리는 우리의 행한 일에 상당한 보응을 받는 것이니 이에 당연하거니와 이 사람의 행한 것은 옳지 않은 것이 없느니라"(눅 23:41).

조금 전까지 참을 수 없는 아픔과 고통 속에서, 그리고 죽음의 공포 속에서 진저리를 치며 함께 예수를 욕하고 저주했는데 그가 갑자기 달라진 것이다. 예수를 욕하고 저주하던 자신의 분신 같던 다른 강도가 이제는 예수를 옹호하며 오히려 자신을 책망하는 것이다. 평생을 같은 혈육으로 태어나 함께 살아오면서 함께 죄악을 저질렀던 인생의 동반자가 갑자기 자기를 욕하고 꾸짖는 것이다. 왼편 강도는 깜짝 놀랐다. 갑자기 변해 버린 육신의 형제요, 동업자인 그의 행동에 순간 당황스러웠지만 왼편 강도는 곧 고개를 돌려 예수를 바라보았다.

비록 아픔과 고통으로 그의 얼굴은 창백하고 일그러졌지만, 그의 얼굴에서는 지금까지 자신이 단 한 번도 바라본 적이 없는 온아함과 평온함이 흐르고 있었다. 그리고 그 얼굴에서는 무언가 알 수 없는 아련한 기쁨과 아름다움이 짙게 묻어나고 있었다. 예수님은 머리에 씌워진 가시면류관으로 인하여 이마가 찢어져 얼굴이 온통 붉은 피로 얼룩진 흉측한 몰골이었다. 그럼에도 불구하고 그의 얼굴에는 말할 수 없는 평화가 한 송이 꽃처럼 피어오르고 있었다. 그것은 지금까지 이 세상에서 만나 보지 못했던 참 아름다운 꽃이었다. 그리고 말로는 이루 다 표현할 수 없는 그윽한 향기였다.

사나운 욕설과 저주를 퍼붓던 왼편 강도는 그 모습에 갑자기 입이 떨어지지 않았다. 지금까지 자기의 죄를 모두 남의 탓으로 돌리는가 하면, 사회의 온갖 구조적 잘못으로 돌리며 항변하고 변명하던 강도는 그때서야 자기의 실존이 보이기 시작했다. 그는 자신에게 비취는 그 찬란한 빛으로 인해 스스로의 실존을 되돌아보았을 때, 말할 수 없는 부끄러움을 느꼈다. 그것은 차마 더 이상 쳐다보고 싶지 않은 것이었다. 그것은 자기 인생에서 모두 지우고 싶은 모습이요, 다시는 가고 싶지 않은 길이었다. 강도는 지금까지 잘못 살아온 자신의 인생이 너무나 안타까웠다. 모든 것이 부끄러운 기억들이었지만 그는 지금까지 짊어지고 온 그 무거운 죄악의 짐들을 주님께 내려놓았다. 하나씩 하나씩 죄악의 짐들을 내려놓을 때마다 부끄러움이 앞을 가렸지만 순간순간 말할 수 없는 기쁨이 찾아왔다. 그리고 십자가의 고통도 오히려 덜해지는 듯했다.

왼편 강도는 그때서야 주님을 향해 겸손히 말한다.

"주님, 나를 불쌍히 여기소서. 나는 죄인이로소이다."

오른편 강도는 겸손하여 "주여, 당신의 나라에 임하실 때에 나를 기억하소서"라고 부탁했지만, 왼편 강도는 감히 그런 부탁조차 드릴 염치도 없었다. 우리 주님은 이미 왼편 강도의 모든 것을 아셨다. 그리고 이렇게 말씀하신다.

"너도 오늘 나와 함께 낙원에 있으리라."

지금까지 고통으로 잔뜩 일그러졌던 왼편 강도의 흉악한 얼굴이 비로소 인자한 모습으로 바뀌었다. 고통스러운 표정이 평온한 모습으로 바뀌었다. 그리고 얼굴에는 알 수 없는 미소가 번졌다. 그때 오른편의 십자가 위에서 이런 소리가 들린다. "할렐루야!" 그 찬양에 화답하듯 왼편의 십자가 위에서 이런 소리가 들린다. "할렐루야!" 살며시 미소 짓는 예수님의 얼굴에서는 그 어느 때보다도 깊은 평강과 인자함이 넘친다.

그 순간 형을 집행하던 로마 군병들은 이 갑작스러운 반전에 숨이 막혀온다. 그들은 모두 할 말을 잊었다. 십자가 밑 군중들 틈에 몰래 숨어 겁먹은 표정으로 이 광경을 지켜보고 있던 사도 요한이 더 이상 참지 못하고 주님의 십자가 앞으로 달려 나온다. 그리고 무릎을 꿇어 주님을 경배한다. 요한의 눈에서는 뜨거운 눈물이 주체할 수 없이 흘러 떨어진다. 요한은 이렇게 외친다.

"주님, 당신의 사랑하는 제자니이다!"

이번에는 막달라 마리아가 주님께 달려온다. 마리아는 주님께 엎드려 말 없이 뜨거운 눈물만 흘리고 있다. 이어 갈릴리에서 온 많은 여인들이 주님께 달려온다. 모두 무릎 꿇고 주님을 바라보며 그저 눈물만 흘리며 주님을 경배하고 있다. 조금 전까지 주님을 욕하고 조롱하고 저주하던 무리들이 갑자기 조용해졌다. 그리고 그들도 한 사람 한 사람 조용히 주님을 향해 무릎을 꿇는다. 그때 형을 집행하던 한 백부장이 하나님께 영광을 돌리며 이렇게 외친다.

> "이 사람은 정녕 의인이었도다"(눅 23:47).

*낙원의 진주문

그날 아침 낙원의 진주문을 함께 들어간 두 사람이 있었다. 두 사람이 서로 손에 손을 맞잡고 아름답고 찬란한 낙원의 진주문을 들어갈 때 천군 천사들이 마중 나와 천국에서 가장 아름다운 찬양을 드렸다.

"영광! 영광! 할렐루야!"

그리고 두 사람의 머리 위에 황금 꽃잎을 뿌리며 소리 높이 외쳤다.

"호산나! 호산나!"

요나 4장 12절

요나 4장 10-11절

"여호와께서 가라사대 네가 수고도 아니하였고 배양도 아니하였고 하룻밤에 났다가 하룻밤에 망한 이 박 넝쿨을 네가 아꼈거든 하물며 이 큰 성읍, 니느웨에는 좌우를 분변치 못하는 자가 십이만여 명이요 육축도 많이 있나니 내가 아끼는 것이 어찌 합당치 아니하냐."

***저 자를 들어 바다에 던져라!**

"돛을 내려라!"

목이 터져라 목청을 높여 외치는 선장의 목소리는 차라리 절규에 가까웠다. 세차게 몰아치는 비바람과 성난 파도소리로 인해 그 목소리가 또렷하게 들리지는 않았지만, 오랜 시간 동안 함께 뱃일을 해온 선원들은 선장이 무엇을 명령하는지 금방 알아차릴 수 있었다. 사납게 몰아치는 큰 물결이 철썩철썩 배를 때릴 때마다 바닷물이 거세게 배 안으로 밀려 들어왔다. 그럴 때마다 사람들은 배가 요동치는 대로 이리저리 멋대로 부딪치고 넘어져 나뒹군다. 머리가 터지는 사람이 있는가 하면 손과 발이 부러지고 온몸에 피멍이 드는 사람들로 넘쳐나고 있다. 공포에 질린 사람들의 처절한 비명과 아우성이 거친 파도와 바람 소리와 한데 어우러져 배 안은 흡사 지옥의 모습을 연상시킨다.

오랜 바다 생활에 익숙한 선원들이었음에도 이런 비바람과 풍랑은 처음이었다. 몸의 중심을 잡기조차 힘든 상태였지만 선원들이 몸을 굴리고 기어가면서 마침내 배의 돛을 겨우 내렸다. 그래도 아무 소용 없었다. 성난 풍랑이 배를 삼킬 듯이 밀려와 세차게 때릴 때마다 배는 더욱 요동치며 그 안에 타고 있는 사람들이 더욱 큰 소리로 비명을 질러댄다. 그럴 때마다 곧 배가 파선될 것 같은 두려움과 공포가 더욱 강하게 몰려와 전신을 감싸온다. 사람들은 모두 넋이 빠진 듯이 그냥 비명만을 지르고 있다. 드디어 선장이 더 이상 미룰 수 없다는 듯이 결심한다. 그리고 준엄하게 명령을 내린다.

"저 자를 들어 바다에 던져라!"

상체를 다 드러낸 십여 명의 건장한 선원들이 한 남자 주위로 몰려들었다. 단단한 근육질의 가슴을 지닌 선원들은 오랜 연륜이 묻어나는 듯 모두 싱싱한 구릿빛으로 물들어 있었다. 선원들은 지체하지 않고 한 남자를 높이 들어올렸다. 그 남자는 선원들에 비하면 키도 작았을 뿐만 아니라 몹시 야윈 체격이었다. 그런 남자 한 사람을 들어올리는 것은 식은 죽 먹기보다 쉬운 일이었다.

선원들에 의해 높이 들려진 남자는 지체없이 바다에 던져졌다. 모든 것이 순식간에 일어난 일이었다. 선원들의 손에 들려진 남자는 아무런 저항도 하지 않았다. 그는 그냥 자기에게 주어진 모든 상황을 순순히 받아들였다. 순간 죽음에 대한 공포를 느꼈지만 그는 그 모든 것이 자신의 숙명인 듯 담담하게 받아들이려고 애썼다. 선원들의 억센 손에 들려져 바닷속에 던져지는 짧은 몇 초의 시간 동안, 남자는 지금까지 살아온 자신의 인생이 파노라마처럼 머릿속 영상에 강하게 비쳐왔다. 그것은 너무나 짧고 허무한 시간이었다.

'아, 인생무상이로구나. 내가 왜 이렇게 살아왔을까!'

가슴속 깊은 곳에서 인생의 짙은 회한이 밀려왔다. 그리고 그렇게 생각하는 순간, 그는 곧 바닷속 깊은 곳까지 떨어졌는가 싶더니, 어느 순간 다시 거친 풍랑에 휘감겨 몸이 높이 치솟았다가 또다시 깊은 바닷물 속으로 빠져들어 감을 느꼈다. 몇 차례 그런 동작이 반복되었다. 남자는 점점 정신이 아뜩하게 멀어져 가고 있었다. 그것은 흡사 깊은 잠에 빠져가는 것처럼 전신에 나른한 느낌으로 다가왔다. 남자는 자신이 그렇게 죽음의 늪으로 빠져들어 가는 것으로 생각했다. 그 순간 그는 자신의 모든 것을 내려놓았다. 잠시나마 간직하고 있던 생명에 대한 기대조차 완전히 내려놓았다. 모든 것을 내려놓으니 차라리 몸도 마음도 편해지는 듯했다.

그런데 얼마나 지났을까? 그는 그 순간 자신도 잘 알 수 없는 나른함과 함께 그윽한 평안함이 전신에 다가왔다. 그것은 지금까지 그가 자신의 삶 속에서 한 번도 느껴 보지 못한 평안함이었다. 그 순간 남자는 생각했다.

'아, 나는 이렇게 죽는구나!'

그는 마지막 기도를 드렸다.

"만군의 주 여호와 하나님, 내 영혼을 받아 주시옵소서!"

그 순간 남자는 자기 몸이 갑자기 무언가에 빨려 들어가는 듯한 느낌이 들었다. 그리고 갑자기 사방이 고요함으로 다가왔다. 지금까지 심하게 흔들거리던 자기 몸이 갑자기 정지된 상태로 누워 있음을 느꼈다. 그는 이제 정말 자신이 죽음의 세계에 도달한 것으로 생각했다. 그 느낌은 무엇이라고 표현할 수 없는 이상한 것이다.

'아, 드디어 내가 죽어 천국에 온 것인가?'

그는 애써 정신을 차려 그 자리에서 일어나 앉았다. 그런데 이상한 느낌이 들었다. 자신의 몸이 흡사 배를 타고 가는 듯한 느낌이 들었던 것이다. 현실을 깨닫게 된 것은 그리 오랜 시간이 지나지 않아서였다. 그는 자신이 큰 물고기 뱃속에 들어와 있음을 알았다. 그리고 자신이 아직도 살아 있음을 실감했다. 하나님께서 이미 큰 물고기를 예비하사 바다에 던져진 그를 삼키게 하셨던 것이다. 남자는 물고기 뱃속에 꿇어 엎드렸다. 그리고 하나님께 철저히 회개의 기도를 드렸다. 그때 비로소 그는 깨닫게 된다. 여기서 유명한 기도

문이 등장한다.

"구원은 여호와께로서 말미암나이다"(욘 2:9).

*살아 있는 대하 드라마

성경을 드라마에 비유한다면, 그것은 한 편의 대하 드라마이다. 성경은 성부 하나님이 기획하시고, 성령 하나님이 연출하시고, 성자 하나님이 주연으로 등장하시어 인류의 구원 역사를 이루어가는 위대하고도 장엄한 대하 드라마이다.

신·구약 성경 66권은 3,500여 년에 걸쳐 모두 40여 명의 기자들이 하나님의 영감을 받아 기록한 살아 숨쉬는 이야기이다. 성경의 어느 곳을 펼쳐도 수많은 사건과 역사 속에서 다양한 이야기들이 흡사 깊은 산골 옹달샘처럼 졸졸 흘러나오고 있다. 따라서 성경은 읽고 나서 뒷표지를 덮으면 곧 사라지는 세상 위인들의 영웅담 같은 책이 아니요, 거룩한 성인들의 덕스러운 교훈 같은 책도 아니다. 성경의 첫 권인 창세기를 펼쳐도, 그리고 성경의 마지막 권인 요한계시록을 펼쳐도 거기에는 가슴 벅찬 감동과 감격이 있다. 뜨거운 사랑과 넘치는 은혜가 있다. 성경은 언제나, 어디서나, 어느 곳을 펼쳐도 삶의 숨결과 짙은 향기가 그대로 피어나고 있다. 성경은 수천 년 전 오랜 옛날에 쓰여진, 그래서 박제(剝製)가 된 과거의 책이 아니요, 지금도 여전히 숨쉬고 맥박 뛰며 요동치는 살아 있는 생명과도 같은 책이기 때문이다.

그래서 히브리서 기자는 이렇게 말하고 있다.

"하나님의 말씀은 살았고 운동력이 있어 좌우에 날선 어떤 검보다도 예리하여 혼과 영과 및 골수를 찔러 쪼개기까지 하며 또 마음의 생각과 뜻을 감찰하나니"(히 4:12).

창세기를 펼치면 믿음의 조상 아브라함이 근엄한 모습으로 걸어 나오는가 하면, 속이는 자요 교활한 자인 야곱이 이죽거리는 모습으로 다가온다. 출애굽기를 펼치면, 백발에 흰 수염을 날리며 거친 홍해 앞에서 지팡이를 높이 쳐들고 기도하고 있는 하나님의 종 모세의 위엄 있는 모습이 보인다. 복음서를 열면 좌충우돌(左衝右突)하며, 언제나 누구보다 앞장서서 혼자 잘난 척하며 시행착오를 하고 있는 촌스럽고 투박한 베드로의 모습이 나타난다. 요한복음을 열면 난폭한 '우레의 아들'에서 '사랑의 사도'가 되어, 언제나 "여러분, 서로 사랑하십시오!"라고 외치는 사도 요한의 환한 모습이 우리를 숙연하게 한다.

어디 그들뿐이겠는가? 이 엄청난 인류 구원의 대하 드라마 속에서 당면한 시대마다 그 시대를 이끌어가는 수많은 조역들이 등장하고 있다. 그리고 오늘의 사람들은 이 위대한 대하 드라마를 보면서, 그 시대 속에서 등장한 영웅들에게 아낌없는 박수를 보낸다. 그리고 그들을 흠모한다. 그래서 이 시대의 사람들은 자기들의 이름조차도 John(요한), Peter(베드로), James(야고보), Joseph(요셉), Maria(마리아) 등 성경 속 위인들의 이름을 차용해 자랑스레 불리기를 희망한다.

어느 날 구약 성경을 읽다가 특이한 인물을 발견했다. 그는 바로 요나 선지자이다. 요나는 북이스라엘 왕국의 여로보암 2세 때인 주전 793-753년 사이에 활약한 선지자이다. 그가 기록한 짧은 성경 요나서를 읽다가, 그가 참 재미있는 사람이라는 생각이 들었다. 그리고 곧 그의 매력에 푹 빠져버렸다.

구약 시대에 기름 부음을 받았던 세 부류의 사람이 있다. 그것은 바로 왕과 선지자와 제사장이다. 기름 부음을 받았다는 것은 곧 하나님께 특별히 선택받은 사람의 권위와 거룩함을 상징한다. 따라서 하나님으로부터 그 권위와 명예를 인정받아 기름 부음을 받은 자는 특별한 인물이다. 그 권위에 일반인이 함부로 대적할 수 없었다.

열왕기서를 보면 다윗이 사울 왕의 위협을 피해 도망다니는 모습이 나온다. 다윗을 잡아 죽이기 위해 혈안이 되어 있는 사울 왕이 어느 날 다윗이 숨어 있는 엔게디 동굴 속에 홀로 들어왔다. 급한 생리적 볼일을 보기 위해서였다. 그 순간 다윗의 부하들은 사울을 죽일 수 있는 절호의 기회가 왔다며 그를 죽일 것을 권유한다. 그러나 다윗은 하나님께로부터 기름 부음 받은 사람을 함부로 해칠 수 없다며, 그의 옷깃만을 칼로 잘라 보관한다. 또 한 번은 사울이 십 황무지에서 어느 날 잠에 곯아떨어졌다. 이때에도 다윗의 부하들은 하늘이 주신 절호의 기회라며 사울 왕을 죽일 것을 권유했다. 그러나 다윗은 그때에도 똑같은 이유로 사울 왕을 결코 해하지 않았다. 이처럼 기름 부음을 받은 왕과 선지자, 그리고 제사장은 하나님께서 구별하신 거룩한 사람들이었음을 다윗은 잘 알고 있었다.

*선지자 같지 않은 선지자

요나라는 인물을 처음 대했을 때 조금 당혹스러웠던 것은, 그가 하나님의 기름 부음을 받은 거룩한 선지자라는 사실 때문이었다. 만약 누구라도 요나가 선지자라는 사실을 모른 채 그냥 요나서를 읽는다면, 그에게서 선지자적 거룩함이나 위엄을 전혀 느낄 수 없을 것이다. 그는 우리 주위에서 흔히 볼 수 있는 보통 사람들의 모습으로 비쳐지고 있다. 아니, 어쩌면 그보다도 못한 사람의 모습일지도 모른다. 하나님의 기름 부음을 받은 선지자이면서도 우리와 같은 성정을 가진 보통 사람 요나는 확실히 우리의 시선을 끌기에 충분하다.

요나서는 모두 4장 11절로 되어 있다. 그런데 요나서를 읽고 나면 뭔가 허전함이 느껴진다. 그것은 곧 전체 문맥상으로 보아 당연히 더 기록되어야 할 말씀이 생략되어 있기 때문임을 쉽게 알아차릴 수 있다. 다시 말해, 요나서의 마지막 장, 마지막 절은 하나님의 준엄한 질문으로 끝나고 있다. 그렇다면 문맥상으로나, 또 창조주 하나님과 피조물의 관계성으로 보아 분명히 요나의 답변이 있어야 한다. 그런데 그 요나의 답변이 생략되어 있는 것이다. 천지만물을 창조하신 하나님의 준엄한 질문 앞에 요나는 당연히 답변해야만 했다. 그런데 요나서는 그의 답변을 생략한 채 하나님의 질문으로 그대로 끝나고 있는 것이다. 좀 이상하지 아니한가? 그렇다면 요나 4장 11절 이후의 부분이 낡고 해져서 알아볼 수 없게 된 것인가? 아니면 전해 내려오는 동안 그 부분이 실종된 것인가?

요나라는 인물과 요나서의 메시지를 제대로 이해하려면, 먼저 요나서가 쓰여진 당시 팔레스타인의 상황을 이해해야 한다. 니느웨는 고대 메소포타미아 성읍 가운데 하나로서 당시 앗수르 제국의 수도였다. 니느웨는 성 둘레의 길이가 약 100km에 달할 정도의 큰 성읍이었다. 성경 역사상 앗수르는 끊임없이 이스라엘을 괴롭힌 나라였다. 그리고 그들은 이방의 신들과 우상들을 섬긴 나라였다.

요나서가 기록될 당시 이스라엘의 왕 여로보암 2세의 통치 기간은 앗수르 제국의 국력이 일시적으로 약해졌던 시기에 해당된다. 그 당시 니느웨를 지배하고 있던 왕은 앗수르의 아슈르단 3세(Ashur-dan, 주전 771-754년)로 추정된다. 당시 니느웨는 주전 765년에 발생한 역병과 주전 763년에 다시 발생한 두 번의 역병 때문에 국가적으로 큰 어려움을 겪고 있었다. 이처럼 당시 니느웨 백성들은 멸망에 대한 위기의식 속에서 그 어느 때보다 피폐해져 있었다.

요나서 1장 첫머리에서 하나님은 요나에게 니느웨로 가서 회개와 심판의 메시지를 외치라고 말씀하신다. 니느웨에 죄악이 관영하므로 40일 후에 그 성을 멸망시키겠다는 메시지를 전하라는 것이었다. 그런데 하나님의 메시지를 받은 요나는 이에 반발하고 제멋대로 행동한다.

> "그러나 요나가 여호와의 낯을 피하려고 일어나 다시스로 도망하려 하여 욥바로 내려갔더니 마침 다시스로 가는 배를 만난지라 여호와의 낯을 피하여 함께 다시스로 가려고 선가를 주고 배에 올랐더라"(욘 1:3).

요나는 하나님의 말씀에 즉각 반응한다. 당시 이스라엘의 가장 강력한 적대국이었던 니느웨를 구원하시려는 하나님의 계획이 자기 마음에 들지 않았던 것이다. 요나에게 있어서 니느웨는 구원받아야 할 땅이 아니라 오히려 멸망받아 마땅한 땅임에도 불구하고 여호와 하나님께서 니느웨 백성들을 구원하시려는 계획에 결코 순종할 수 없었던 것이다. 그는 두뇌 회전이 빠른 사람이었다. 40일 후에 니느웨를 멸망시키겠다는 계획이 사실은 심판의 메시지가 아니라 오히려 그들을 구원하시려는 회개와 축복의 메시지임을 요나는 쉽게 알아챘던 것이다.

요나는 두뇌 회전만큼 결단도 빠른 사람이었다. 요나는 그런 하나님의 계획을 알아차리자마자 대뜸 다시스로 도망간다. 다시스는 니느웨와 정반대의 도시로 지금의 스페인 땅이다. 하나님의 말씀을 거역한 요나는 차라리 멀리 떠남으로써 하나님의 능력이 미치지 못하는 곳으로 숨어버리겠다는 의도이다. 그는 이렇듯 즉흥적인 사람이었다. 다시 말해, 생각보다 행동이 더 빠른 사람이었다. 그리고 다혈질적인 사람이었다.

*예수님의 다혈질적인 제자들

우리는 신약 성경에서 예수님의 열두 제자 가운데 난폭하고 성질이 급한 다혈질적인 제자들을 쉽게 만날 수 있다. 가장 먼저 생각나는 사람은 베드로이다. 베드로는 열두 제자 가운데서 언제 어디서나 앞장섰다. 좋은 일이나 궂은 일이나 항상 누구보다 앞장서서 주도했다. 그러다 보니 시행착오도 많았다. 어느 날 그는 물 위를 걸어오시는 예수님을 바라보고 자신도 물에 뛰어들었다. 그리고 얼마 동안 물 위를 걸었다. 그러나 몇 걸음도 못 가서 그만 물에 빠지고 말았다.

그런가 하면 겟세마네 동산에서 예수님이 잡혀 가시던 날 밤, 주님을 잡으러 온 대제사장의 종 말고의 귀를 단칼에 베어버린 혈기가 왕성한 사람이었다. 그런가 하면 그는 열두 제자들 가운데 그 누구보다도 주님을 가장 사랑한다고 고백했지만 불과 몇 시간도 지나지 않아 주님을 부인하고 저주하면서 떠나갔다.

어느 날 가이사랴 빌립보 지방에 갔을 때, 예수님께서 이렇게 질문하셨다.

> "너희는 나를 누구라 하느냐"(마 16:15).

이에 베드로는 지체하지 않고 대답했다.

> "주는 그리스도시요 살아 계신 하나님의 아들이시니이다"(마 16:16).

베드로의 이 신앙 고백은 성경에 나타난 가장 위대한 것으로 지금까지 인정되고 있다. 주님은 크게 기뻐하시며 베드로를 칭찬하셨다. 그리고 베드로에게 천국의 열쇠라는 엄청난 선물을 주셨다. 그러나 곧이어 예수님께서 십자가에 못 박히실 것을 말씀하시자, 베드로는 결코 그리 하실 수는 없다며 주님의 길을 막아섰다.

이때 주님은 이렇게 말씀하셨다.

> "사단아 내 뒤로 물러가라"(마 16:23 상).

조금 전 위대한 신앙고백을 함으로써 예수님이 주시는 천국의 열쇠를 받았던 베드로가 순식간에 사단으로 전락하고 만다. 이렇듯 복음서에 등장하는 베드로는 언제나 극과 극을 왔다갔다한다.

다혈질적인 제자를 생각하면 결코 빼놓을 수 없는 제자 둘이 있다. 바로 요한과 야고보 형제이다. 어느 날 예수 그리스도께서 열두 제자들과 함께 사마리아 지방에 가신 적이 있었다. 그때 사마리아 사람들이 예수님을 적대시하자, 이에 요한과 야고보는 분에 못 이겨 주님께 이렇게 건의한다.

> "주여 우리가 불을 명하여 하늘로 좇아 내려 저희를 멸하라 하기를 원하시나이까"(눅 9:54).

역사가였던 누가가 고상하게 기록해서 그렇지 사실 요한과 야고보의 말을 원색적으로 표현하면 이런 말이다.

"주님, 저 버르장머리 없는 놈들을 모두 하늘에서 불을 내려 다 태워 죽여버립시다."

듣기에도 끔찍한 말이다. 오죽했으면 주님께서 요한과 야고보 형제를 일컬어 '보아너게', 즉 '우레의 아들'이라는 별명을 붙여 주셨겠는가? 이것이 예수 그리스도의 열두 제자들의 솔직한 모습이었다.

요나도 다혈질적인 사람이었다. 그러나 그는 예수님의 제자들과는 조금 다른 모습이다. 갈릴리 뱃사람 출신이었던 베드로와 요한과 야고보는 비록 성질 급하고, 난폭한 성격의 소유자였던 것만은 분명했지만, 주님의 말씀에 반기를 들거나 대항한 적은 단 한 번도 없었다. 그들은 무식하고 성질이 급하고 난폭하여 고삐 풀린 망아지처럼 갈팡질팡하며 제멋대로 행동했지만, 주님의 면전에서만은 언제나 순종하며 자기의 잘못을 인정하고 겸손해하는 모양새를 갖춘 제자들이었다.

*하나님께 대들었던 선지자

그러나 요나는 조금 다르다. 요나는 자존심이 몹시 강한 사람이었다. 그래서 자기가 믿고 옳다고 생각한 것은 그대로 행하고야 마는 사람이었다. 그는 언제나 생각보다 행동이 한 박자 더 빨랐던 사람이었다. 따라서 아무리 여호와 하나님의 말씀이라 할지라도 자기의 생각과 뜻에 맞지 않으면 결코 그것을 따르지 않았다.

요나 1장 첫머리인 1-2절을 보면, 하나님께서 아밋대의 아들 요나에게 니느웨로 갈 것을 명령하신다. 그런데 이어 3절에 바로 요나의 결단이 등장한다. 그것은 하나님의 말씀에 반하여 즉각 반대편으로 도망가는 것이다. 다시스로 도망가고 있는 요나, 그는 어쩌면 쾌재를 불렀는지도 모른다. 그리고 잠시 후 그는 태평스럽게도 배 밑창에서 곤히 잠이 들어 있다. 그때 하나님께서 준비하신 태풍을 보내셨다. 그 태풍이 얼마나 심했던지 배가 거의 깨질 지경이었다. 갑자기 들이닥친 사나운 태풍에 선원들과 승객들은 정신을 차릴 수가 없었다.

참으로 위급한 순간이 찾아왔다. 그 배에는 여러 나라의 족속들이 타고 있었는데 그들은 모두 자기들이 믿는 신의 이름을 부르며 구원을 요청하였다. 그럼에도 태풍은 결코 잠잠해지지 않았다. 드디어 선원들이 잠자고 있던 요나를 발견하고 그를 데려와서 모든 사람들을 모아놓고 제비를 뽑아 그 원인 제공자를 가려내는데 요나가 뽑혔다. 그때 요나는 담대하게 말한다.

> "그가 대답하되 나는 히브리 사람이요 바다와 육지를 지으신 하늘의 하나님 여호와를 경외하는 자로라 하고"(욘 1:9).

하나님의 말씀을 거역하고 반대 방향으로 도망가고 있던 요나. 그는 다른 이방 사람들 앞에서 담대히 하나님을 증거하고 있다. 참으로 아이러니가 아닐 수 없다. 이어서 요나는 이렇게 말한다.

> "나를 들어 바다에 던지라 그리하면 바다가 너희를 위하여 잔잔하리라 너희가 이 큰 폭풍을 만난 것이 나의 연고인 줄을 내가 아노라 하니라"(욘 1:12).

하나님의 말씀이 못마땅해 그 낯을 피하여 도망가는 요나가 갑자기 그 하나님을 증거하는 것도 이해하기 어려운 일이거늘, 요나가 그런 고백에 이어 자신을 바다에 던지라고 한다. 참으로 대단한 배포이다. 설령 그가 제비뽑기에 뽑혔을지라도 다른 사람 같으면 시치미를 떼던가, 아니면 자기와 무관한 일이라고 우길 텐데, 요나는 오히려 모든 것을 솔직히 시인할 뿐만 아니라, 나아가 그 태풍의 원인이 자기에게 있음을 들어 자신을 바다에 던지라고 스스로 요청하고 있는 것이다.

요나의 요청에 오히려 뱃사람들이 한 발 물러나 그의 생명을 살리려고 노력하지만 노한 풍랑을 끝내 어쩌지 못하고 그를 바다에 던져버린다. 이때 요나의 심정은 어땠을까?

*물고기 뱃속에서의 탈출

요나는 물고기 뱃속에서 죽음과 같은 삼 일을 보낸다. 그리고 하나님께서 물고기에게 명하심으로 말미암아 물고기가 요나를 육지에 토해 내게 된다. 그러면 독자들은 이제부터 요나가 어디로 갈 것인지 쉬운 상상을 하게 된다. 그렇다. 물고기 뱃속에서 철저히 회개한 요나는 하나님의 말씀대로 당연히 니느웨로 떠난다. 그리고 그곳에서 하나님의 메시지를 선포한다.

"회개하라. 그렇지 않으면 40일 후에 니느웨가 무너지리라."

그런데 그때 요나가 그토록 우려했던 일이 현실로 나타났다. 요나의 메시지를 들은 니느웨 백성들이 모두 굵은 베옷을 입고 재에 앉아 금식하며 회개하였던 것이다. 그때 하나님은 그들이 악한 길에서 돌이켜 떠난 것을 보시고 계획하였던 재앙을 거두셨다. 이에 요나는 다시금 하나님께 불평을 한다.

*요나의 불평

요나 4장 1절은 요나의 심정을 적나라하게 말해 주고 있다.

> "요나가 심히 싫어하고 노하여."

"적반하장(賊反荷杖)도 유분수(有分數)"라는 말이 있다. 아마도 이런 요나의 행동에 사용하는 것이 가장 적절한 표현이 아닐까 생각한다. 그런데 요나는 더 나아가 아예 하나님께 이렇게 협박하고 있다.

> "여호와여 원컨대 이제 내 생명을 취하소서 사는 것보다 죽는 것이 내게 나음이니이다"(욘 4:3).

이것이 정말 자기가 죽기를 원한 것이겠는가? 물론 아니다. 요나는 지금 하나님께 생떼를 쓰고 있는 것이다. 그뿐만이 아니다. 요나는 더 나아가 니느웨 성 동편에 초막을 짓고 그 그늘 아래 앉아 성읍이 어찌 되는지, 다시 말해 니느웨가 망하는지 아닌지 직접 확인해 보겠다는 것이다. 요나는 지금 하나님을 향해 시위를 벌이고 있는 것이다. 그것은 바로 니느웨 성을 멸망시키라는, 하나님을 향한 협박의 시위다.

이때 하나님은 박 넝쿨을 준비하사 요나를 뜨거운 태양빛으로부터 가려 주심으로 그를 시원케 하셨다. 그랬더니 조금 전까지만 해도 하나님께 노하여 자기를 죽여달라던 사람이 갑자기 심히 기뻐하는 것이었다. 또 이번에는 하나님이 벌레와 시원한 바람을 보내어 박 넝쿨을 시들게 하셨다. 그랬더니 요나가 태양빛으로 인하여 괴로워하며 조금 전의 모습으로 다시 돌아가 "나를 차라리 죽여 주소서" 하며 하나님께 대항한다.

요나 1장 첫머리부터 시작하여 마지막 4장 끝까지 요나의 행적을 살펴보면, 요나는 하나님께 반항했다가 금방 회개하며 순종하고, 그러다 자기 생각이나 성격에 맞지 않으면 다시 반항하고, 또 금방 죽을 것 같던 상황에서 조금만 호전되면 또다시 좋아한다. 이처럼 요나는 반항과 회개와 순종, 그리고 좋음과 싫음이 쉽게 교차 반복되는 모습을 보이고 있다.

* '요, 나' 의 모습

요나서 외의 다른 성경에서는 이런 선지자의 모습을 찾아보기가 쉽지 않다. 요나서를 통해 바라본 요나의 모습은 사실 우리가 지금까지 보아온 선지자다운 모습이 결코 아니다.

서두에서 필자가 요나라는 사람에 대해 재미있고 매력 있는(?) 인물이라고 한 것이 무엇 때문인 줄 아는가? 그것은 그가 바로 나와 같은 성정의 사람이라는 사실 때문이었다.

이동원 목사는 요나서 강해를 통해 요나를 '요, 나'와 같은 사람이라고 표현했다. 위트 있는 표현이다. 그렇다. 요나는 바로 '요, 나'와 같은 사람이다. 다시 말해, 요나는 좀처럼 참지 못하고, 쉽게 팔딱대며 제멋대로 행동하는 다혈질적인 '요, 나' 같은 사람이요, 그런가 하면 또 쉽게 좋아했다가 쉽게 싫증내는 '요, 나' 같은 사람이요, 또 경건하게 하나님께 회개하는가 하면, 돌아서면 또다시 하나님께 불순종하고 반항하는 '요, 나' 같은 사람이다.

그는 우리가 흔히 생각하는 성경 속의 거룩한 선지자의 모습이 아니라 나와 같은 보통 사람의 모습, 곧 '요, 나'의 모습이다. 요나의 '요, 나' 같은 동질성이 그를 재미있고 매력 있는(?) 인물로 바라보게 하는 것이다.

*요나의 침묵이 주는 의미

이제 요나서의 마지막 장, 마지막 절로 돌아가 보자. 하나님께서 요나에게 질문하신다.

> "하물며 이 큰 성읍, 니느웨에는 좌우를 분변치 못하는 자가 십이만여 명이요 육축도 많이 있나니 내가 아끼는 것이 어찌 합당치 아니하냐" (욘 4:11).

첫 장부터 끝 장까지 하나님의 말씀에 즉각적으로 반응하며 통통 튀던 요나의 성정이라면 4장 11절의 하나님의 질문에 즉각 무언가 답변이 튀어나와야 마땅하다. 그런데 어찌된 영문인지 요나는 거기서 침묵하고 있다. 그렇다면 언제나 용수철처럼 통통 튀며 즉각 반응하던 요나가 갑자기 침묵하고 있는 이유는 무엇인가? 요나는 왜 요나 4장 12절을 기록하지 않았을까? 점점 더 많은 궁금증을 갖게 한다. 그리고 우리를 더 깊은 묵상의 세계로 몰입하게 한다. 만약 요나가 4장 12절을 기록했다면, 그는 과연 무엇이라고 채웠을까?

여기서 요나의 생각 속으로 잠시 멀고 긴 시간 여행을 떠나 보자. 요나서 전체의 관점에서 요나라는 인물을 생각한다면, 요나는 불같은 그의 성격상 분명히 하나님의 질문에 어떻게든, 무엇이든 즉각 대답했어야 마땅하다. 그런데 요나의 답변이 꼭 있어야 할 때에 그가 이상하리만치 침묵으로 일관하고 있는 것이다. 그러면 그 이유는 도대체 무엇일까?

필자는 요나의 그 침묵의 이유를 나름 두 가지로 생각할 수 있었다.

먼저 신약 성경 속에서 베드로의 모습이 떠올랐다. 누가복음 5장에 이런 이야기가 기록되어 있다. 예수님께서 어느 날 갈릴리 호수에서 고기잡이 하는 베드로를 만나셨다. 그런데 수십 년 동안 고기잡이로 살아왔던 베테랑 어부 베드로는 무슨 연유인지, 그날 밤이 새도록 그물을 내렸지만 한 마리의 고기도 잡지 못했다. 이를 불쌍히 여기신 주님께서는 베드로에게 이렇게 말씀하셨다.

> "깊은 데로 가서 그물을 내려 고기를 잡으라"(눅 5:4).

평생을 어부로서 갈릴리 호수에서 보낸 베드로는 순간 그 말씀이 의미 없는 것으로 느껴졌다. 그럼에도 불구하고 베드로는 예수님의 말씀에 의지하여 그물을 내렸다. 그랬더니 놀라운 일이 일어났다. 얼마나 고기가 많이 잡혔는지 그물이 찢어져버린 것이다. 이때 놀란 시몬 베드로는 주님께 이렇게 말한다.

> "주여 나를 떠나소서 나는 죄인이로소이다"(눅 5:8).

하나님을 만난 사람은 그 누구라도 하나님 앞에 엎드러질 수밖에 없다. 그리고 그분을 바라볼 수도 없다. 스스로가 초라하고 무력한 죄인인 것을 비로소 깨닫기 때문이다.

첫 사람 아담이 타락한 이후 동산 숲속으로 도망가서 숨었던 이유도 바로 죄인이 거룩하신 하나님을 대면할 수 없었기 때문이다. 마찬가지로 요나는 하나님의 준엄한 질문 앞에서 비로소 적나라(赤

裸裸)한 자신의 모습을 바라보았다. 그것은 참담한 모습이었다. 온갖 죄악과 정욕으로 얼룩진, 그런가 하면 하나님을 대적하고 반항하는 한심하고 초라한 자신의 모습을 바라보고, 요나는 더 이상 하나님 앞에 설 수조차 없었던 것이다. 그런 자신의 모습을 알지 못하고 지금까지 기고만장(氣高萬丈)하여 하나님을 욕되게 했던 것에 말할 수 없는 부끄러움을 느꼈던 것이다.

그렇다면 요나가 더 이상 무슨 할 말이 있었겠는가? 거룩하신 하나님 앞에서 한 마디 말이라도 한다면, 그것은 오히려 부끄러운 자신의 모습을 더욱 노출시키는 것이요, 또 하나님을 욕되게 하는 것임을 그는 온전히 깨달았던 것이다.

그렇다! 요나가 곧 '요, 나'의 모습이라면, 우리 또한 그 순간 거룩하신 하나님의 준엄한 질문 앞에 무엇이라고 감히 답변할 수 있겠는가? 그러나 만약 요나가 하나님의 질문에 대답하여 요나 4장 12절을 기록했다면 어떻게 기록했을지는 쉽게 짐작이 간다. 그것은 바로 갈릴리 호수에서 성자 하나님을 처음 만난 시몬 베드로가 주님 앞에 꿇어 엎드려 고백한 것처럼 대답할 수밖에 없을 것임을 알 수 있기 때문이다.

"하나님, 나를 떠나소서. 나는 죄인이로소이다!"

하나님을 만난 죄인이 진정 고백할 수 있는 것은 오직 이 말 외에는 없기 때문이다. 그러나 요나는 이 말조차도 할 수 없었다. 그리고 그것을 기록할 수는 더더욱 없었다.

이후 요나는 어디로 갔을까? 어떤 학자는 아마도 요나가 자기의 고향인 가드헤벨로 잠시 돌아갔을 것이라고 말한다. 그러나 많은 신학자들은 요나가 주저하지 않고 성전으로 갔을 것이라고 주장하고 있다. 필자도 후자의 주장에 동조한다. 거기에는 그럴 만한 근거가 있다. 왜냐하면 요나 2장을 보면, 요나가 물고기 뱃속에 들어가서 지옥 같은 고난을 겪으면서 하나님께 다음과 같은 기도를 드렸기 때문이다.

> "내가 말하기를 내가 주의 목전에서 쫓겨났을지라도 다시 주의 성전을 바라보겠다 하였나이다"(욘 2:4).

하나님을 떠나감으로 인해 들이닥친 엄청난 고난 속에서 비로소 주의 성전을 생각했던 요나는 분명히 성전의 중요성을 깨닫고 성전으로 달려갔을 것이다. 그리고 요나는 성전에 꿇어앉아 하나님께 진정한 참회와 감사의 기도를 드렸을 것이다.

선지자 요나는 그동안 성전에서 수많은 예배를 드렸다. 그러나 그날 성전에서의 예배는 다른 날의 예배와는 전혀 달랐다. 그날 요나는 진정한 참회를 통해 하나님 앞에 거룩한 모습으로 나아갔다. 그리고 감사와 기쁨으로 하나님을 찬양했다. 그날의 예배야말로 지금까지 요나가 드렸던 그 어느 때의 예배보다도 하나님의 영으로 충만한 예배였다.

이제 요나는 하나님께 새로운 소명을 받는다. 이에 요나는 하나님께 겸손하게 대답한다.

"주 여호와여, 말씀하옵소서. 제가 여기 있나이다."

그리고 요나는 겸손하게 일어나 말없이 새로운 길을 걸어간다.

앤드류 러코크라는 구약 신학자는 물고기 뱃속에 들어가 있던 요나의 모습을 이렇게 설명했다.

"이 물고기야말로 요나의 인생을 다시 빚어 만드는 새로운 삶의 모태였다. 마치 어린아이의 생명이 어머니의 모태 안 어둠 속에서 빚어지며, 그 속에서 인생이라는 놀라운 날을 예비하는 것처럼 하나님은 물고기의 뱃속이라는 고난의 한 심연에서 요나에게 새로운 삶을 예비하신 것이다."

요나 4장 12절이 기록되지 않은 또 하나의 이유가 있다. 그것은 바로 하나님의 섭리이다. 하나님은 요나와 같은 삶을 살아가고 있는 오고 오는 세대의 수많은 '요, 나'에게 직접 대답하기를 바라시기 때문이다.

이제 우리는 요나 4장 11절에서 준엄하게 질문하시는 하나님의 말씀 앞에 엎드려야 한다. 그리고 요나가 기록하지 못한 4장 12절 말씀을, 오늘 요나 같은 '요, 나'가 기록하지 않으면 안 된다.

이제 당신은 요나 4장 12절에 무엇이라고 기록하겠는가?

*요나서의 주인공은

요나서의 주인공은 누구인가? 언뜻 생각하면 요나가 주인공인 것 같다. 요나라는 한 인물을 통해 요나서 전편이 진행되고 있기 때문이다. 그러나 요나서의 주인공은 결코 요나가 아니다. 요나서의 주인공은 바로 하나님이시다. 그리고 앞에서 서술한 것처럼 요나 역시 조역일 뿐이다.

드라마에서 그 주인공이 누구인가를 아는 것은 매우 중요하다.

그것은 바로 그 드라마의 주제를 바로 아는 것이기 때문이다. 그러면 요나서의 주인공인 하나님께서 요나라는 조역을 통해 나타내려고 하신 진정한 뜻은 무엇인가? 그것은 바로 사람에 대한 끝없는 사랑이다. 결코 더러운 죄악과 함께할 수 없는 거룩하신 하나님, 그분은 아직도 죄악 속에서 방황하고 있는 오늘의 니느웨 백성들을 향하여, 그리고 요나와 같은 오늘날의 '요, 나'에게 회개하고 돌아오라고 외치신다.

어거스틴(Aurelius Augustine)은 이런 말을 했다.

"내가 하나님이라면 벌써 지구상에 살고 있는 모든 인간을 향해서 진노하고 심판을 내렸을 것이다. 그런데 하나님은 지구상에 살고 있는 모든 사람들을 한결같이 사랑하신다. 나는 이것을 이해할 수 없다. 이것은 하나님의 역설(逆說)이고 신비이다. 만약 내가 지구상에 살고 있는 유일한 생존자라 해도 하나님은 나를 사랑하셨을 것이다. 나 한 사람을 위해서도 하나님은 기꺼이 예수 그리스도를 보내셨을 것이다."

그렇다. 하나님은 사랑이시다. 사도 요한의 고백처럼 그 이상 할 말이 없다.

요나는 하나님의 사랑 이야기다.

성경의 가장 어두운 시간에 빛난 작은 불꽃

요한복음 19장 38-42절

"아리마대 사람 요셉이 예수의 제자나 유대인을 두려워하여 은휘하더니 이 일 후에 빌라도더러 예수의 시체를 가져가기를 구하매 빌라도가 허락하는지라 이에 가서 예수의 시체를 가져가니라 일찍 예수께 밤에 나아왔던 니고데모도 몰약과 침향 섞은 것을 백 근쯤 가지고 온지라 이에 예수의 시체를 가져다가 유대인의 장례법대로 그 향품과 함께 세마포로 쌌더라 예수의 십자가에 못 박히신 곳에 동산이 있고 동산 안에 아직 사람을 장사한 일이 없는 새 무덤이 있는지라 이날은 유대인의 예비일이요 또 무덤이 가까운고로 예수를 거기 두니라."

*군중 속의 고독

고독이라는 말을 아는가? 사전적 의미로는 외로움, 또는 쓸쓸함을 가리킨다. 예를 들어, 인적이 없는 심산유곡이나 끝없는 사막, 또는 거친 광야에 홀로 서 있다면 아마 누구나 고독을 느낄 것이다. 그런데 사랑하는 가족들과 함께 오순도순 살고 있음에도 고독을 느끼는 사람들이 많다. 인파로 들끓는 번잡한 대도시에 살면서도 고독을 느끼는 사람들 또한 많다. 이른바 군중 속의 고독이다. 왜 고독을 느끼는 것일까? 주위에 숱한 사람들이 함께 있음에도 불구하고 자기를 이해해 줄 진정한 내 편이 없기 때문이다.

예수 그리스도의 고독을 생각해 본 적이 있는가? 성경에 등장하는 예수 그리스도, 그분은 언제나 고독하셨다. 이 땅에 성육신(成肉身)한 그 순간부터 십자가에 못 박혀 죽는 그 순간까지 33년의 삶을 사신 주님의 인생은 철저히 고독한 삶이었다. 죽기 위해 이 땅에 오신 예수 그리스도, 그분은 세상의 온갖 조롱과 멸시 속에서 참으로 고독한 삶을 사셨다. 언제나 낮고 천한 자들의 친구가 되셔서 고독한 삶을 사셨다. 묶이고 억눌린 자, 그리고 죄인들의 친구가 되어 고독한 삶을 사셨다. 온 생애 동안 그리도 짙은 고독을 호흡하며 사셨던 주님, 그분은 진정 고독하지 않은 날이 단 한 순간도 없었다.

그런데 예수 그리스도께서 겪으셨던 그 많은 고독의 순간 속에서도, 특히 가장 고독했던 순간은 언제였을까? 성경은 그 순간을 이렇게 기록하고 있다.

> "제자들이 다 예수를 버리고 도망하니라"(막 14:50).

예수님께서 겟세마네 동산에서 잡혀가시던 날 밤의 기록이다. 이 말씀을 읽노라면 그 순간 우리 주님께서 느끼셨을 깊은 고독감이 뼛속 깊이 느껴진다. 흡사 개미 새끼 한 마리 기어가는 소리조차도 들리지 않을 절대 적막감이 가슴을 미어지게 한다.

그날 밤 겟세마네 동산에서 3년 동안 주님과 함께 동고동락하며 진리에 대한 삶을 호흡했던 열두 제자들이 모두 예수님을 버리고 도망갔다. 주님을 위해 기꺼이 목숨을 버리겠다고 호언장담하던 수제자 베드로가 도망갔다. 최후의 만찬석상에서 주님의 품에 기대어 있던 사랑하는 제자 요한도 도망갔다. 우레의 아들 야고보도 도망갔다. 의심 많은 제자 도마도 도망갔다. 열두 제자 가운데 어느 한 제자도 주님 곁에 남아 있지 않았다. 그들은 방금 전 주님과 함께 만찬을 나누었던 제자들이었다. 주님께서 일일이 그 더러운 발을 닦아 주셨던 사랑하는 제자들이었다. 그들은 모두 스승을 버리고 도망갔다. 밤 깊은 겟세마네 동산에서 그들의 스승이 대제사장과 서기관, 장로들에게 잡혀가는 그 순간 주님의 제자들은 두려움에 떨며 모두 그렇게 도망갔다.

그 밤, 검과 몽치를 든 흉악한 무리들에게 잡혀가는 주님께서 느꼈을 감정은 무엇이었을까? 잠시 후 당해야 할 온갖 조롱과 멸시와 저주에 대한 두려움이었을까? 무수히 맞아야 할 채찍에 대한 두려움이었을까? 그것도 아니면, 곧 십자가에 달려야 할 죽음에 대한 공포였을까? 아니다. 그 순간 주님이 가장 참담하게 느끼셨던 것은 바로 고독이었다. 평생 고독했던 주님이었지만, 그 순간 느끼셨던 고독은 여느 때의 고독과는 달랐다. 그 고독은 죽음의 공포조차도 뛰어

님는 절대 고독이었다.

생각해 보라! 지난 3년 동안 동고동락하며 그토록 사랑했던 열두 명의 제자들마저 주님을 버리고 도망갔다면, 그 순간 우리 주님은 이 땅에서 철저히 버림을 당하신 것이었다.

그 많은 사람 가운데 단 한 사람조차도 곁에 남아 있지 않고 철저히 예수님을 버렸다면 그 순간 우리 주님은 가장 고독한 존재가 아니었겠는가? 그리고 잠시 후면 사랑하는 성부 하나님조차도 자신을 십자가에 못 박아 버릴 뜻을 알고 계시는 우리 주님은, 이 광활한 우주 속에 버려진 단 하나의 존재로서 그것이 곧 절대 고독의 모습이 아니겠는가? 이렇게 우리 주님은 하나님과 사람들로부터 모두 버림을 받으셨다.

*벌거숭이 도망자

"제자들이 다 예수를 버리고 도망하니라."

마가복음 14장 50절 말씀은 이렇듯 고독하게 끝나고 있다. 그런데 그 다음에 이상한 말씀이 덧붙여져 있다.

"한 청년이 벗은 몸에 베 홑이불을 두르고 예수를 따라오다가 무리에게 잡히매 베 홑이불을 버리고 벗은 몸으로 도망하니라"(막 14:51-52).

이 기록은 마가복음 14장 50절 말씀 뒤에 사족(蛇足)처럼 붙어 있다. 그리고 이 말씀 속에서, 특히 익명(匿名)의 한 청년에게 우리의 시선이 꽂힌다. 그러면 이 청년의 이름은 누구일까? 물론 성경에는 이 청년의 이름이 공개되지 않고 있다. 어떤 성경학자는 이 청년을 죽었다가 다시 살아난 베다니의 나사로로 추정하기도 한다. 그런가 하면 어떤 성경학자는 예수님의 친동생 야고보로, 또 다른 성경학자는 예수님을 가장 사랑한다고 자처하던 사도 요한으로 추정하기도 한다. 그러나 대부분의 성경학자들은 마가복음을 기록한 마가일 것으로 추정하고 있다. 마가복음을 기록한 마가가 당시 예수께서 모든 사람들에게 철저히 버림을 받았다는 사실을 강조하기 위해 그날 밤 자신의 부끄러운 행적까지 들추어내고 있다는 것이다. 후에 마가복음을 기록한 마가는 이 사실을 기록하면서 자신의 이름을 밝히기가 너무 부끄러워 그냥 '한 청년'으로 기록했다는 것이다.

이에 대해 렌스키(Gerhard Lensky)라는 신학자는 추론하기를, 예수님과 열두 제자들은 우리가 잘 아는 대로 마가의 다락방에서 최후의 만찬을 거행했는데, 이때 마가는 집 주인으로서 당연히 그 만찬에 참석했다. 그리고 예수님께서 만찬을 마치고 겟세마네 동산으로 떠나셨을 때 마가는 잠자리에 들었는데, 바로 그때 가룟 유다와 체포자들이 마가의 집에 들이닥쳐 예수의 행적을 추궁했다. 이에 다급한 마음에 마가는 겉옷조차 입지 못하고 그냥 덮고 자던 베 홑이불을 두른 채 서둘러 예수님의 뒤를 따라나섰다는 것이다. 참으로 흥미 있는 추론이 아닐 수 없다.

그 당시 이스라엘의 남자들은 '키톤'(Kiton)이라는 속옷을 착용하고 그 위에 겉옷을 걸치는 경우가 대부분이었는데, 그 청년은 베 홑이불만을 걸치고 있었다. 여기서 베 홑이불에 해당하는 '신론'(Sinlon)은 본래 세마포를 가리킨다. 이것은 당시 매우 귀하고 비싼 것으로서 대개의 유대인들은 일상적으로 잘 입지 못했고, 오직 죽은 자를 장사지낼 때 사용하는 정도였다. 그러나 일부 부자들은 이것으로 잠옷이나 겉옷을 만들어 입곤 했다. 이런 점에서 '한 청년'의 이름이 마가일 가능성이 높은 것은, 그는 당시 상당한 부자였기 때문이다.

주님께서 직접 택하신 사랑하는 제자 열두 명이 모두 주님을 버리고 도망갔다. 그 가운데 벌거벗은 채 도망을 치고 있는 한 청년의 모습이 너무나 우스꽝스럽다. 그 모습이 우리의 실소(失笑)를 자아내게 한다.

*예수 그리스도의 고독

그러면 그 순간 예수 그리스도께서 고독하셨던 이유는 무엇이었겠는가? 우리 주님께서 느끼셨던 고독은 바로 믿음을 상실한 사람들에 대한 고독이었다. 그리고 사랑을 상실한 사람들에 대한 고독이었다. 지난 3년 동안 그토록 사랑했던 제자들마저 주님께 등을 돌리고 믿음 없는 모습으로 떠나감에 대한 영적 고독이었다. 그 고독은 세상 사람들이 감히 알 수도, 느낄 수도 없는 깊고 어두운 절대 고독이었다.

그리고 이제 때가 되어 겟세마네 동산에서 붙잡혀 죽음의 행진을 하고 있는 예수 그리스도, 그분은 얼마나 깊고 짙은 고독의 길을 걸어가고 계시는 것인가?

예수 그리스도는 십자가의 길이 너무나 고독한 길이었기에 잡히시기 직전 겟세마네 동산에 꿇어 엎드려 성부 하나님께 이렇게 기도하셨다.

> "내 아버지여 만일 할 만하시거든 이 잔을 내게서 지나가게 하옵소서"(마 26:39 상).

예수 그리스도의 기도가 얼마나 간절했던지, 성경은 그 기도를 일컬어 "땀이 땅에 떨어지는 피방울같이 되더라"(눅 22:44)라고 기록하고 있다.

그러나 곧이어 주님은 다시 이렇게 기도하신다.

> "나의 원대로 마옵시고 아버지의 원대로 하옵소서"(마 26:39 하).

성부 하나님께 순종하며 주님은 예정된 십자가의 길, 고난의 길을 스스로 걸어가신다. 말할 수 없는 절대 고독의 길에 수제자 베드로만이라도 곁에 있었다면 주님은 그렇게까지 고독하지는 않으셨을 것이다. 사랑하는 제자 요한이라도 곁에 있었다면 주님은 조금 덜 고독하셨을 것이다. 의심 많은 제자 도마라도 곁에 있었다면 우리 주님은 덜 고독하셨을 것이다. 아니, 베 홑이불을 뒤집어 쓴 한 청년만이라도 곁에 있었다면 우리 주님은 빙긋이 웃으셨을지도 모른다. 그러나 그 자리에는 아무도 없었다. 주님이 느끼셨을 절대 고독만이 어두움이 짙은 밤, 겟세마네 동산을 가득 채웠다. 그리고 가장 고독한 그 밤에 겟세마네 동산으로부터 주님은 이제 계획하신 그 고난의 길, 비아 돌로로사를 걸어가신다. 대제사장 가야바의 집에서 집행된 모진 심문과 고문 속에서도 주님은 고독하셨다. 멀리서 주님의 심문 과정을 지켜보고 있던 베드로가 주님을 세 번씩이나 부인하고 맹세하고 저주하면서 떠났기 때문이다.

그리고 십자가를 지고 오르는 골고다의 언덕길에서도 고독하셨다. 무거운 십자가를 지고 오르다 힘들고 지쳐서 수없이 넘어지고 쓰러졌지만, 당신의 십자가를 대신 지어 줄 단 한 사람의 제자도 나타나지 않았기 때문이다. 그리고 골고다 언덕에서 십자가에 못 박히는 그 순간에도 우리 주님은 고독하셨다. 그 잘난 남자들은 모두 어디로 다 떠나가고, 오직 갈릴리에서 온 여인들만 가득했기 때문이다. 이처럼 주님은 마지막 그 순간까지 철저히 고독한 그 길을 홀로 걸어가셨다. 십자가에 달려 6시간 동안 물과 피를 다 쏟은 주님은 드디어 마지막 유언을 남기신다.

"다 이루었다"(요 19:30).

그리고 주님은 이 땅에서의 짧은 생애를 다 마치셨다. 예수 그리스도의 33년의 생애, 그것은 철저히 고독한 삶이었다. 예수 그리스도 그분은 고독하게 태어나 고독하게 살다가 그렇게 고독하게 하나님께로 돌아가신 절대 고독자였다.

이른바 세상에서 잘나가는 사람들이 있다. 예를 들어, 돈이 많은 재벌이나, 또는 큰 권력을 가진 사람들의 주변에는 언제나 그를 따르는 사람들이 몰려든다. 이 같은 현상은 예나 지금이나 마찬가지이다. 그런데 그와 같은 재벌이나 권력자가 어느 날 돈과 권력으로부터 멀어졌을 때 어떤 현상이 나타나는가? 그 주변에 들끓던 많은 사람들이 흡사 썰물처럼 떠나간다. 더구나 그가 세상을 떠났다면 더 말할 나위가 있겠는가? 어제까지 굽실거리며 아부하고 자기 목숨이라도 내어줄 것 같았던 그 많은 사람들이 쉽게 등을 돌리고 떠나가는 모습을 흔히 본다.

2천 년 전에도 똑같은 일이 벌어졌다. 예수 그리스도께서 예루살렘에 입성하실 때 수많은 무리가 자기의 겉옷을 벗어 예수님의 타고 가시는 나귀 위에 얹어 안장을 만들었는가 하면, 또 어떤 자들은 가시는 길 위에 벗어 놓아 나귀가 그것을 밟고 지나가도록 최대의 경의를 나타냈다.

"호산나! 호산나! 다윗이 자손, 예수여! 당신은 우리의 구원자이십니다."

그렇게 목이 터져라 외치고 환호하던 그 무리들이 불과 닷새 후에는 180도 돌변하여 예수님을 십자가에 못 박으라고 외쳤던 것은 무슨 이유 때문이었을까? 모두들 예수님을 힘 있는 정치적 메시아로 기대하고 그가 로마의 압제로부터 유대 민족을 해방하고 새로운 질서를 회복하기를 바랐다. 하지만 그 무리들이 본 것은 힘없고 나약한 별 볼 일 없는 인간의 모습이었기 때문이다. 그런데 그것이 어찌 이름 없는 그 무리들뿐이었겠는가? 3년 동안 예수님과 함께 동고동락하면서 숱한 이적과 기사를 체험한 열두 제자들마저도 예수님을 떠나가지 않았는가? 제자단의 중책을 맡았던 제자 가룟 유다는 은 30에 스승을 팔아먹었고, 나머지 열한 명의 제자마저도 그들의 스승이 잡혀가던 순간 줄행랑을 쳤던 것이다.

예수님께서 벳새다 언덕에서 5천 명을 먹이시던 현장에서는 의기양양했던 제자들이었다. 죽었던 나사로를 살리시던 베다니의 무덤가에서는 벅찬 감동과 감격에 숨이 막힐 것 같았던 제자들이었다. 그리고 풍랑이는 바다 위를 걸어오시는 예수님을 보고는 살아 계시는 하나님의 아들임을 고백했던 제자들이었다. 그런가 하면 이런 능력의 주님을 바라보면서 그 주님이 장차 권좌에 앉으시면 큰 감투 하나씩 차지하겠다고 서로 다투던 제자들이었다. 그런데 스승이 힘없이 잡혀가는 순간 제자들의 환상은 여지없이 깨어지고 말았다.

'지금까지 메시아로 알았던 그분이 손 한 번 쓰지 못하고 잡혀가시다니…….'

'주님이 일체의 능력을 나타내지 못한 채 이렇게 잡혀가시다니…….'

온갖 회한과 상념이 제자들의 뇌리에 스쳐 지나갔다. 어쩌면 그들은 속았다는 생각에 몸부림쳤을지도 모른다. 모든 기대와 열망이 여지없이 땅에 떨어지고 말았다. 제자들은 철저히 절망했다. 그리고 이제 자기들도 잡혀가서 십자가에 달릴지 모른다는 공포감에 숨조차 제대로 쉬지 못하고 어둠 속으로 숨어들었다. 그들 중에는 "다 주를 버릴지라도 나는 언제든지 버리지 않겠나이다"(마 26:33)라고 큰 소리쳤던 수제자 베드로도 있었다. 스스로 "주님이 사랑하시는 제자"라고 일컬었던 요한도 있었다. 그런가 하면 "우리도 주와 함께 죽으러 가자"(요 11:16)라고 외쳤던 도마도 있었다.

주님께서 골고다 언덕 위 십자가에 달려 비참하게 돌아가시는 순간, 십자가 주변에는 갈릴리에서 온 많은 여자들만 있었다고 성경은 증거하고 있다. 그 가운데 몰래 숨어 숨을 죽이며 지켜보고 있는 사도 요한의 모습이 오히려 초라해 보일 뿐이었다.

그 순간을 역사가인 누가는 이렇게 기록하고 있다

> "때가 제 육시쯤 되어 해가 빛을 잃고 온 땅에 어두움이 임하여 제 구시까지 계속하며"(눅 23:44).

이 땅에 빛으로 오신 예수 그리스도, 그분의 생명이 끝나는 순간에 이 땅을 비추던 태양도 그 빛을 잃었다. 진리이신 예수 그리스도께서 그 진리를 전하기 위해 죽으셨다. 생명이신 예수 그리스도께서 그 생명을 전하기 위해 죽으셨다. 그리고 참 빛이신 예수 그리스도께서 그 빛을 전하기 위해 스스로 어둠에 떨어지셨다.

***어둠 속의 섬광(閃光)**

그런데 모든 가치와 이상이 사라진 그 절망의 어둠 속에서 갑자기 작은 섬광(閃光)이 번뜩인다. 주님의 빛 가운데 살고 있던 두 남자가 한 줄기 불꽃으로 등장하는 것이다. 그들의 이름은 아리마대 요셉과 니고데모이다. 성경에서 아리마대 요셉과 니고데모의 갑작스러운 등장은 획기적인 사건이다. 생각해 보라! 예수님이 가장 신뢰했고, 또 주님 곁에 가장 가까이 있던 열두 제자들조차 모두 주님을 배신하고 제 갈 길로 떠나간 시각, 그렇다면 그 누가 주님을 지킬 수 있겠는가? 더구나 십자가 위에서 힘없이 죽어간 나약한 인간 예수의 비참한 시신(屍身)을 어느 누가 거둘 수 있었겠는가?

그런데 그 순간 두터운 장막 뒤에 숨어 있던 낯선 남자가 불현듯 등장하고 있다. 그 사나이는 서슬 퍼런 빌라도 총독에게 다가가 예수님의 시신을 내어달라고 당당하게 요청하는 것이다. 예수님의 죽음과 함께 갑자기 성경의 무대 전면에 등장한 아리마대 요셉, 그는 누구인가?

> "저물었을 때에 아리마대 부자 요셉이라 하는 사람이 왔으니 그도 예수의 제자라"(마 27:57).

마태복음에 의하면 그는 부자였다. 마태가 특히 그가 부자였음을 강조하고 있는 이유는 무엇인가? 부자는 대개 보수적이며 현실적이다. 대부분의 부자들은 자신의 부유함 속에서 삶의 만족과 행복을 지키고 누리려고 한다. 따라서 내세(來世)보다는 언제나 현실에 더 충실하다. 그리고 그 현실을 누리고 지키기 위해 최선을 다한다. 그런데 모두가 위협을 느껴 어두운 곳으로 숨어버린 그 시각에 부자인 아리마대 요셉이 오히려 예수님의 제자로서의 자신의 모습을 드러내고 있다.

또한 아리마대 요셉은 존귀한 공회원이었다. 공회원이란 당시 71명으로 구성된 산헤드린 회원을 말하는데, 당시 산헤드린은 입법과 사법, 행정까지 관장하는 유대 최고의 평의회였다. 따라서 아리마대 요셉이 얼마나 높은 지위에 있었는지를 알 수 있다.

그렇다면 아리마대 요셉은 부와 명예와 권력, 그 모든 것을 다 소유한, 그래서 부러울 것 없는 존경받는 사람이었다. 그런데 그런 그가 갑자기 빌라도 총독 앞에 당당하게 나타나 예수님의 시신을 내어달라고 요구하는 것이다.

생각해 보라! 방금 전 예수 그리스도를 '스스로 하나님의 아들이라 일컫는 정신병자요, 율법을 어긴 이단자'로 정죄하여 십자가에서 못 박았다. 그리고 주님의 제자들마저도 겁에 질려 숨을 죽인 채 꽁꽁 숨어 있는 그 절망과 공포의 시간에 아리마대 요셉의 행위는 당시 분위기로 보아 위험천만한 짓이었다. 잘못하면 공회원 직에서 쫓겨나거나, 아니면 가진 재산을 다 빼앗기거나 심지어는 자기 목숨을 잃을지도 모를 상황이었다. 열두 제자들마저도 겁에 질려 모두 도망한 상황이라면 더 말해 무엇하겠는가?

아리마대 요셉이 언제 예수님의 제자가 되었는지는 알 수 없다. 그러나 그는 이미 오래 전 예수님의 제자가 되어 주님을 따르면서 하늘나라를 소망하던 의로운 사람이었다. 그러나 사회적 지위로 인해 그동안 자신을 드러내지 않고 숨어 있다가 예수님의 죽음과 함께 비로소 자신을 나타냈던 것이다. 요한복음의 말씀을 보자.

> "아리마대 사람 요셉이 예수의 제자나 유대인을 두려워하여 은휘하더니"(요 19:38).

아리마대 요셉이 그동안 유대인들이 무서워 숨어 있었다는 것을 요한은 강조하고 있다. 그동안 장막 뒤에 숨어 있던 아리마대 요셉이 갑자기 성경의 전면에 나타난다. 예수님의 죽음과 함께 주님의 열두 제자들이 잠시 성경의 무대 전면에서 물러선 순간, 갑자기 등장하여 새로운 조역을 담당하고 있는 아리마대 요셉, 사실 그의 등장은 예수님이 처형당하기 직전부터였다. 누가복음의 말씀을 살펴보자.

> "공회 의원으로 선하고 의로운 요셉이라 하는 사람이 있으니 (저희의 결의와 행사에 가타 하지 아니한 자라) 그는 유대인의 동네 아리마대 사람이요 하나님의 나라를 기다리는 자러니"(눅 23:50-51).

공회원이었던 그는 이전의 산헤드린 공회 재판에서 예수님의 처형을 담대하게 반대했던 것이다. 당시 산헤드린 공회는 예수님을 그들에 대한 도전 세력으로 규정하고 핍박했다. 그러나 아리마대 요셉은 다수의 악을 따르지 않고 홀로 의로운 길을 걸어갔다.

성경은 그를 선하고 의로운 사람이었다고 기록하고 있다. 그는 많은 재물과 권력, 그리고 사람들이 부러워하는 명예를 가진 자였지만 그런 것에 자족하거나 집착하지 아니하고, 오히려 선함과 의로움을 좇는 신실한 사람이었다. 그런가 하면 아리마대 요셉은 예수 그리스도를 통해 하나님의 나라가 실현되기를 소망했던 참 믿음의 사람이었다. 그는 세상에서 성공한 존귀한 자였지만 썩어질 유한한 것에 관심을 기울이지 않았다. 그는 언제나 영원한 하나님의 나라를 바라보며 거룩한 삶을 사는 소망의 사람이었다.

참 신앙은 이처럼 힘들고 위급할 때 나타나는 것이다. 평소에는 잘 믿는 사람인 줄 알았는데 어느 날 인생에 환난이나 핍박이 다가

오면 주님을 원망하거나 부인하며 떠나가는 사람들의 모습을 흔히 볼 수 있다. 주님으로부터 천국의 열쇠를 받았던 수제자 베드로를 비롯해 열두 제자가 모두 떠나간 즈음, 예기치 않게 나타난 아리마대 요셉의 모습을 통해 참 신앙인의 모습을 바라본다.

빌라도의 허락을 받은 아리마대 요셉은 자기를 위해 마련해 두었던 호화스런 돌무덤에 예수님을 장사지냈다. 그는 주님이 마지막 가시는 길을 참으로 아름답고 고귀하게 예비했다. 복음서는 아리마대 요셉의 순전한 이야기를 모두 전하고 있다.

아리마대 요셉과 거의 같은 시각, 두터운 장막을 걷어 제치고 성경의 전면으로 뚜벅뚜벅 다가오는 또 한 사람의 이야기를 전하지 않으면 안 된다. 그는 바로 니고데모이다.

앞서 서술했듯이 주님의 제자들조차 붙잡혀 처형을 당할까 두려워 모두 도망친 그 현장에서 예수님의 시신을 거두어 장사지낸다는 것은 대단히 위험한 일이었다. 그것은 곧 자기 자신이 예수의 제자임을 만천하에 드러내는 것이요, '하나님을 자칭하는 이단아'로 낙인 찍힌 예수에 동조하는 불순한 무리로 인정되어 중한 처벌을 받을 수도 있는 일이었기 때문이다. 그런 위험한 상황에서 빌라도 총독에게 나아가 담대하게 예수님의 시신을 요구하는 아리마대 요셉의 모습이 돋보이지만, 그와 함께 니고데모 또한 당당히 자기의 존재를 드러내며 요셉과 더불어 예수님의 시신을 거두어 장사지내는 용기와 신실함을 보여주고 있다. 요한복음은 니고데모의 행한 일을 이렇게 기록하고 있다.

"일찍 예수께 밤에 나아왔던 니고데모도 몰약과 침향 섞은 것을 백 근 쯤 가지고 온지라 이에 예수의 시체를 가져다가 유대인의 장례법대로 그 향품과 함께 세마포로 쌌더라"(요 19:39-40).

니고데모가 가지고 온 몰약은 시체를 염할 때 사용하던 방부제였다. 따라서 그것은 당시 귀하고 값이 비싼 것이었다. 예수님이 탄생하셨을 때 동방박사 세 사람이 찾아와 드린 예물이 무엇이었는가? 황금과 유향과 몰약이었다. 이처럼 몰약은 굉장히 고귀한 물건이었음을 알 수 있다. 침향은 향유를 말한다. 다시 말해, 향기 나는 기름으로서 유대인들의 전통적 관례에 의하면 장사지낼 때 시신에 향유를 발라 악취를 제거했다. 침향 또한 귀하고 값비싼 것이었다.

복음서에 기록되어 있는 마리아의 이야기가 생각난다. 마리아는 어느 날 자기의 소중한 옥합을 깨어 값비싼 향유를 예수님의 몸에 부어드렸다. 성경은 그때 그 향유의 가치가 삼백 데나리온, 곧 노동자 1년치의 액수였음을 밝히고 있다. 그러면 죽은 자를 장사지내는데 꼭 필요한 것은 무엇이겠는가? 먼저 가장 시급한 것은 시신에 바르는 몰약과 향품이요, 그다음은 시신에 입히는 수의요, 맨 마지막은 시신을 안치하는 무덤이다. 그런데 그 장례의 전 과정을 아리마대 요셉과 니고데모 두 사람이 정성껏 치른 것이다.

즉 아리마대 요셉은 자기를 위해 예비해 두었던 새 돌무덤에 예수님을 안장했고, 니고데모는 값비싼 몰약과 향품을 가지고 와서 예수님의 시신을 정결히 씻고 발라드렸다. 그리고 준비해 온 세마포로 예수님의 시신을 싸서 무덤에 장사지냈던 것이다.

그런데 그날 니고데모가 몰약과 침향을 가지고 오지 않았더라면 예수님의 시신은 그런 장례 절차도 없이 그냥 무덤에 아무렇게나 장사지냈을 것이다. 그 사실을 막달라 마리아의 행동에서 쉽게 짐작할 수 있다.

> "안식일이 지나매 막달라 마리아와 야고보의 어머니 마리아와 또 살로메가 가서 예수께 바르기 위하여 향품을 사다 두었다가 안식 후 첫날 매우 일찍이 해 돋은 때에 그 무덤으로 가며"(막 16:1-2).

막달라 마리아를 비롯한 세 여인이 안식 후 첫 날, 그러니까 예수님이 돌아가신 지 사흘 째 되던 날 이른 아침 가장 먼저 주님의 무덤으로 달려갔다. 그런데 여인들의 손에는 향품이 들려 있었다. 그것은 무엇을 뜻하는가? 사흘 전 예수님이 십자가 위에서 돌아가시고 난 다음 장사지낼 때, 주님의 시신에 향품을 발라드릴 수 없었을 것이라는 절박한 당시 상황을 묘사하고 있다.

주님께서 부활하신 그 새벽, 준비한 향품을 들고 급히 무덤에 도착한 막달라 마리아는 깜짝 놀랐다. 급한 마음에 사흘을 기다렸다가 안식 후 첫 날 이른 새벽에 무덤으로 뛰어오면서 그 무겁고 거대한 돌무덤을 어떻게 열고 들어가 주님의 시신에 향품을 발라드릴 것인가 하고 걱정했는데, 이미 돌무덤은 훤히 열려 있었고 주님의 시신은 보이지 않는 것이었다.

그 허망한 현실에 마리아는 눈물이 터져나왔다.

"마리아는 무덤 밖에 서서 울고 있더니 울면서 구푸려 무덤 속을 들여다보니"(요 20:11).

여기서 '울다'라는 말의 원어는 '클라이오'(klaio)이다. 이 말의 뜻은 단순히 눈물을 흘리고 있는 것이 아니라 통곡하고 있다는 뜻이다. 막달라 마리아는 텅 빈 무덤 앞에 앉아 부활의 새벽에 통곡하고 있다. 그것은 향품을 발라드릴 주님의 시신이 사라졌기 때문이다.

죽은 자의 시신에 발라야 할 향품조차 발라드리지 못하고 장사지낸 것도 서러운데, 늦었지만 그때에라도 주님의 시신에 향품을 발라드리려고 했던 막달라 마리아에게 예수님의 시신이 사라졌다면 얼마나 슬프고 가슴 아팠겠는가? 이렇듯 죽은 자에게 바르는 향품은 중요한 것이요, 당시 장례 관습으로 꼭 필요했던 것이었다. 사랑하는 주님께서 마지막 가시는 길에 막달라 마리아의 마음은 찢어질 듯이 아팠다.

그런데 예수님의 열두 제자들조차 하지 못한 그 귀한 일을 니고데모가 남모르게 시행했던 것이다. 주님을 사랑했던 막달라 마리아조차 알지 못하게 말이다.

*한밤중에 주님을 찾아왔던 사람

그러면 니고데모, 그는 누구인가? 니고데모는 앞에서 소개한 아리마대 요셉처럼 그 또한 공회원이었다. 그렇다면 니고데모는 요셉과 마찬가지로 귀하고 높은 신분을 가진 자로서 남들 앞에 나서서 예수님의 시신을 수습하고 장사지내기에 쉽지 않은 사람이었다. 니고데모 또한 그 일로 인하여 공회원의 직위를 박탈당하거나 파문당할 수 있었기 때문이다. 그런데 니고데모는 예수님의 제자들이 모두 공포에 질려 도망간 시각, 오히려 자신을 드러내며 그 귀한 사역을 담당했던 것이다.

니고데모는 요한복음 3장에 처음 등장한다. 어느 날 밤에 니고데모가 예수님을 찾아왔다. 그는 주님께 이렇게 질문했다.

> "당신은 하나님께로서 오신 선생인 줄 아나이다 하나님이 함께하시지 아니하시면 당신의 행하시는 이 표적을 아무라도 할 수 없음이니이다"(요 3:2).

주님은 말씀하셨다.

> "진실로 진실로 네게 이르노니 사람이 거듭나지 아니하면 하나님 나라를 볼 수 없느니라"(요 3:3).

니고데모의 두 번째 질문이 이어진다.

> "사람이 늙으면 어떻게 날 수 있삽나이까 두 번째 모태에 들어갔다가 날 수 있삽나이까"(요 3:4).

예수님은 다시 말씀하셨다.

"사람이 물과 성령으로 나지 아니하면 하나님 나라에 들어갈 수 없느니라"(요 3:5).

니고데모의 세 번째 질문이 이어진다.

"어찌 이러한 일이 있을 수 있나이까"(요 3:9).

그러자 주님은 말씀하셨다. 그 유명한 요한복음 3장 16절 말씀이다.

"하나님이 세상을 이처럼 사랑하사 독생자를 주셨으니 이는 저를 믿는 자마다 멸망치 않고 영생을 얻게 하려 하심이니라"

그날 니고데모는 어두운 밤에 예수님을 찾아왔다고 성경은 말하고 있다. 오랫동안 삶과 영원의 문제에 관해 심각하게 번민했던 그가 굳이 한밤중에 주님을 찾아온 까닭은 무엇이었을까? 밤은 모두가 쉬어야 할 시각이요, 또 낯선 사람을 찾아가려면 당연히 낮에 가야 하는 것이 예의이다. 더구나 니고데모가 공회원이었다면 그 누구보다 학식 있고 예의 있는 엘리트였을 텐데 말이다.

그렇다면 그 이유는 무엇이었을까? 그것은 자기 신분을 노출시키지 않으려는 의지 때문이었다. 산헤드린 공회원이라면 당시 유대인의 최고 권력 기관으로서 대단한 권력과 명예를 누린 최고의 사회 지도급 인사이다. 그런데 당시 예수는 '스스로 하나님의 아들임을 사칭하는 사기꾼이요, 정신 이상자, 또는 이단아'로 낙인찍혀 있던 요주의(要注意) 인물이었다. 그러므로 공회원인 니고데모는 당연히 예수님을 낮에 떳떳하게 찾아갈 수 없는 위치였다.

산헤드린 공회원으로서 최고의 권력과 명예를 누렸던 니고데모, 그러나 그에게는 풀리지 않는 인생의 문제들이 있었다. 그것은 곧 삶과 죽음의 문제였다. 그는 날마다 하나님 나라와 영생의 문제에 대해 고민했다. 오랜 시간 잠을 못 이루고 번민하던 니고데모는 예수님께 찾아가 근원적인 문제의 해결을 찾고자 결심한다. 그러나 자기의 신분이 탄로나면 어렵게 얻은 그 귀한 지위가 흔들릴까 봐 두려워서 모두가 잠든 한밤중에 조용히 예수님의 방문을 두드렸던 것이다. 니고데모와 함께 예수님의 시신을 거두어 자기의 무덤에 장사했던 아리마대 요셉과 같은 맥락이다. 똑같이 공회원이었던 요셉과 니고데모가 자기 신분을 철저히 숨겨왔던 것으로 미루어 당시 예수님의 제자로 공공연히 살아간다는 것이 얼마나 위험스럽고 어려운 일이었는지 미루어 짐작할 수 있다.

니고데모는 요한복음 3장에 처음 나타난다. 여기에 등장하는 니고데모의 모습을 보면 참으로 어이가 없다. 여기서는 니고데모와 예수님의 우문현답(愚問賢答)이 계속되고 있다. 한 나라의 공회원이라면 지식인이라 할 수 있음에도, 그날 니고데모는 예수님께 계속 우매한 질문을 던지는 우스꽝스러운 모습을 보이고 있는 것이다. 따라서 그날 밤 주님을 찾아왔던 니고데모가 과연 진리를 알고 영생을 찾았는지, 아니면 어떤 부자 청년처럼 육신을 따라 멸망으로 떨어졌는지 짐작할 수 없다. 그런데 그 후 성경 속에서 사라졌던 니고데모가 예수님의 죽음과 함께 성경의 위대한 조역으로 등장하고 있는 것이다. 그날 밤 예수님을 만난 니고데모는 비로소 진리를 찾았던 것이다. 그리고 영생을 얻었던 것이다.

예수님의 장례는 결국 산헤드린 공회원이었던 아리마대 요셉과 니고데모, 두 사람의 손으로 치러졌다. 참으로 아이러니한 일이다. 예수님이 산헤드린 공회에서 사형 평결을 받고 십자가에서 처형되었는데, 그 주님의 장례가 또한 산헤드린 공회원들에 의해 정중히 치러졌으니 말이다. 같은 산헤드린 공회원으로서 예수님의 시신을 수습하고 장사지낸 니고데모와 아리마대 요셉, 그들은 모두 숨어 있던 예수님의 제자들이었다.

그렇다면 니고데모와 아리마대 요셉, 그들은 서로가 예수님의 제자였음을 알고 있었을 가능성이 많다. 같은 공회원이요, 또 같은 예수님의 제자로서 그들은 늘 이심전심(以心傳心)으로 마음이 통했을 것이다. 유유상종(類類相從)이라는 말이 있지 않는가? 그동안 외부의 눈이 두려워 서로 자기의 신분을 숨기고 있었지만, 예수님이 돌아가신 뒤 어느 누구도 시신을 수습할 수 없는 그 절박한 상황에서 그들은 의기투합했고, 그 순간 담대하게 자기들의 신분을 드러내며 성경의 전면에 등장했던 것이다.

그날 밤 한밤중에 주님을 찾아왔던 니고데모, 그에게 있어 그 밤은 그 전까지 날마다 경험했던 수많은 흑암의 밤이 아니요, 또 그렇게 잠을 못 이루고 뒤척이며 번민과 절망으로 가득했던 불면의 밤도 아니었다. 그 밤은 그의 일생에서 가장 찬란한 진리의 밤이었다. 그런가 하면 그 밤은 영원한 생명을 찾은 황홀한 소망의 밤이었다. 그날 밤 니고데모가 주님의 신실한 제자가 되었음은 의심할 여지조차 없는 일이요, 그가 주님의 마지막 가시는 길을 예비함 또한 당연한 것이었다.

살아생전에 그토록 고독했던 예수 그리스도, 그러나 마지막 가는 길만은 고독하지 않았다. 아름다운 두 남자, 아리마대 요셉과 니고데모가 있었기 때문이다. 그런가 하면 주님은 평생 가난하고 척박한 삶을 사셨건만 마지막 그 길에서는 평생 누릴 수 없는 호화로운 축복을 누리셨다. 주님의 시신은 값비싸고 귀한 몰약과 침향으로 닦아지고 뿌려져 고운 세마포에 정성껏 싸여져 한 번도 장사지낸 적이 없는 부자의 호화로운 돌무덤에 안치되었기 때문이다.

*요셉과 니고데모의 행위가 중요한 이유

그러면 아리마대 요셉과 니고데모의 행한 일이 이처럼 중요하게 성경에 기록된 이유가 무엇이겠는가? 사랑하는 제자들마저 줄행랑을 쳐버린, 그래서 아무도 거들떠보지 않는 예수님 곁에 나타난 신실한 두 남자의 등장이 유난히 돋보였기 때문이었을까?

아리마대 요셉과 니고데모의 행위는 겉으로 드러난 사실보다는 오히려 드러나지 않은 사실이 더욱 중요하다. 그것은 성경을 뒤집어 보면 오히려 더 쉽게 이해된다.

이렇게 상상해 보자. 만일 아리마대 요셉과 니고데모가 그날 성경의 무대 전면에 나타나지 않았다면 어떤 결과를 초래했을까? 그것을 상상하기는 그리 어려운 일이 아니다.

먼저 아리마대 요셉의 경우를 살펴보자. 만약 아리마대 요셉이 자기 무덤을 주님께 내어드리지 않았다면 어떤 결과를 초래했을까?

첫째, 예수님에 대한 성경의 예언이 이루어지지 않았을 것이다.

> "그는 강포를 행치 아니하였고 그 입에 궤사가 없었으나 그 무덤이 악인과 함께 되었으며 그 묘실이 부자와 함께 되었도다"(사 53:9).

아리마대 요셉은 자기를 위해 마련해 두었던 돌무덤에 예수님을 장사지냄으로써 그가 가진 가장 귀한 것을 예수님께 아낌없이 드렸다. 그리고 그 일로 인해 구약 성경의 예언을 이루었다. 만약 아리마대 요셉이 자기 무덤을 주님께 드리지 않았다면 성경의 예언은 거짓이 되었을 것이다. 요셉의 행위는 자기도 인식하지 못했던 성경의 위대한 예언을 이루게 한 것이다.

둘째, 그날 아리마대 요셉에 의해 예수님의 시신이 깨끗하게 거두어짐으로써 예수님은 아름다운 부활의 아침을 맞이할 수 있었다. 아리마대 요셉이 아니었다면, 아마 예수님의 시신은 기드론 공동 묘지에 버려져 흉악한 범죄자들의 시신과 함께 뒤섞여 부패했거나, 또는 들짐승들의 먹이로 전락했을 것이다.

만약 그렇다면 어떤 일이 일어났겠는가? 사흘 후에 부활하신 예수님은 어떤 모습이었을까? 온갖 흉악범들의 썩어가고 악취 나는 시체 더미 속에서 더러운 오물을 잔뜩 뒤집어쓴 채 산발한 유령 같은 모습으로 부활하셨다면 매우 초라하고 지저분하며, 참으로 공포스러운 모습이었을 것이다. 그것은 요즘 말하는 좀비 같은 모습이 아니었을까? 그런 예수님의 부활의 모습을 보고 그 누가 장엄하고 감동스럽다고 말할 수 있겠는가? 또한 부활의 새벽 기드론 공동묘지의 여기저기 썩어 부패해 가는 시체더미 속에서 예수님의 시신을 찾아 잔뜩 겁에 질린 모습으로 헤매고 있을 막달라 마리아의 모습을 상상해 보라!

이처럼 아리마대 요셉으로 인하여 주님의 부활은 아름답고 영광스러운 부활이 될 수 있었다. 그런데 아리마대 요셉이 예수님께 자기의 새 무덤을 드릴 때 이와 같은 위대한 역사가 일어날 줄 상상이나 했겠는가? 그렇다! 사람들이 보기에는 비록 하찮은 일일지라도 신실한 믿음으로 행할 때, 그것은 예수 그리스도를 통하여 상상치 못할 위대한 일로 변할 수 있다는 사실을 우리는 아리마대 요셉을 통해 교훈 받는다. 주님의 일에는 능력이 있다. 그분은 바로 살아 계신 하나님이시기 때문이다. 예수님께서 십자가에 달리신 그날 골고다 언덕은 절망의 언덕이었다. 모두가 죽음과 절망의 비탄에 빠져 한숨짓는 순간, 한 사람 아리마대 요셉으로 인하여 새로운 소망과 생명이 잉태되었던 것이다.

무덤은 무엇인가? 무덤은 죽은 사람을 장사지내는 곳이다. 무덤은 곧 생명 있는 자의 종착점이다. 따라서 그곳에는 생명이 없다. 무덤은 곧 죽음의 상징이요, 절망의 상징이다. 아리마대 요셉의 무덤이라고 해서 다를 것이 무엇이었겠는가? 그가 부자였던 고로 호화스러운 돌무덤이었을 뿐이지 죽은 사람을 장사지내는 여느 무덤과 다를 바 없는 똑같은 무덤이었다. 그러나 주님께서 장사된 지 사흘 후 요셉의 무덤은 전혀 다른 무덤으로 바뀌었다. 주님의 부활로 말미암아 절망의 무덤이 소망의 무덤으로 바뀌었다. 슬픔의 무덤이 기쁨의 무덤으로 바뀌었다. 죽음의 무덤이 생명의 무덤으로 바뀌었다.

그의 무덤은 더 이상 음울하고 칙칙한 죽음과 파멸의 슬픈 종착역이 아니라 찬란한 부활의 진원지가 되었다. 그렇다면 아리마대 요셉의 무덤은 죽은 자를 장사한 곳이 아니었다. 예수님의 시신이 장사된 순간부터 삼 일 동안, 그 무덤은 영원한 생명을 잉태한 부활의 찬란한 자궁이었다.

만약 그날 아리마대 요셉이 예수님의 열두 제자들처럼 주님을 버리고 끝까지 두터운 장막 뒤에 숨어 있었더라면 어떻게 되었을까? 그는 원래의 계획대로 자기를 위해 예비한 화려한 돌무덤 속에 예수님 대신 장사되어 그의 육신도 영혼도, 처참하게 영원히 무너져내렸을 것이다. 그렇다면 그때 그의 돌무덤은 더 이상 특별한 무덤일 수 없다. 세상의 다른 무덤과 똑같은 절망과 파멸의 서글픈 종착역 이상의 그 무엇일 수 없다. 그런데 아리마대 요셉이 그의 가장 귀한 소유물이었던 자기 무덤을 예수님께 드렸을 때 비로소 그곳에서는 인류 역사를 뒤흔드는 장엄한 부활의 대역사가 시작되었던 것이다.

한 사람의 작은 믿음이 죽음을 생명으로 바꾸게 한다. 한 사람의 진정한 드림이 죽음으로부터 부활의 역사를 나타나게 한다. 절망을 소망으로 바꾸시고, 또 죽음을 생명으로 바꾸시는 분, 그리고 죽은 자의 무덤을 부활의 진원지로 삼으시는 예수 그리스도를 바라보자!

예수님의 생애 중 가장 마지막 순간의 역사 속에 등장한 아리마대 요셉, 그의 신실한 믿음이 우리를 숙연케 한다. 그리고 그의 아름다운 드림이 우리 영혼을 기뻐 뛰게 한다.

이번에는 니고데모의 경우를 살펴보자. 만약 니고데모가 그날 몰약과 향품, 그리고 세마포를 가지고 예수님께 나오지 않았다면 어떤 일이 일어났을까? 유대인들이 죽은 시신에 향품을 바르는 이유는 무엇인가? 그것은 그 땅의 기후 때문이다. 후텁지근한 기후로 인해 사람이 죽으면 그 시신이 금방 부패하여 냄새가 진동한다. 따라서 유대인들은 그 시신의 부패와 악취를 방지하고자 시신에 몰약과 향품을 바르는 것이다. 그렇다면 그날 니고데모가 예수님의 시신에 몰약과 향품을 바르지 않았다면, 장사되어 삼 일 동안 무덤 속에 안치되어 있던 예수님의 시신이 썩어 문드러지고, 심한 악취가 풍겼을 것이다.

> "예수께서 가라사대 돌을 옮겨 놓으라 하시니 그 죽은 자의 누이 마르다가 가로되 주여 죽은 지가 나흘이 되었으매 벌써 냄새가 나나이다" (요 11:39).

베다니의 나사로가 죽은 지 나흘이 지나 예수님께서 그의 무덤을 찾아오셨을 때 마리아가 하는 말이다. 나사로의 시신에 향품을 바르지 않았겠는가? 당연히 그들의 장례 풍습대로 향품을 발라 장사했을 것이다. 그런데 죽은 지 나흘이 되었다면 시신은 부패해 간다. 그리고 악취가 날 수밖에 없다. 그럴진대 향품과 몰약으로 처리하지 않고 시신을 그냥 장사했다면 더 말할 나위가 무엇이겠는가? 그 시신은 더운 기후 속에서 썩을 대로 썩어 문드러지고 무덤 속에는 감당할 수 없는 악취가 진동했을 것이다. 그렇다면 영광스러운 부활의 아침, 주님께서 사흘 동안 누워 있었던 그 무덤은 어떻겠는가? 아마도 시체 썩는 악취로 가득 찼을 것이다. 그러면 막달라 마리아가 악취 풍기는 그 무덤 앞에 앉아 통곡하다 주님을 만날 수 있었겠는가? 시체 썩는 고약한 냄새가 풍기는 무덤에서 부활하신 예수 그리스도, 그분을 바라보는 막달라 마리아를 생각해 보라! 그것은 아무리 좋게 생각해도 결코 아름다운 장면이 아니다. 그리고 영광스러운 일일 수도 없다.

또 베드로와 요한이 무덤 속으로 들어가 주님의 시신이 없어졌음을 확인할 수 있었겠는가? 아마 그들은 무덤 앞까지 뛰어왔다가 안에서 풍기는 악취로 말미암아 두 손으로 코를 막고 급히 되돌아갔을 것이다. 그러나 니고데모로 인하여 귀한 몰약과 향품으로 수습하여 안치한 예수님의 시신이었기에 삼 일 후 아름답고 향기로운 모습으로 부활할 수 있었던 것이다.

그렇다! 주님께서 부활하신 텅 빈 무덤에서는 그날 악취 대신 향기가 피어났다. 그 향기는 니고데모가 예수님께 발라드린 몰약과 향품의 단순한 향기가 아니었다. 그 향기는 신실한 믿음의 향기였다. 그 향기는 주님을 향한 사랑의 향기였다. 그 향기는 진리의 향기였다. 그리고 그 향기는 영원의 향기였다. 그날 니고데모가 주님께 드린 그 향기가 참 아름답고 귀한 향기로 오늘 이 시간까지도 은은히 풍기고 있지 않는가!

그날 니고데모가 귀한 향품과 함께 주님의 시신을 감싸드렸던 세마포 또한 얼마나 귀한 것인지 모른다. 요한복음 20장이 전하는 말씀을 보자.

"시몬 베드로도 따라와서 무덤에 들어가 보니 세마포가 놓였고 또 머리를 쌌던 수건은 세마포와 함께 놓이지 않고 딴 곳에 개켜 있더라"(요 20:6-7).

이 본문 속에서 우리가 관심을 기울이지 않을 수 없는 단어는 '놓였다'는 동사와 '개켜 있더라'라는 동사이다. '놓였다'는 동사의 헬라어 원어는 '케이마이'(keimai)인데, 그것은 아무렇게나 놓인 상태가 아니라 잘 정돈되어 있는 상태를 뜻하는 단어이다. 또한 '개켜 있더라'는 동사의 원어 '엔툴리쏘'(entulisso)는 마치 붕대를 감듯이 정성을 다한 행위를 뜻하는 단어이다. 예수님의 시신이 사라져버린 텅 빈 무덤 안에는 죽은 예수님의 시신을 감쌌던 세마포와 수건만이 덩그러니 남겨져 있었다. 그러나 그것은 아무렇게나 무질서하게 던져져 있는 것이 아니라, 잘 개켜져 정돈되어 있었던 것이다.

사도 요한이 이 장면을 이렇듯 상세하게 성경에 기록한 이유는 무엇이었을까? 그 해답은 마태복음 27장에서 찾아볼 수 있다.

"저물었을 때에 아리마대 부자 요셉이라 하는 사람이 왔으니 그도 예수의 제자라 빌라도에게 가서 예수의 시체를 달라 하니 이에 빌라도가 내어주라 분부하거늘 요셉이 시체를 가져다가 정한 세마포로 싸서 바위 속에 판 자기 새 무덤에 넣어 두고 큰 돌을 굴려 무덤 문에 놓고 가니 거기 막달라 마리아와 다른 마리아가 무덤을 향하여 앉았더라 그 이튿날은 예비일 다음 날이라 대제사장들과 바리새인들이 함께 빌라도에게 모여 가로되 주여 저 유혹하던 자가 살았을 때에 말하되 내가 사흘 후에 다시 살아나리라 한 것을 우리가 기억하노니 그러므로 분부하여 그 무덤을 사흘까지 굳게 지키게 하소서 그의 제자들이 와서 시체를 도적질하여 가고 백성에게 말하되 그가 죽은 자 가운데서 살아났다 하면 후의 유혹이 전보다 더 될까 하나이다 하니 빌라도가 가로되 너희에게 파수꾼이 있으니 가서 힘대로 굳게 하라 하거늘 저희가 파수꾼과 함께 가서 돌을 인봉하고 무덤을 굳게 하니라"(마 27:57-66).

예수님을 처형했음에도 불구하고 대제사장들과 바리새인들은 마음을 놓지 못했다. 평소 예수님께서 죽은 지 사흘 후에 부활하신다고 했던 이야기가 생각났던 것이다. 그들은 그 말을 사실 그대로 믿은 것이 아니라 예수님의 제자들이 무덤에 들어가 시신을 훔쳐간 다음, 예수님이 부활했다고 헛소문을 퍼뜨릴지 모른다는 우려 때문이었다. 그래서 그들은 빌라도 총독의 허가를 받아 무덤에 봉인을 한 다음 무장한 로마 병정들로 하여금 철통같이 지키게 하였던 것이다.

부활의 그 아침, 텅 빈 무덤 속에는 오직 예수님의 시신을 쌌던 세마포와 수건만 덩그러니 남아 있었다. 그런데 그것은 아무렇게나 내팽개쳐 있는 것이 아니라 가지런히 정돈되어 있었다. 그렇다면 이것이야말로 예수님의 시신을 누군가가 도적질해 간 것이 아니라, 부활하셨음을 알리는 위대한 산 증거가 아니겠는가?

생각해 보라! 누군가가 와서 무덤 문을 열고 예수님의 시신을 훔쳐갔다면, 무장한 로마 군인들이 철통같이 경비를 서고 있는 그 위험한 순간에 무슨 여유가 있어 수건과 세마포를 벗기고 시신만을 훔쳐 갔겠는가? 그냥 세마포와 수건에 싸인 시신을 그냥 들고 도망가기도 급한 시간이 아니었겠는가? 설령 예수님의 시신을 확인하기 위하여 수건과 세마포를 벗겼다고 가정해도 그것을 그냥 집어 팽개쳐버리지, 어떻게 잘 정돈하여 개켜 놓았겠는가?

따라서 시신을 쌌던 세마포와 수건이 잘 개켜 있었다는 것은 바로 예수님께서 부활하셨다는 사실을 말없이 웅변하고 있는 것이다. 그 세마포와 수건을 부활하신 주님께서 개켜 놓았는지, 아니면 천사들이 개켜 놓았는지는 알 수 없다. 그러나 잘 정돈되어 개켜 있는 세마포와 수건은 바로 부활의 귀중한 증거품이 되었다. 만약 그날 텅 빈 무덤 안에 세마포와 수건이 내팽개치듯이 여기저기 흩어져 있었다면, 예수님의 시신을 누군가가 도적질해 간 것이 틀림없을 것이기 때문이다. 니고데모가 주님께 드렸던 세마포와 수건은 이렇듯 위대한 부활의 산 증거가 된 것이었다.

니고데모가 예수님께 드린 세마포와 수건이라고 해서 특별한 물건은 아니었을 것이다. 니고데모가 만약 그 세마포와 수건을 자신을 위해 사용했다면 그것이 다른 세마포나 수건과 다를 것이 무엇이었겠는가? 그냥 썩어 없어져 아무 의미도 없을 것이다. 그때 이후 만들어져 사용된 수많은 세마포와 수건이 아무 의미도 없이 사라진 것처럼 말이다.

그러나 그 의미 없는 천 조각, 세마포와 수건이 예수 그리스도께 드려졌을 때, 그것은 더 이상 의미 없이 썩어 없어질 쓰레기 같은 것이 아니요 주님의 부활을 증거하는 찬란한 영광으로 영원히 빛나고 있는 것이다. 아리마대 요셉이 주님께 드릴 때, 니고데모가 주님께 드릴 때, 그것이 비록 세상에서는 하찮은 것일지라도 주님에 의해 인류 역사를 뒤흔드는 놀랍고 신비한 능력의 원천이 될 수 있음을 보여주고 있다.

아리마대 요셉과 니고데모, 그들은 예수님께서 가장 고독했던 시간에 불현듯 나타나 성경의 가장 어두웠던 순간을 오히려 빛나는 순간으로 타오르게 한 작은 불꽃이었다.

절망의 현장에서
부활의 현장으로

요한복음 20장 11-18절

"마리아는 무덤 밖에 서서 울고 있더니 울면서 구푸려 무덤 속을 들여다보니 흰옷 입은 두 천사가 예수의 시체 뉘었던 곳에 하나는 머리 편에, 하나는 발 편에 앉았더라 천사들이 가로되 여자여 어찌하여 우느냐 가로되 사람이 내 주를 가져다가 어디 두었는지 내가 알지 못함이니이다 이 말을 하고 뒤로 돌이켜 예수의 서신 것을 보나 예수신 줄 알지 못하더라 예수께서 가라사대 여자여 어찌하여 울며 누구를 찾느냐 하시니 마리아는 그가 동산지기인 줄로 알고 가로되 주여 당신이 옮겨 갔거든 어디 두었는지 내게 이르소서 그리하면 내가 가져가리이다 예수께서 마리아야 하시거늘 마리아가 돌이켜 히브리 말로 랍오니여 하니 (이는 선생님이라) 예수께서 이르시되 나를 만지지 말라 내가 아직 아버지께로 올라가지 못하였노라 너는 내 형제들에게 가서 이르되 내가 내 아버지 곧 너희 아버지, 내 하나님 곧 너희 하나님께로 올라간다 하라 하신대 막달라 마리아가 가서 제자들에게 내가 주를 보았다 하고 또 주께서 자기에게 이렇게 말씀하셨다 이르니라."

*인류 구원의 대서사시

성경은 예수 그리스도의 전 인류를 위한 구원의 대서사시이다. 따라서 3,500여 년 동안의 시간과 공간을 통해 기록된 성경 속에는 예수 그리스도의 넘치는 은혜와 사랑이 흐르고 있다. 그런가 하면 예수 그리스도를 도와 위대한 구원 사역에 동참하고 있는 숱한 조역들, 다시 말해 그 시대 영웅호걸들의 이야기가 등장하고 있다. 또 한편으로는 부끄럽고 창피한 죄인들의 숨기고 싶은 이야기가 등장하기도 한다.

그러나 분명한 것은 성경에 등장하는 모든 인물들이 크든 작든 직간접적으로 예수 그리스도의 구원 사역에 관계되고 있다는 사실이다. 예를 들어, 우리가 잘 아는 가룟 유다는 예수 그리스도의 열두 제자였지만 은 30에 눈이 멀어 스승을 팔아 넘겼다. 그러나 주님은 그 흉악한 십자가의 죽음을 통하여 하나님께서 계획하신 인류 구원의 대사역을 이루신 것이다. 그렇다고 여기서 가룟 유다의 행위가 절대로 정당화될 수 있는 것은 물론 아니다. 더구나 가룟 유다는 예수님께서 당신의 구원 사역을 위하여 제물로 삼은 사람도 아니다. 유다는 스스로 파멸의 길을 걸어간 사람이다. 그러나 주님께서는 비록 악인일지라도, 그리고 악한 일일지라도 당신의 사역을 위하여 선용하시는 분임을 깨닫기만 하면 될 것이다.

*수치스러운 여인

우리는 신약 성경에서 가장 큰 수치스러움을 당한 한 여인을 기억한다. 간음하다 현장에서 잡혀와 돌에 맞아 죽기 일보 직전, 예수님을 만나 구사일생으로 목숨을 건진 한 여인이다.

그러나 이 여인 또한 구속사의 한 획을 담당하고 있다. 이 여인의 이야기는 유일하게 요한복음에만 등장하고 있다.

예수 그리스도께서 천국 복음을 전하시면서 스스로 하나님의 아들 메시아임을 선언하시자 완악한 유대교 신봉자들은 이를 믿지 않았고, 오히려 예수를 잡아 죽이려 전전긍긍했다. 그들의 판단에는 예수라는 존재가 미치광이나 과대망상증 환자, 아니면 사악한 이단아에 불과했기 때문이다. 그래서 이들은 예수를 잡아 죽일 계획에 몰두했다. 어떻게 하면 나사렛 이단 괴수인 예수를 잡아 죽일까 고민하다가 드디어 어느 날 절호의 기회를 만든다. 이들은 간음하는 현장에서 한 여인을 붙잡아 예수님께 데려왔다. 그리고 단답형의 질문을 던진다.

> "선생이여 이 여자가 간음하다가 현장에서 잡혔나이다 모세는 율법에 이러한 여자를 돌로 치라 명하였거니와 선생은 어떻게 말하겠나이까"(요 8:4-5).

이들의 질문 요지는 간단하다.

"이 여자를 돌로 쳐야 합니까, 아니면 놓아 주어야 합니까?"

이런 양자택일의 간단한 질문이었다. 그러나 이 질문에는 어떻게 답변하더라도 빠질 수밖에 없는 큰 함정이 있었다. 먼저 모세의 율법대로 하면 이 여인은 돌로 쳐 죽여야 했다.

> “처녀를 그 아비 집 문에서 끌어내고 그 성읍 사람들이 그를 돌로 쳐 죽일지니 이는 그가 그 아비 집에서 창기의 행동을 하여 이스라엘 중에서 악을 행하였음이라 너는 이와 같이 하여 너의 중에 악을 제할지니라 남자가 유부녀와 통간함을 보거든 그 통간한 남자와 그 여자를 둘 다 죽여 이스라엘 중에 악을 제할지니라”(신 22:21-22).

모세의 율법에 따르면 간음죄를 범한 자는 여자뿐만 아니라 그 남자까지도 돌로 쳐 죽이라고 기록되어 있다. 따라서 이 여인은 필연적으로 죽임을 당해야 할 죄인이었다. 그럼에도 불구하고 만약 예수님께서 이 여인에게 돌을 던지라고 한다면, 지금까지 사랑과 은혜를 가르쳐 왔던 예수님의 모순됨을 지적하려고 했던 것이다. 그리고 또 한 가지는 당시 로마 정부의 허락 없이는 사형을 집행할 수가 없었는데, 만일 예수님께서 그 여인에게 돌을 던지라고 한다면 살인교사 죄로 로마 당국에 고소할 수 있었기 때문이다. 그런데 예수님이 이와 반대로 이 여인을 놓아 주라고 말한다면 율법을 어기는 큰 죄를 범한 것이고, 이는 유대인들에게 고소되어 정죄받을 수밖에 없는 상황이었다. 이처럼 서기관들과 바리새인들은 예수 그리스도를 넘어뜨리기 위한 절호의 기회를 만들었다.

그들은 간음한 여인을 현장에서 붙잡아 예수님께 데려오면서 의기양양했다. 드디어 예수님을 잡아 죽일 큼직한 덫을 마련했다며 쾌재를 불렀다. 이 무리들의 질문을 받은 예수님은 한동안 말이 없으셨다. 주님은 몸을 굽혀 땅에 무언가를 손가락으로 쓰셨다. 잠시 침묵의 시간이 흘렀다. 예수님께서 아무 대답이 없으시자 성난 서기관들과 바리새인들은 다시 똑같은 질문을 반복한다. 그러나 이번에는 성난 목소리로 더 크게 힐문한다.

"이 여자를 돌로 쳐야 합니까? 아니면 놓아 주어야 합니까?"

무리들은 예수님이 빨리 대답하기를 촉구한다. 이에 예수님은 천천히 일어나 대답하신다.

"너희 중에 죄 없는 자가 먼저 돌로 치라"(요 8:7 하).

성경에 등장하는 예수님의 가장 위대한 말씀 중 하나이다. 지금까지 의기양양하던 무리들은 예수님의 말씀에 모두 입이 얼어붙은 듯 갑자기 잠잠해졌다. 흡사 난장판처럼 시끄럽고 무질서하던 살벌한 심판의 현장에 순간 짧은 침묵이 감돌았다. 예수님의 말씀은 그 무리들이 전혀 예상하지 못했던 답변이었다. 예수님은 다시 몸을 굽혀 손가락으로 조금 전처럼 땅에 무언가를 쓰셨다. 금방이라도 여인을 향해 돌을 던질 듯 높이 들려 있던 살기 띤 무리의 거친 손들이 갑자기 힘없이 밑으로 내려오더니 그만 슬며시 그 자리에 돌을 떨구고 만다. 그리고는 나이 든 사람으로부터 시작해 젊은이에 이르기까지 하나씩 하나씩 그 자리를 조용히 떠나갔다.

예수님을 올가미에 씌우려고 했던 무리들의 음모는 이렇게 싱겁게 끝났다. 사실 이 무리들은 예수님을 쓰러뜨리기 위해 많은 준비를 했다. 이들은 철저한 음모를 꾸몄던 것이다. 모세의 율법에 의하면, 간음하는 여인을 발견하면 바로 그 현장에서 돌로 쳐 죽였다. 그런데 본문에 나오는 여인은 현장에서 죽지 않았다. 또한 그 여인과 함께 간음한 남자도 잡혀왔어야 하는데 그 남자는 등장하지 않고 있다. 이로 미루어 이 사건은 서기관과 바리새인들이 예수님을 골탕 먹이기 위해 의도적으로 만들었거나 또는 방조했다는 정황을 나타내고 있다. 따라서 무리들이 간음을 고의로 묵과하며 방조했다면 그들은 사실 돌을 던질 법적인 자격도 없는 것이다.

예수님의 말씀은 성난 군중들의 가슴에 날카로운 비수가 되어 깊이 꽂혔다. 율법과 자기 의(義)로 잔뜩 굳어져 있던 무리들의 강퍅한 마음이 열리기 시작했다. 그들은 양심의 가책을 받기 시작했던 것이다. 지금까지 남의 허물과 죄악만 들추어왔는데, 그 순간 자기 심령의 죄악이 보이기 시작했다. 그들은 여인에게 돌을 던질 수가 없었다. 그리고 더 이상 그 자리에 서 있을 수도 없었다. 무리들은 자기들의 부끄러움에 고개를 떨구었다. 그리고 모두 슬며시 그 자리를 떠나갔다. 예수님은 완악한 무리들에게 그들의 영적 실존을 일깨워 주셨던 것이다. 주님은 영적 소경들의 눈을 뜨게 하심으로써 그 무리들의 죄악을 스스로 돌아보게 하셨던 것이다. 주님의 말씀에 비로소 눈을 뜬 무리들은 그 순간 자신의 모습이 흡사 타인 앞에 벌거벗은 모습으로 느껴졌다. 스스로의 모습에 큰 부끄러움을 느꼈던 것이다.

그렇게 여인을 정죄하던 무리들이 모두 떠나갔다. 갑자기 주위가 조용해졌다. 그곳에는 오직 예수님과 한 여인만이 남았다. 예수님은 일어나 여인에게 말씀하신다.

"여자여, 너를 고소하던 그들이 어디 있느냐 너를 정죄한 자가 없느냐"

(요 8:10 하).

이에 여자가 대답한다.

"주여 없나이다"(요 8:11 상).

***예수 그리스도 앞에 선 단독자**

이제 여인은 예수 그리스도 앞에 홀로 서 있다. 그런데 이 여인은 조금 전까지 누구 앞에 서 있었는가? 방금 전에는 성난 무리들 앞에 무거운 죽음의 짐을 지고 서 있었다. 또 그 전에는 더러운 간부(姦夫) 앞에 부끄러운 모습으로 서 있었다. 그리고 그 전에는 죄악이 넘치는 세상 앞에 홀로 서 있었다. 그런데 이제 자기 앞에 서 있던 모든 죄악과 허물, 그리고 자기를 정죄하던 사람들이 다 물러가고 오직 예수 그리스도 앞에 서 있는 것이다. 그리고 여인은 강같이 흐르는 그리스도의 은혜와 사랑 속에서 지금까지 단 한 번도 느껴보지 못한 평강과 기쁨, 그리고 참 자유를 누리고 있다. 새로운 소망과 진리의 참 빛이 여인의 영혼 위에 찬란하게 비추고 있다.

주님은 여인에게 말씀하신다.

"나도 너를 정죄하지 아니하노니 가서 다시는 죄를 범치 말라"(요 8:11).

예수 그리스도는 여인의 죄를 모두 용서해 주셨다. 한순간에 여인은 지금까지 거대한 바위처럼 자기를 짓누르고 있던 무거운 죄짐으로부터 자유하게 되었다. 주님을 만난 사람은 누구나 이와 같은 사랑과 은혜를 체험한다. 그리고 새로워진다. 여인은 비로소 마음에 평안이 찾아오기 시작했다. 그동안 여인으로서 느꼈던 말할 수 없는 수치심도 서서히 사라졌다. 그리고 죄악된 생활 속에서 모질게 상한 심령도 치유되기 시작했다. 마음속의 온갖 풍랑이 잠잠해졌다. 불같이 타오르던 육체의 정염도 꺼지기 시작했다. 자기 앞에 서 계신 그분의 맑은 눈동자에서 비치는 사랑의 빛이 꽁꽁 얼어붙었던 여인의 강팍한 마음을 녹여냈다. 그분의 인자한 미소는 일렁이던 마음속의 공포와 두려움을 몰아냈다. 그리고 그분의 다정한 음성은 지금까지 덕지덕지 쌓여온 온갖 죄악의 덩어리들을 순식간에 허물어버렸다. 간음한 여인은 이렇듯 주님을 만남으로써 모든 것이 일순간에 변했다.

덴마크의 철학자인 키에르케고르는 "예수 그리스도 앞에 단독자(單獨者)의 모습으로 서는 것만이 크리스천의 진정한 실존"이라고 말했다. 이것이 바로 주님이 우리에게 원하시는 모습이다. 여인은 이제 예수 그리스도 앞에 단독자로 서 있다. 그리고 그 순간 자신의 진정한 실존을 깨닫는 것이다. 간음한 여인이 주님을 만나지 못했다면, 그 무리들의 돌에 맞아 죽었을 것이다. 모두가 여인을 정죄하고 있다. 그리고 모두가 돌을 높이 들고 있다. 그런데 주님만은 여인을 용서하셨다.

정죄는 무엇인가? 정죄는 한 사람을 죽이는 것이다. 그러면 용서는 무엇인가? 용서는 한 사람을 살리는 것이다. 내가 지금까지 타인을 용서하지 못하고 정죄했다면, 나는 지금까지 얼마나 많은 영혼에게 돌을 던졌던 것인가? 또 얼마나 많은 영혼을 죽였던 것인가?

주님은 말씀하신다.

> "새 계명을 너희에게 주노니 서로 사랑하라 내가 너희를 사랑한 것같이 너희도 서로 사랑하라"(요 13:34).

이것이 주님께서 우리에게 직접 주신 대계명이다. 필자는 이를 십계명에 이은 제11계명이라고 명명해 본다. 바로 사랑의 계명이다. 세상에서 가장 위대한 것은 바로 용서와 사랑이다. 간음한 여인의 이야기는 요한복음 8장 11절에서 예수님이 여인에게 하신 말씀으로 끝나고 있다.

> "나도 너를 정죄하지 아니하노니 가서 다시는 죄를 범치 말라."

그 여인의 이야기는 이렇게 끝난다. 이 이야기를 기록한 사도 요한은 요한복음의 맨 마지막 장, 마지막 절에서 이렇게 말하고 있다.

> "예수의 행하신 일이 이 외에도 많으니 만일 낱낱이 기록된다면 이 세상이라도 이 기록된 책을 두기에 부족할 줄 아노라"(요 21:25).

물론 이것은 문장을 기록할 때 사용하는 과장법이다. 기록할 것이 더 많이 있었지만 중요한 것만 압축해 이 복음서를 기록했다는 것이다.

*간음한 여인은 주님을 만난 이후 어떤 삶을 살았나?

만약 사도 요한이 간음한 여인의 이야기를 계속 기록했다면 어떤 이야기가 추가되었을까? 그리고 간음한 여인은 그 후 어떤 삶을 살았을까? 우리는 영감으로 기록된 성경 말씀을 통해서 넘치는 은혜를 받는다. 그러나 때로는 성경의 여백(餘白) 속 긴 침묵을 통하여 잔잔히 전해져 오는 말할 수 없는 은혜를 느끼기도 한다.

간음한 여인, 그는 아마 이런 삶을 살지 않았을까? 이 여인의 삶을 두 가지 경우로 추측해 볼 수 있다. 하나는 기록되어 있지 않으나 미루어 추측해 볼 수 있는 경우요, 다른 하나는 기록된 성경을 통하여 여인의 뒷이야기를 추론하는 것이다.

첫 번째 경우

먼저 성경에 기록되지는 않았으나 여백을 통하여 이 여인의 후속 이야기를 추적해 본다.

첫째, 이 여인은 다시는 그와 같은 죄를 저지르지 않았을 것이다. 여인으로서 감당하기 어려운 수치를 당했을 뿐만 아니라, 죽음의 순간에까지 놓였던 여인이 어찌 똑같은 죄악을 다시 저지를 수 있었겠는가? 그렇다면 이 여인은 예수 그리스도를 만나 용서함을 받은 후 세상의 어떤 남자와도 결코 가까이하지 않았을 것이다. 여인은 길을 가다 우연히 낯선 남자와 눈이 마주쳐도 깜짝 놀라 줄행랑을 쳤다. 그리고 여인은 어떤 죄악된 행실도 다시 범하지 않았다. 여인은 언제나 경건하고 신실한 마음으로 오직 주님만을 섬기며 기쁨과 감사의 삶을 살았다.

둘째, 여인은 예수님을 살아 계신 하나님의 아들이요, 인류를 구원하실 그리스도로 믿었다. 여인은 절체절명(絕體絕命)의 순간에 귀한 분을 만났다. 그리고 그분은 또한 자기로 인하여 위험한 함정 곁에 서 계셨다. 그러나 그분은 모든 위기의 순간 속에서도 결코 이성을 잃거나 두려워하지 않고 자신의 권위를 지키셨다. 그리고 그분은 자신을 무릎 꿇게 하려던 대적자들을 오히려 말씀으로 무릎 꿇도록 하셨다. 뿐만 아니라 그분은 넘치는 사랑과 은혜로 자신을 감싸주셨다. 여인은 난생 처음 받은 예수님의 큰 사랑에 감격했다. 그리고 그 순간 그분이 메시아이심을 깨닫게 되었다.

셋째, 여인은 평생 그리스도를 증거했다. 사마리아 우물가 여인의 이야기가 생각난다. 사마리아 여인이 어느 날 물을 길러 우물가로 나왔다. 그녀가 물을 길러 나온 때는 남들이 모두 쉬고 있던 가장 더운 한낮이었다. 여섯 번째 남자와 살고 있는 자신의 모습이 부끄러워 남들의 눈에 띄지 않게 하기 위함이었다. 그런데 여인은 그 우물가에서 주님을 만났다. 주님을 만난 사마리아 여인은 물동이를 내던지고 부끄러움도 잊은 채 동네로 뛰어가 메시아를 증거했다. 그런가 하면 세리장으로 동족들의 손가락질을 받던 삭개오는 뽕나무 위에서 주님을 만난 후 감독이 되어 평생 그리스도를 위해 헌신했다. 그리고 불행했던 거렁뱅이 소경 바디매오는 구걸하다 주님을 만난 이후 그리스도의 제자가 되어 평생 주님을 좇았다.

그렇다면 온갖 상스러운 욕설과 저주가 난무하고 멸시와 조롱이 춤을 추던 곳, 그리고 죽음의 공포가 하늘을 찌르던 지옥 같은 현장에서 만난 생명의 은인 예수 그리스도를, 그것도 자기를 구원하여 새 생명을 주시고 소망과 참 빛을 주신 그분을 여인이 어찌 평생 증거하지 않았겠는가?

넷째, 여인은 평생 용서와 사랑을 실천하는 삶을 살았다. 여인은 예수 그리스도를 생각할 때마다 그분이 베풀어 주신 은혜와 사랑이 가슴에 메아리쳤다. 그리고 언제나 감사의 눈물이 흘러 넘쳤다. 남에게 용서를 받아 본 사람만이 또한 남을 용서할 수 있다. 큰 용서를 받아 본 사람만이 남을 크게 용서할 수 있다. 그런가 하면 사랑을 받아 본 사람만이 또한 남을 사랑할 수 있다. 그리고 큰 사랑을 받아 본 사람만이 남을 크게 사랑할 수 있다. 그 큰 은혜를 체험했기 때문이다. 그렇다면 간음한 여인은 자신이 예수 그리스도로부터 받은 말할 수 없는 그 큰 용서와 사랑을 어찌 타인에게 전하지 않을 수 있었겠는가?

간음한 여인, 그는 이처럼 신실한 진리의 삶을 살았다. 그런데도 여인은 자기의 부끄러운 과거를 결코 잊을 수 없어 언제나 신실하면서도 겸손한 삶을 살았다. 그러면서도 예수 그리스도가 계시는 곳이라면 어느 곳이라도 조용히 찾아가 먼 곳에서라도 그분의 숨결을 느끼고 함께 호흡하며 기쁨과 평안과 감사의 삶을 살아갔다.

두 번째 경우

이제는 기록된 성경을 통하여 이 여인의 후속 이야기를 추론해 본다. 이를 위해 잠시 누가복음으로 여행을 떠나 보자. 누가복음 7장에는 예수님의 몸에 귀한 향유를 부은 한 여인의 이야기가 등장한다. 어느 날 예수님께서 바리새인 시몬이라는 사람의 집에 초대를 받으셨다. 그때 이 동네에서 죄인으로 낙인찍힌 한 여인이 예수님께서 그 집에 계신 것을 알고 찾아왔다. 이때 그 여인은 자기가 가장 아끼고 고귀하게 간직해 오던 값비싼 향유를 깨뜨려 예수님께 부었다. 이를 본 바리새인 시몬은 마음속으로 이렇게 빈정댔다.

> "이 사람이 만일 선지자더면 자기를 만지는 이 여자가 누구며 어떠한 자 곧 죄인인 줄을 알았으리라"(눅 7:39).

바리새인 시몬은 예수님께 향유를 부은 여인을 죄인이라고 표현하고 있다. 그렇다면 이 여인의 죄는 무엇이겠는가? 이스라엘 사람들이 여인에게 죄인이라고 부름은 일반적으로 창녀를 일컬을 때 사용하는 말이었다. 그리고 그 당시 사람들에게 대표적으로 멸시와 천대를 받았던 부류는 곧 죄인과 창녀와 세리였다. 그래서 예수님을 모함하던 사람들이 주님을 향해 이렇게 빈정거렸다.

> "바리새인들이 보고 그 제자들에게 이르되 어찌하여 너희 선생은 세리와 죄인들과 함께 잡수시느냐"(마 9:11).

당시의 사회 관념상 세리와 창기는 곧 죄인의 대명사였다. 예수님의 다음 말씀을 들어본다.

> "내가 진실로 너희에게 이르노니 세리들과 창기들이 너희보다 먼저 하나님의 나라에 들어가리라"(마 21:31 하).

바리새인 시몬의 집에서 예수님께 귀한 향유를 부어드렸던 여인은 누구일까? 누가가 복음서를 기록하면서 끝내 이름을 밝히지 않고 다만 죄인인 한 여자라고만 했던 그 여인의 이름이 궁금하지 않은가? 그는 바로 요한복음에 등장하는 간음한 여인이었다. 지난날 간음하는 현장에서 붙잡혀 돌에 맞아 죽게 된 지경에서 예수님을 만난 여인은 결코 주님의 은혜를 잊을 수가 없었다. 새 삶을 주신 주님의 은혜를 생각할 때마다 인자하고 다정한 그분의 모습이 떠올랐다. 그 이후 여인의 삶에서는 언제나 기쁨과 평안이 가득했다. 자기 생명이 주님께서 덤으로 주신 것임을 깨달을 때마다 감사와 감격이 넘쳤다. 그리고 여인은 "다시는 죄를 짓지 말라"는 그때 그 주님의 말씀을 기억하며 참된 진리의 삶을 살아갔다.

그날 이후 여인은 주님을 다시 만난 적은 없었지만 마음속에서는 언제나 사랑하는 주님을 품고 있었다. 그러다 어느 날 예수님이 자기 동네에 오셨다는 말을 들었다. 그리고 예수님께서 동네 유지였던 바리새인 시몬의 집에 초대 받아 가신 것을 알았다.

'아, 나의 주님이 오시다니!' 갑자기 여인의 가슴이 콩콩 뛰기 시작했다. 그리고 어느덧 눈에서는 뜨거운 눈물이 흘러내렸다. 여인은 지체하지 않고 집으로 달음박질하였다. 그리고 고이 간직해 두었던 자기의 가장 고귀한 물건인 향유 옥합을 꺼내어 품에 안고 주님께 나아갔다. 그리고 그 옥합을 깨어 사랑하는 주님께 아낌없이 부어드렸던 것이다. 여인은 그 순간 자기가 할 수 있는 최대의 헌신을 주님께 드렸던 것이다.

그러면 누가가 복음서를 기록하면서 이 여인의 이름을 끝내 밝히지 않고 그냥 '죄인인 여인'이라는 익명을 사용한 이유는 무엇인가? 그것은 바로 과거의 치욕적인 사건, 다시 말해 간음하던 현장에서 붙잡혀 말할 수 없는 수치를 당했던 한 여인의 자존감을 지켜 주기 위한 아름다운 배려였음은 두말할 필요조차 없다. 그러면 누가가 무엇 때문에 이름조차 밝히기 쑥스러운 죄인인 한 여인의 이야기를 이렇게 성경에 기록한 것일까?

이 이야기에는 세 사람의 주체가 등장하고 있다. 그것은 예수님과 바리새인 시몬, 그리고 죄인인 여인이다. 이 사건을 객관적으로 정리해 보면, 당연히 초대한 사람과 초대받은 사람의 이야기가 주체를 이루어야 한다. 그런데 여기서는 초대받은 사람과 초대받지 않은 한 불청객의 이야기로 전개되고 있다. 초대한 사람, 다시 말해 주체가 되어야 할 바리새인 시몬은 오히려 주체에서 멀어져 있다는 것이다.

그런데 또 이상한 것은 초대받지 않은 불청객, 다시 말해 '죄인인 여인'은 이 사건에서 주체를 담당하면서도 시종일관 한 마디 말도 없다는 것이다. 결코 말이 없으면서도 한 사건의 주체로 다가오고 있는 여인, 그것도 '죄인인 여인'의 이야기라는 것이 우리의 시선을 더욱 잡아끌고 있다. '죄인인 여인'이라는 익명의 여인은 예수님께 절대 헌신을 하면서도 오직 침묵으로 그저 주님을 향한 뜨거운 사랑을 전하고 있는 것이다. 여인의 그 헌신과 침묵이 반대로 말이 많은 바리새인 시몬과 서로 대비되는 사건의 상승 효과를 나타내고 있다. 다시 말해, 그 침묵의 행동이 전해 주는 잔잔한 울림이 오히려 열 마디 말보다 더 크고 진한 감동으로 다가오고 있는 것이다.

혹시 팬터마임을 본 적이 있는가? 그것은 말 그대로 무언극이다.

거기에 출연하는 배우는 한 마디의 말도 하지 않고 처음부터 끝까지 오직 자기 몸짓만을 통해 관객에게 무언가의 의미를 전한다. 한 마디 말이 없어도 관객들은 그 배우가 무엇을 말하고 있는지, 그리고 그 팬터마임이 무엇을 나타내려 하는지를 이해하는 것은 전혀 어려운 일이 아니다. 유능한 배우라면 오히려 말 없는 연기를 통해 말로 하는 연극보다 더 큰 감동과 진한 여운을 관객들에게 전해 줄 수 있는 것이다.

그렇다면 복음서 가자인 누가가 끝내 이름을 밝히지 않고 익명으로 그냥 '죄인인 여인'이라고 했던 한 여인의 모습을 좀더 자세히 살펴볼 필요가 있다. 다시 말해, 침묵하는 행동을 통해 여인의 진정한 뜻을 찾아보자는 것이다. 여인은 침묵을 통해 오히려 그 누구보다, 그리고 그 어느 때보다 많은 말을 하였다. 단지 입으로 전하지 않았을 뿐이다. 그러나 그날 그 여인의 침묵의 말을 알아듣고 이해했던 사람은 오직 한 분 예수 그리스도뿐이었다. 죄인인 여인의 침묵의 행위를 분석해 본다.

첫째, 죄인인 여인은 겸손했다. 여인은 자신을 말할 수 없는 죄인이라 생각했기 때문에 감히 예수님 앞으로 나아갈 자격조차 없다고 생각했다.

> **"예수의 뒤로 그 발 곁에 서서"**(눅 7:38).

감히 예수님 앞이나 곁에 앉을 수 없는 여인의 모습이라면 그 얼마나 겸손한 것인가? 시몬과 여인이 극명하게 비교되고 있다. 다시 말해, 바리새인 시몬은 예수님보다 앞서나가고 있는 데 비해, 여인은 예수님의 뒤에 겸손히 서 있다.

둘째, 그 여인은 예수님이 그리스도이심을 확실히 믿고 있었다. "울며 눈물로 그 발을 적시고"라는 말이 이를 나타낸다. 여인은 예수님이 단순히 죽음의 위기에서 자기의 목숨을 구해 준 은인일 뿐만 아니라, 자기의 죄를 씻어 주시고, 또 영원한 멸망에 떨어질 수밖에 없는 자기를 구속해 주신 메시아, 곧 그리스도이심을 알았던 것이다.

누구라도 죄인인 인간이 하나님 앞에 섰을 때 제일 먼저 깨닫게 되는 것이 있다. 그것은 바로 통회의 눈물과 함께 터져나오는 "나는 죄인입니다"라는 고백이다. 여인은 주님의 곁에 말없이 서서 그저 뜨거운 눈물만을 흘렸다. 여인의 말없는 그 눈물은 "주님, 나는 죄인입니다. 따라서 나는 주님을 감당할 수 없습니다"라는 진정한 신앙고백이었던 것이다.

셋째, 죄인인 여인은 예수님께 최대의 경의를 표했다. 여자가 자기의 길고 아름다운 머리털을 풀어 예수님의 발을 씻겼다는 것은 매우 의미심장한 일이다. 유대인의 관습에 의하면, 여인이 사람들 앞에서 자기 머리를 풀어내리는 것은 대단히 수치스러운 행동이었기 때문이다. 여인은 자신의 최대의 수치를 스스로 감당하면서까지 예수님께 최대의 경의를 표했던 것이다. 다시 말해, 주님께 최대의 경의를 표하기 위해 자기가 당할 수치 따위는 아예 생각하지도 않은 것이다.

넷째, 죄인인 여인은 예수님께 복종했다.

"그 발에 입 맞추고"(눅 7:38).

이 행위는 가장 헌신적인 복종을 나타내는 것이다. 발은 인체 부위에서 맨 밑에 있기 때문에 가장 더러운 곳이다. 그런데 여인은 예수님의 발을 자기의 귀한 머리카락으로 닦았을 뿐만 아니라, 거기에 입을 맞추기까지 최대의 복종과 헌신을 했다. 특히 유대인의 당시 관습으로는 발이 최고의 더러움의 상징이었기 때문에 히브리 종들도 주인의 발을 닦는 것은 금지되어 있었다. 그것은 오직 이방인 종들에게만 시킬 수 있는 일이었다. 그러나 여인은 스스로 예수님의 발을 닦았다. 그것도 자기의 머리를 풀어 닦았을 뿐만 아니라 거기에 입맞춤까지 한 것이다.

다섯째, 이 여인은 자기의 가장 귀한 것을 예수님께 드렸다. 일반적으로 향유의 값은 당시 노동자 한 사람의 일 년치 임금의 가치이다. 향유는 값도 값이려니와 무척 귀한 것이었다. 향유는 아라비아 지방에서 나던 것으로 당시 로마 귀족이나 귀부인들만 사용하던 것이었다.

그렇다면 이 향유는 여인에게서 가장 소중한 재산이었을 것이다. 그러나 여인은 자기가 소유한 것 중 가장 귀한 것을 주님께 아낌없이 드렸다. 그러면 여인은 왜 값비싼 향유를 주님께 아낌없이 부었을까? 혹시 이것은 낭비가 아닐까? 그러나 여인은 값비싸고 귀한 향유였지만 세속적인 값을 따지지 않았다. 이처럼 이 여인이 자신에게 가장 소중한 것을 주님께 아낌없이 드릴 수 있었던 이유가 무엇이었는가? 그것은 남들이 보지 못했던 가장 귀한 가치를 보았기 때문이다. 비록 향유는 이 여인의 소유물 가운데서 가장 귀한 것이었지만, 여인은 그보다 더 귀한 것을 바라보았기 때문이다. 그것은 진리였다. 그것은 바로 하나님 나라였다.

여인은 지난날 간음하다 붙잡혀 온 수치스러운 죽음의 현장에서 예수 그리스도를 만났다. 그리고 그날 비로소 참 진리를 찾았다. 여인이 찾은 진리, 곧 하나님 나라는 세상의 그 무엇과도 비교할 수 없는 귀한 것이었다. 거기에 비하면 비록 이 세상에서 아무리 귀하고 값비싼 향유일지라도 그것은 보잘것없는 지푸라기 같은 것이었다. 따라서 자기를 구원해 주신 주님께라면 세상에서 아무리 소중한 것일지라도 기쁨으로 드릴 수 있었던 것이다.

여섯째, 이 여인은 침묵했다. 처음부터 끝까지 여인은 단 한 마디의 말이 없었다. 성경 본문에서 오히려 예수님과 대화하는 사람은 바리새인 시몬이다. 이 여인에 관한 기사가 끝날 때까지 성경은 여인의 긴 침묵만을 기록하고 있다.

사도 바울은 어느 날 환상 중에 삼층천에 다녀왔다. 고린도후서 12장 1-4절 말씀을 보면, 사도 바울은 무려 14년이 지난 후에야 이 신비한 사실을 말하면서도 그 주인공이 자기 자신이라고 하지 않고 그냥 '아는 사람'이라고 말하고 있다. 사도 바울의 긴 침묵이 우리를 숙연케 한다.

일곱째, 죄인인 여인은 철저히 회개했다. 자신의 죄 많은 과거를 다 고백하고 진심으로 회개했다. 비록 겉으로는 단 한 마디의 말도 없었지만, 여인은 그의 영혼으로 참으로 많은 이야기를 고백했던 것이다. 주님은 침묵하는 이 여인의 그 많은 이야기를 다 들으셨다. 주님과 여인은 말없는 침묵의 긴 대화를 통해 서로의 마음을 알았다. 그리고 주님은 여인의 참된 회개와 믿음을 보시고 그의 모든 죄를 용서해 주셨다. 그리고 여인은 비로소 평안을 얻었다.

오늘 우리 손에 들고 있는 옥합은 무엇인가? 내가 들고 있는 옥합이 주님보다 귀하다고 여길 때, 우리는 결코 그 옥합을 깨뜨릴 수 없다. 주님이 주시는 참다운 가치를 발견한 자만이 주님을 위해 옥합을 깨뜨릴 수 있다. 주님께 나아가기 원하는가? 그렇다면 나의 옥합을 깨뜨리지 않으면 안 된다. 주님이 주시는 기쁨과 평강을 얻기 원하는가? 또한 나의 옥합을 깨뜨려야 한다. 진리의 삶을 살기 원하는가? 그렇다면 나의 옥합을 깨뜨려야만 한다.

한 여인이 자기의 귀한 옥합을 깨뜨렸을 때, 그 옥합 속의 향유가 흘러나와 아름다운 향기로 방안을 가득 채웠다. 그렇다! 옥합은 내 품에 고이 간직할 때 결코 그 향기를 나타내지 않는다. 옥합은 깨어질 때 비로소 그윽한 향기를 내뿜는다. 오늘 나도 그 옥합을 깨뜨려야 한다. 죄인인 여인처럼 아낌없이 그렇게 말이다.

이제 다시 요한복음으로 여행을 떠나야 할 시간이다. 기독교의 가장 큰 축일은 언제인가? 흔히 예수 그리스도께서 태어나신 성탄절이라고 생각할 것이다. 그러나 사실은 부활절이다. 물론 죄로 영원한 파멸에 떨어질 우리를 구원하시려고 예수 그리스도께서 이 땅에 오신 성탄절의 의미가 큰 것은 사실이지만, 그 성탄절을 오히려 더욱 뜻있고 찬란하게 빛내 주는 것은 오히려 부활절이다. 왜냐하면 부활이 없는 성탄은 아무 의미가 없기 때문이다. 그렇다! 예수 그리스도께서 이 땅에 태어나신 성탄절은 부활절이 있으므로 그 가치와 의미가 있는 것이다.

부활절, 그것은 예수 그리스도께서 흉악한 십자가의 형벌을 스스로 감당하신 뒤, 삼 일 후 잠자고 있던 무덤을 깨고 다시 살아나신 날이다. 그러므로 주님께서 부활의 첫 열매가 되어 모든 잠자는 자들의 죽음을 일깨우신 놀랍고 위대한 날이다. 예수 그리스도의 부활 사건, 그것은 생각만 해도 장엄하고 찬란한 일이다. 말할 수 없이 감동과 감격이 넘치는 일이다. 그렇다면 2천 년 전 그 감동의 현장을 처음 목격한 사람은 얼마나 복된 사람인가? 그리고 그는 누구인가?

일반적인 상식으로 생각한다면 주님의 부활을 처음 목격한 사람은 당연히 수제자 베드로나 주님께서 사랑하시던 제자요, 또 예수님의 어머니 마리아를 맡겼던 요한이 되어야 한다. 설령 베드로나 요한이 아니더라도 주님과 함께 3년 동안 동고동락했던 다른 제자들, 예를 들어 야고보나 마태, 시몬, 다대오, 바돌로매나 아니면 그 누구 다른 제자가 되어야 마땅하다. 그런데 부활의 첫 증인은 우리의 생각과 상식을 초월한다. 그것은 주님의 수제자 베드로도, 사랑하는 제자 요한도, 그리고 다른 열두 제자들도 아니었다. 그런가 하면 남자도 아니었다. 부활의 첫 증인은 여자였다. 그리고 그 여인은 순결한 처녀도 아니었다. 정숙하고 기품 있는 귀부인도 아니었다. 그 여인은 천하고 죄 많은 여인이었다. 그 여인의 이름은 바로 막달라 마리아이다.

*막달라 마리아

그러면 막달라 마리아, 그 여인은 누구인가? 성경에는 마리아라는 이름의 여인들이 많이 등장한다. 우리가 잘 아는 예수님을 낳은 육신의 어머니 마리아를 비롯해 죽었다 살아난 나사로의 누이 동생 마리아, 야고보의 어머니 마리아, 그리고 부활의 첫 증인이 되었던 막달라 마리아 등이 있다.

막달라 마리아, 그 여인은 참으로 특이한 존재이다. '막달라'라는 마을은 갈릴리 호수 서쪽에 있는 자그마한 마을이다. 이 도시는 당시 음란과 퇴폐가 넘쳐났던 더럽고 추한 죄악의 도시였다. 따라서 막달라 마리아라는 호칭 속에는 이미 더럽고 추한 여인이라는 이미지가 각인되어 있다. '나사렛 예수'라는 말처럼 말이다. '나사렛 예수'란 무슨 뜻인가? 나사렛 출신 예수라는 말이다. 그러나 그 말은 '나사렛 촌뜨기 예수'라는 의미도 담겨 있다.

막달라 마리아가 어떤 사람인가를 알기 위해서 먼저 마가복음 16장을 살펴보자.

> **"예수께서 안식 후 첫 날 이른 아침에 살아나신 후 전에 일곱 귀신을 쫓아내어 주신 막달라 마리아에게 먼저 보이시니"**(막 16:9).

우리는 이 구절을 통해서 막달라 마리아가 어떤 여인인지 쉽게 유추할 수 있다. 첫 번째로 생각할 수 있는 것은 일곱 귀신 들렸던 여인, 그리고 두 번째는 부활의 첫 증인이다. 마가복음의 기자는 막달라 마리아를 설명하면서 짧은 한 마디를 던지고 있지만, 극과 극의 이야기를 기록하고 있다. 마가의 기록을 한 마디로 묶으면 이렇다. '부활의 첫 증인이 된 일곱 귀신 들렸던 여인.' 그렇다! 부활의 첫 증인은 여성이었다. 그것도 일곱 귀신 들렸던 비천한 여인이었다. 그렇다면 막달라 마리아, 그는 과연 어떤 인물일까? 사실 성경에는 막달라 마리아에 관한 자세한 내용이 기록되어 있지는 않다. 그러나 단편적인 기록을 종합해 그 여인에 대해 알아본다. 누가복음 8장을 살펴보자.

> "또한 악귀를 쫓아내심과 병 고침을 받은 어떤 여자들 곧 일곱 귀신이 나간 자 막달라인이라 하는 마리아와"(눅 8:2).

이 구절은 예수께서 본격적인 공생애 과정을 시작하시면서 천국의 복음을 여기저기 전하실 때의 기록이다. 그런데 누가는 막달라 마리아를 소개하면서 마가와 같이 '일곱 귀신이 나간 자'라고 특별한 언급을 하고 있다. 성경을 기록한 마가와 누가가 특별히 막달라 마리아를 소개하면서 '일곱 귀신이 들렸던 여인'이라는 표현을 사용한 것은 물론 다른 마리아와 구별하기 위한 이유도 있지만, 막달라 마리아라는 한 여인을 생각할 때마다 강렬하게 떠오르는 지울 수 없는 기억이 있었기 때문이다. 그것은 바로 '일곱 귀신'이었다.

성경은 여러 곳에서 귀신 들린 사람의 이야기를 전하고 있다. 귀신 들렸다는 것은 한 사람의 인격이 악한 귀신에 의해 지배당하고 있는 모습을 말한다. 그런데 막달라 마리아는 한 귀신도 아니고 무려 일곱 귀신에게 지배당했던 여인이다. 일곱 귀신이라 하면 흔히 숫자적으로 일곱 귀신이 들렸을 수도 있다. 그러나 성경은 최악의 상태를 묘사하기 위해 완전수(完全數) 일곱이라는 숫자를 사용하기도 한다. 그러면 일곱 귀신 들렸던 마리아는 얼마나 비참한 삶을 살았겠는가? 수많은 귀신들에게 자기의 인격을 지배당하고 사는 삶이라면 그것은 더 이상 인간적인 삶이라 할 수 없다. 그것은 곧 더러운 귀신의 삶이기 때문이다. 그렇다면 그 여인은 어떤 삶을 살았겠는가? 흔히 성경학자들은 막달라 마리아가 창녀였을 것이라고 규정한다. 그럴 수도 있다. 어쨌든 그 여인은 수많은 귀신들에게 지배되어 더럽고 추한 삶을 살았다.

그런데 그 여인이 어느 날 예수 그리스도를 만나 일곱 귀신의 억압으로부터 해방되어 새로운 삶을 살아간다. 그리고 예수님의 은혜에 감격해 주님을 따르며 빛나는 삶을 살아간다. 이제 당신은 이 이야기의 주인공이 누구인가를 상상하기가 그리 어렵지 않을 것이다. 그렇다! 막달라 마리아는 바로 누가복음 8장의 간음하던 현장에서 붙잡혀 돌에 맞아 죽게 된 지경에서 예수 그리스도를 만나 목숨을 건진 여인이다. 그런가 하면 마가복음 7장의 바리새인 시몬의 집에서 예수님께 귀한 향유를 부어 자기 머리털로 발을 씻긴 여인이다. 그 여인, 막달라 마리아가 예수님의 생애 마지막 시간에 다시 등장한다. 마가복음 15장 말씀을 보자.

> "멀리서 바라보는 여자들도 있는데, 그 중에 막달라 마리아와 또 작은 야고보와 요세의 어머니 마리아와 또 살로메가 있었으니"(막 15:40).

예수님이 골고다 언덕에서 십자가에 처형되는 그때, 많은 여인들 중에 특별히 막달라 마리아의 이름이 기록되어 있다. 스승이 잡혀가던 겟세마네 동산에서 모두 주님을 버리고 도망갔던 열두 제자들의 모습도 보이지 않았다. 그런데 그 무섭고 두려운 십자가 처형 현장인 골고다 언덕에 막달라 마리아는 가냘픈 얼굴을 내밀었다. 건장한 남자들도 붙잡힐까 두려워 모두 어둠 속으로 꽁꽁 숨어버린 절망의 그 시각, 연약한 여인 막달라 마리아는 칼바람이 부는 골고다 언덕 위에 담대히 나타났던 것이다. 막달라 마리아는 일곱 귀신이 떠나간 이후, 그러니까 주님의 은혜를 입은 이후 계속 주님을 따르며 섬긴다. 그리고 주님이 가시는 곳이라면 어디라도 따라나선다. 그리고 주님이 계시는 곳이라면, 그 어느 곳에서라도 그분을 섬긴다.

두렵고 떨림으로 인해 모두가 떠나간 텅 빈 길, 그러나 마리아는 주님 가신 길이기에 그 길을 따라간다. 그녀에게는 어떤 위험도, 죽음조차도 두렵지 않다. 막달라 마리아는 주님께 받은 은혜가 너무 크고 넘쳤기 때문이다. 그리고 주님께 받은 사랑이 너무 많았기 때문이다. 일곱 귀신이 들렸던 여인, 정숙하지 못한 여인, 더러운 창녀 막달라 마리아…… 수치스럽고 공포스러운 간음의 현장에서 예수님을 만난 이후, 막달라 마리아는 주님께 받은 말할 수 없는 은혜와 사랑에 감격해 매일 감사의 눈물을 흘렸다. 그리고 주님이 가시는 길이라면 그 어디라도 따라가는 것이다.

마리아는 골고다의 십자가 밑에서 뜨거운 눈물을 흘리며 십자가 위의 예수 그리스도를 바라보았다. 그리고 마리아는 예수 그리스도의 마지막 증인이 되었다. 그러나 마리아의 행동이 거기서 끝난 것은 아니다. 예수님이 죽어 장사된 무덤까지도 그의 발길은 계속되고 있는 것이다.

> "안식 후 첫날 이른 아침 아직 어두울 때에 막달라 마리아가 무덤에 와서 돌이 무덤에서 옮겨간 것을 보고"(요 20:1).

예수님이 죽어 장사된 이후 마리아는 잠을 이루지 못했다. 삼 일 동안 뜬눈으로 지샌 막달라 마리아는 안식일이 지나기 바쁘게 이른 새벽 예수님의 무덤으로 찾아갔다. 마리아는 예수님의 시신에 발라 드리기 위해 귀한 향품을 미리 사서 준비해 두었다가 이날 다른 두 여인과 함께 무덤을 찾았던 것이다. 예수님이 이미 처형되어 깊은 돌무덤 속에 장사되었음에도 불구하고 그분의 시신에 향기로운 향품을 발라드리기 위해 사흘을 기다려 어두운 새벽 무덤을 찾아 달음박질해 온 막달라 마리아…….

무덤 앞에 도착한 막달라 마리아는 깜짝 놀랐다. 무덤의 무거운 돌문이 열려 있었던 것이다. 예기치 못한 광경에 놀란 마리아는 바로 열두 제자들에게 달려가 흥분하여 소리친다.

"주님의 시신이 없어졌어요! 누가 주님의 시신을 가져갔어요!"

막달라 마리아는 예수님이 생전에 죽었다가 사흘 후에 부활하신다고 하셨던 말씀을 믿지 못하고 있었다. 그러나 마리아의 말을 들은 제자들은 이 순간 당연히 놀라야 한다. 그리고 주님의 부활을 외쳐야 한다. 하지만 누가복음 24장에서는 참으로 맥 빠지는 모습을 전해 주고 있다.

"사도들은 저희 말이 허탄한 듯이 뵈어 믿지 아니하나"(눅 24:11).

제자들은 주님의 부활을 믿고 기뻐한 것이 아니라 오히려 허탄하게 생각하고, 또 믿지 않았다는 것이다. 오히려 그들 중 한 제자가 막달라 마리아의 증언에 이렇게 퉁명스럽게 대꾸했다.

"꼭두새벽에 웬 귀신 씻나락 까먹는 소리야!"

그런가 하면 또 다른 제자는 여인을 무시하듯 이렇게 말했다.

"저 여자가 또 귀신이 들렸나 보군!"

다른 제자들도 '쯧쯧' 하면서 혀를 찼다. 예수님께서 생전에 누차 당신께서 부활하실 것을 말씀하셨음에도 불구하고 예수님의 제자 가운데 어느 누구도 그 말씀을 믿거나 기억하는 사람이 없었던 것이다.

그래도 수제자 베드로와 예수님이 사랑하시던 제자 요한은 조금 달랐다. 마리아의 말이 믿어지지는 않았지만 밑져야 본전이라는 생각에 무덤으로 달려갔다. 그런데 정말 돌무덤이 활짝 열려 있었다. 그리고 무덤 안은 텅 비어 있었다. 그리고 주님의 시신은 보이지 않았다. 예수님의 시신을 감쌌던 세마포와 수건만이 잘 정리되어 개켜 있었다. 막달라 마리아의 말이 사실이었다. 그러면 그제라도 베드로와 요한은 주님의 부활을 믿어야 한다. 장사한 지 사흘 만에 부활하실 것이라는 주님의 말씀을 기억했어야 한다. 그런데 두 제자 베드로와 요한은 여전히 주님의 부활을 알지 못하고 있다.

"저희는 성경에 그가 죽은 자 가운데서 다시 살아나야 하리라 하신 말씀을 아직 알지 못하더라"(요 20:9).

부활의 역사적 현장에 최초로 들어간 막달라 마리아, 그리고 두 번째로 그 현장에 들어간 베드로와 요한은 모두 부활의 현장에서 부활을 알지 못하고 있다.

"이에 두 제자가 자기 집으로 돌아가니라"(요 20:10).

짧게 기록한 사도 요한의 부끄러운 증언이 우리를 슬프게 한다. 예수님께서 생전에 그렇게 아끼던 제자 베드로와 요한, 그들은 도대체 무엇 때문에 그 새벽에 무덤으로 달려갔던 것인가? 단순히 막달라 마리아의 말이 사실인지 아닌지 확인하기 위함이었던가? 그렇다면 텅 빈 무덤을 확인하고 돌아간 베드로와 요한은 다른 제자들에게 무엇이라고 이야기했을까? 놀라운 부활의 현장을 목격하고도 주님의 부활을 알지 못한 두 제자, 그들은 다시 세상 속으로 되돌아갔다. 지난 3년 동안 예수님과 동고동락하면서 위대한 하늘의 진리를 들었던 제자들, 벳새다 언덕에서 물고기 두 마리와 떡 다섯 개로 5천 명을 먹이는 놀라운 이적을 체험했던 제자들, 바다 위로 유유히 걸어오시는 주님을 만났던 제자들……. 그들의 심령이 흡사 오뉴월 땡볕에 갈라진 논바닥처럼 바짝 말라 있었다. 주님이 처형되신 이후 그들은 망연자실(茫然自失)하고 있었다. 그들은 더 이상 어떤 소망도 기대도 가지고 있지 못했다.

심령이 메마른 제자들, 믿음을 상실한 제자들, 소망을 잃은 제자들, 그들은 살아 있으나 이미 죽은 자들의 모습이었다. 그렇다면 베드로와 요한이 돌아간 세상은 어떤 곳인가? 소망이 없는 곳이다. 은혜가 없는 곳이다. 사랑이 없는 곳이다. 그리고 생명을 상실한 곳이다. 그렇다면 그 세상은 겉은 살아 숨쉬고 있지만 실은 이미 죽은 세상이다. 온갖 욕망과 거짓과 죄악만이 난무하는 썩어가는 세상이라면 그 세상은 더 이상 생명의 우렁찬 숨결이 느껴지고 맥박이 요동치는 진실로 살아 있는 세상이 아니라는 것이다. 베드로와 요한은 텅 빈 무덤에서 다시 세상 속으로 돌아갔지만, 생명 없는 그 세상은 오히려 거대한 무덤이었다.

겉은 살아 숨쉬는 것 같지만, 실상은 죽은 시체들로 가득한 무덤, 베드로와 요한은 세상이라는 이름의 거대한 무덤 속으로 다시 되돌아갔다. 그리고 막달라 마리아만 다시 홀로 남았다. 예수님의 특별한 두 제자마저 세상 속으로 돌아갔다면 마리아도 이제 돌아가야 한다. 그런데 막달라 마리아는 어떻게 하는가?

> "마리아는 무덤 밖에 서서 울고 있더니"(요 20:11).

*부활의 첫 증인

마리아는 세상 속으로 돌아가지 않았다. 모두가 시큰둥하여 무덤을 떠나간 다음에도 마리아는 떠나지 않고 무덤 앞에서 서럽게 울고 있는 것이다. 여기서 울고 있다는 말의 헬라어는 '클라이오'(klaio)이다. '클라이오'라는 말은 조용히 눈물을 흘리고 있는 것이 아니라 큰 소리로 통곡하고 있음을 나타내는 뜻이다. 막달라 마리아는 모두가 세상으로 떠나간 다음에도 무덤 앞으로 나가 통곡하며 예루살렘의 고요한 새벽을 깨우고 있다. 예수님께 대한 사랑이 얼마나 깊었으면 그 새벽 텅 빈 무덤 앞에 앉아 이렇게 통곡하고 있는 것인가? 그러나 마리아 역시 예수님의 부활을 알지 못했으므로 그렇게 통곡하고 있는 것이다.

그러면 마리아가 통곡하고 있는 것은 무슨 이유 때문이겠는가? 마리아는 단지 사라진 예수님의 시신을 찾지 못해 울고 있는 것이다. 그리고 시신에 향품을 발라드리며 자신의 위안을 삼으려 했는데, 그 일을 할 수 없음에 통곡하고 있는 것이다. 무든 사람들이 잠자고 있는 새벽, 예루살렘에 울려퍼지고 있는 여인의 통곡 소리는 너무도 처량했다. 마리아의 울음 소리는 텅 빈 돌무덤에 반향되어 더욱 애절하게, 그리고 황량하게 예루살렘의 새벽을 깨웠다.

그런데 마리아의 기대대로 그날 예수님의 시신이 무덤 안에 그대로 있어 준비한 향품을 바를 수 있었다면 어떻게 되었을까? 아마 막달라 마리아는 정성스럽게 주님의 몸에 귀한 향품을 바른 후 조금은 마음의 위안을 찾은 다음 무덤을 떠나갔을 것이다. 그러나 마리아는 그날 슬피 울어야 했다. 마리아는 목놓아 통곡해야 했다. 만약 그날 예수님의 시신이 그곳에 그대로 있었다면, 그래서 마리아가 통곡하지 않았다면 그 여인은 물론 우리에게는 참된 소망도, 영원한 생명도 없었을 것이기 때문이다.

렌스키(Lensky)라는 신학자는 이 구절을 주석하면서 이렇게 외쳤다.

"막달라 마리아는 예수님의 시신이 없어진 까닭에 울었으나, 만약 그날 예수님의 시신이 무덤 속에 있었더라면 그녀와 우리는 영원히 울게 되었을 것이다."

부활의 첫 새벽 마리아는 주님의 부활을 깨닫지 못하고 통곡했지만, 사실 그 통곡은 역설적으로 주님의 부활을 온 세상에 알리는 영광의 우렁찬 팡파르였다. 부활의 찬가였다. 그리고 승리의 외침이었다. 그날 마리아의 통곡이 오늘 우리를 기뻐 뛰게 한다. 마리아의 통곡이 우리를 감격하게 한다. 마리아의 통곡은 곧 예수 그리스도의 부활의 증거였기 때문이다.

서럽게 통곡하는 막달라 마리아에게 부활하신 주님이 나타나셨다. 그리고 주님은 이렇게 말씀하신다.

> "여자여, 어찌하여 울며 누구를 찾느냐"(요 20:15 상).

다정하게 건네시는 주님의 이 말씀은 마리아가 우는 이유와 그가 찾는 사람이 누구인지 몰라서 묻는 질문이 아니다. 그것은 곧 "마리아야, 울지 마라. 내가 부활했느니라"고 말씀하시는 것이다. 부활의 현장에 있었음에도 그 사실을 알지 못하고 통곡하던 마리아는 결국 부활하신 예수님을 최초로 만나는 영광을 얻었다. 이렇게 막달라 마리아는 부활의 영광스러운 첫 증인이 되었다. 부활을 믿는 믿음까지는 없었지만 언제나 사랑하는 주님을 가슴에 품고 있던 마리아는 그렇게 주님의 부활을 목격했다. 생명이 떠나간 죽음의 현장, 그 무덤에서 부활을 목격했다. 마리아는 곧 죽음 속에서 생명을 목격한 것이다.

***무엇이 무덤이고 무엇이 생명인가?**

죽은 시신을 장사하는 곳이 무덤인가? 그리고 육신이 숨쉬는 세상이 생명인가? 나는 지금 생명을 소유하고 있는가? 그러면 죽음은 무엇인가? 숨이 끊어져 장사된 자, 그래서 어둡고 칙칙한 무덤 속에 누워 있는 것인가? 그렇다면 훗날 나의 생명이 끊어져 무덤 속에 들어가는 순간, 나는 비로소 죽음이라고 말하려는가?

생명과 죽음은 숨을 쉬느냐, 안 쉬느냐의 생물학적인 진단 결과가 아니다. 그리고 맥박이 뛰느냐, 안 뛰느냐의 이분법적 판단도 아니다. 부활의 첫 새벽 베드로와 요한은 예수님의 무덤을 떠나 숨쉬며 맥박 뛰는 세상 속으로 다시 돌아갔다. 그들은 그날 세상 속에서 부활하신 예수 그리스도를 만나지 못했다. 그런데 막달라 마리아는 다시 무덤으로 나아갔다. 그때 그 여인은 무덤에서 부활하신 주님을 만났다.

그러면 세상은 무엇이고, 또 무덤은 무엇인가? 또 무엇이 죽음이고, 무엇이 생명인가? 육신이 꿈틀거리는 세상 속에 살아 있어도 주님을 만날 수 없다면, 그것은 더 이상 살아 있는 생명이라고 할 수 없다. 그것이야말로 죽은 생명이다. 곧 시체와 같은 존재이다. 반대로 무덤 속에 누워 있어도 참 생명이신 주님을 만날 수 있다면, 그곳은 더 이상 무덤이라고 할 수 없다. 그리고 그 죽음 또한 더 이상 죽음이라고 할 수 없다. 주님이 계시다면 비록 육신이 죽어도 그것은 죽음이 아니다. 그것은 곧 생명이다. 주님은 영원한 생명이시기 때문이다.

주님의 시신을 찾을 수 없어 통곡했던 마리아, 이제 부활하신 주님을 만난 이후 그 여인은 더 이상 눈물을 흘리지 않는다. 이제 마리아는 환한 미소를 짓는다. 그리고 부활하신 주님을 마음껏 찬양한다. 간음하던 현장에서 붙잡혀 돌에 맞아 죽을 뻔하였던 여인, 뭇 사람들의 저주와 손가락질 속에 치욕스러운 삶을 살았던 창녀, 일곱 귀신 들려 어둠과 절망 속에서 방황하던 죄인 막달라 마리아, 그러나 그 여인은 영광스러운 부활의 첫 증인이 되어 보석보다 찬란하게 성경을 빛내고 있다. 이것이 바로 우리가 이해할 수 없는 하나님의 섭리요 은혜이다.

사도 바울은 로마서에서 이렇게 말한다.

> "죄가 더한 곳에 은혜가 더욱 넘쳤나니"(롬 5:20).

이것이 사도 바울이 깨달은 위대한 진리이다. 이 귀한 진리를 깨달은 《천로역정》의 저자 존 번연(John Bunyan)은 《죄인의 괴수에게 넘치는 은혜》라는 자서전적인 책을 집필했다. 그런가 하면 더럽고 악명 높은 노예 상인으로서 나중에 영국 국교회의 위대한 지도자가 되어 여왕 앞에서 설교를 한 존 뉴턴(John Newton) 목사는 이렇게 노래했다.

> 나 같은 죄인 살리신 주 은혜 놀라워
> 잃었던 생명 찾았고 광명을 얻었네
> 큰 죄악에서 건지신 주 은혜 고마워
> 나 처음 믿은 그 시간 귀하고 귀하다

이제껏 내가 산 것도 주님의 은혜라
또 나를 장차 본향에 인도해 주시리
거기서 우리 영원히 주님의 은혜로
해처럼 밝게 살면서 주 찬양하리라

그 유명한 찬송가 405장이다.

수제자 베드로도 주님이 사랑하시던 제자 요한도 아닌, 그리고 다른 제자들도 아닌 한 여인, 그것도 더럽고 죄 많은 과거를 가진 여인, 막달라의 이름 난 창녀인 마리아가 부활의 첫 증인이 된 사실이 우리를 감격하게 한다. 왜냐하면 나 같은 죄인도, 그리고 나같이 부족한 사람도 주님의 손에 붙잡히는 순간, 막달라 마리아처럼 영광스러운 구속사의 한 획을 그을 수 있는 거룩한 존재가 될 수 있음을 미루어 인식할 수 있기 때문이다.

이처럼 주님을 만나면 모든 것이 변한다. 주님을 만난 사람들이 변한다. 그리고 주님을 만난 사람들이 이 세상을 변화시킨다. 이 세상을 뒤집어 놓는다. 주님의 손에 붙잡힐 때 모든 것이 소용돌이친다. 주님의 손은 위대한 손이다. 주님의 손은 능력의 손이다. 주님의 손은 진리의 손이다.

빌레몬후서

빌레몬서 1장 10-18절

"갇힌 중에서 낳은 아들 오네시모를 위하여 네게 간구하노라 저가 전에는 네게 무익하였으나 이제는 나와 네게 유익하므로 네게 저를 돌려보내노니 저는 내 심복이라 저를 내게 머물러 두어 내 복음을 위하여 갇힌 중에서 네 대신 나를 섬기게 하고자 하나 다만 네 승낙이 없이는 내가 아무것도 하기를 원치 아니하노니 이는 너의 선한 일이 억지같이 되지 아니하고 자의로 되게 하려 함이로라 저가 잠시 떠나게 된 것은 이를 인하여 저를 영원히 두게 함이니 이 후로는 종과 같이 아니하고 종에서 뛰어나 곧 사랑받는 형제로 둘 자라 내게 특별히 그러하거든 하물며 육신과 주 안에서 상관된 네게랴 그러므로 네가 나를 동무로 알진대 저를 영접하기를 내게 하듯 하고 저가 만일 네게 불의를 하였거나 네게 진 것이 있거든 이것을 내게로 회계하라."

*빌레몬서와 노예 오네시모

빌레몬서는 바울의 서신 가운데서도 가장 짧은 서신이며, 또 사적(私的) 성격을 띠고 있는 특이한 서신이다. 빌레몬서는 사도 바울이 로마 감옥에 갇혀 있을 때인 주후 61-63년 사이에 기록된 것으로 알려져 있다.

사도 바울이 3차 전도 여행을 마치고 예루살렘에 있을 때 붙잡힌 시기가 주후 58년이었다. 바울은 붙잡힌 후 가이사랴로 호송되어 약 2년간을 보냈다. 로마 시민권을 갖고 있던 바울은 자신의 무죄를 증거하기 위하여 로마 황제 가이사의 재판을 호소했고, 다시 로마로 호송되어 감옥에 갇히게 되었는데, 이때가 바로 주후 61년경이었다. 따라서 빌레몬서를 비롯한 옥중서신들은 대부분 주후 62년경에 기록되었을 것으로 추정된다. 사도 바울은 3차 전도 여행(주후 53-58)을 마친 후 예루살렘의 성도들에게 구제 헌금을 전달하기 위해 그곳에 갔다가 유대인들에게 붙잡혀 약 2년 이상의 호송 기간을 거쳐 로마의 감옥에 갇히는 신세가 되었다.

이때 바울은 로마의 감옥에서 오네시모라는 청년을 만났다. 그는 주인인 빌레몬의 재산을 훔쳐 달아난 노예였다. 바울은 큰 죄를 짓고 로마로 도망 온 오네시모에게 복음을 전해 거듭나게 하였다. 그 후 오네시모는 바울을 도와 복음 사역을 하는 하나님의 새로운 일꾼이 되었다.

당시 로마 제국에는 많은 노예들이 있었다. 로마 제국의 노예는 6천만 명 정도로, 자유 시민의 4배에 달했다고 한다. 만약 노예들이 없었더라면 로마의 번영과 찬란한 문화는 불가능했을지도 모른다고 평가한 역사학자들도 있었을 정도로 당시 노예들의 역할은 대단히 컸다. 아무런 자유도, 권리도, 보수도 없이 오직 주인을 위해 일해야 하는 수많은 노예들은 로마 경제의 주춧돌이었다고 해도 과언이 아니었다.

당시 로마 제국의 부자들은 많게는 수천 명의 노예를 거느리고 있었다. 아무리 가난한 자라 할지라도 적어도 한 명 이상의 노예를 거느리고 있었다. 그리스도인들도 예외는 아니었다. 그들 역시 노예 제도를 필수적인 것으로 알았다. 그리고 노예가 도망가다 잡히면 사형에 처해도 마땅한 것으로 알았다. 이 같은 법이 오랫동안 시행되어 온 사회 속에서 살아온 사람들에게는 지극히 당연한 사고방식이었다.

*도망친 노예 오네시모

빌레몬의 노예인 오네시모가 도망쳐 로마로 간 것은 그곳에 기독교가 말없이 뿌리를 내리기 시작하던 때였다. 그리고 골로새에서 도망쳐 로마로 간 그가 어떻게 감옥에 있는 바울을 만나 회심하였는지는 잘 알 수 없다.

오네시모는 왜 골로새에서 도망을 쳤을까? 사도 바울의 서신에 나타난 빌레몬은 믿음이 강건하고 은혜가 충만한 사람이다. 그런 주인으로부터 오네시모가 도망을 쳤다면, 필경 그것은 그 집에서 행해지고 있는 주인 빌레몬의 기독교적인 생활과 규례들이 마음에 들지 않았기 때문일 것이라고 쉽게 짐작해 볼 수 있다. 신실한 기독교인이었던 빌레몬은 자기 집에 교회를 개척하고 예배를 드렸다. 그렇다면 모든 노예들에게까지 매일 기도를 권장하고, 또 말씀을 따라 거룩한 삶을 살 것을 가르쳤을 것이다. 그런데 오네시모는 그런 주인의 기독교적인 규례와 일상생활이 마음에 들지 않았던 것이다. 더구나 오네시모는 그런 종교적 규례에 따른 빌레몬의 지시와 교훈에 큰 반감을 가지고 있었던 것이다. 어쩌면 오네시모는 철저한 유대교 신자였는지도 모른다. 아니면 종교 자체에 혐오감을 갖고 있던 사람은 아니었을까?

어쨌든 오네시모는 자기 주인 빌레몬이 기독교로 개종한 이후 행해지고 있는 모든 일상이 마음에 들지 않았다. 그리고 기독교인들이 빌레몬의 집에 모여 예배드리는 것 또한 몹시 싫었다. 더구나 함께 있던 수많은 노예들이 기독교에 귀의함으로 말미암아 오네시모는 더욱 고독한 외톨이가 되어 감을 느꼈다. 그 모든 분위기가 오네시모에게는 견디기 어려운 숨 막히는 일상으로 자신을 짓누르고 있었다. 이에 오네시모는 어느 날 탈출을 결심한다. 그는 자신을 위한 구원의 기회를 모두 내동댕이쳤다. 그리고 어느 날 밤 모두가 깊이 잠든 사이 주인 빌레몬의 돈을 훔쳐 로마로 도망간다.

*로마에서의 삶

그러면 빌레몬의 집에서 도망쳐 나온 오네시모가 어떤 삶을 살다 어떻게 바울을 만났는지 잠시 상상해 보자. 주인 빌레몬의 집에서 도망쳐 나온 오네시모는 멀리 로마로 떠나갔다. 그는 주인에게서 훔친 돈으로 로마에서 마음껏 자유를 누리며 살고 싶었다. 이왕이면 세계 제일의 도시에서 돈을 많이 벌어 부귀영화를 누리며 떵떵거리고 살고 싶었다. 당시 세계 최고의 도시 로마는 음란과 퇴폐, 그리고 타락과 방종으로 오염되어 있는 죄악의 도시였다.

로마로 도망쳐 나온 오네시모는 한동안 흥청망청거리며 세월 가는 줄 모르고 살았다. 그는 매일 주막에서 술에 잔뜩 취했고 사창가를 기웃거리며 육체의 욕망을 마음껏 발산했다. 그러나 그가 행복이라고 생각한 시간은 그리 오래 지속되지 않았다. 얼마 지나지 않아 그가 훔친 돈이 바닥났기 때문이다. 초조해진 오네시모는 막노동이라도 해보려고 했지만 선불리 일을 할 수가 없었다. 그런가 하면 동냥도 제대로 할 수 없었다. 만약 도망친 노예라는 것이 발각될 경우 로마의 원형 경기장으로 끌려가 굶주린 사자의 밥이 되거나, 또는 광장에서 공개 처형되기 십상이었기 때문이다. 굶주림에 빠진 오네시모는 그 모든 것이 여의치 않자 주택가 쓰레기통을 뒤졌다. 로마 시민들이 먹다 버린 말라비틀어진 빵 부스러기를 주워 먹기도 했다.

그런가 하면 어느 날에는 부패해 버린 소시지 한 조각을 주워 먹고 토사곽란(吐瀉癨亂)이 나 밤잠을 설치며 고생을 하기도 했다. 로마의 뒷골목 남의 집 차가운 처마 밑 한귀퉁이에서 잠을 청하다가 도둑으로 오인되어 도망친 적도 있었다. 그런가 하면 사나운 개에 물려 피투성이가 된 적도 있었다. 오네시모의 고통은 점점 극에 달했다. 그는 빌레몬의 집에서 도망 나온 것을 잠시 후회해 보기도 했다. 끝없는 절망감에 사로잡혀 로마 중심부를 흐르는 타이버 강에 뛰어내리려고 한 적도 한두 번이 아니었다.

그의 몸은 점점 야위어 갔다. 찬바람이 휘몰아치는 어느 겨울날 오네시모는 굶주림과 질병에 못 이겨 그만 길바닥에 쓰러지고 말았다. 다 떨어진 얄팍한 넝마로 겨우 몸을 가린 채 실신해 있는 오네시모에게 관심을 갖는 사람은 아무도 없었다. 먹고 살기 바쁜 로마 사람들의 눈에는 으레 겨울이면 얼어 죽거나 굶어 죽어가는 숱한 거지들 중의 한 명으로 생각되었다. 그것은 로마에서는 일상적으로 보는 일이었기 때문이다. 오네시모는 점점 혼미해져 가는 정신 속에서 골로새에서 노예로 있을 때의 일들이 주마등처럼 스쳐 지나갔다. 자신이 노예였음에도 불구하고 언제나 친절함과 다정한 심성으로 대해 주며 예수 그리스도에 관해 말해 주던 인자한 주인 빌레몬의 얼굴이 생각났다. 어떤 잘못을 저질렀을지라도 벌을 내리지 않고 언제나 사랑과 인정으로 따뜻하게 대해 준 주인이 그리웠다.

그리스도인이었던 주인과 가족들은 노예들에게조차 예수 그리스도를 믿도록 권고했지만 마음속으로 끝내 거절했던 자신의 모습을 생각했다. 그리고 그런 집에서 주인의 돈을 훔쳐 도망 나온 자신의 행위를 후회했다. 점점 흐려져 가는 의식 속에서 오네시모는 옛 주인 빌레몬이 가르쳐 준 예수 그리스도가 생각났다. 그는 순간 이 세상에서의 마지막 순간이 될지도 모른다는 절박감에 사로잡혀 기도를 드렸다. 그것은 자신이 태어나 처음으로 드려보는 자발적인 기도였다.

"주여, 나의 죄를 용서하여 주시옵소서. 나를 구원하여 주시옵소서. 내 영혼을 받아 주시옵소서."

이제 오네시모는 더 이상 배고픔이나 육신의 고통을 느끼지도 못한다. 오직 나른한 졸음만이 전신에 참을 수 없이 밀려올 뿐이다.

그리고 그 나른함은 오히려 자신의 온몸에 평강과도 같이 스며들어 오고 있었다. 오네시모는 짙은 안개 속에 빠져들어 가듯이 자신의 영육이 함께 어딘가로 깊이 빠져들어 감을 느꼈다. 그리고 그 나른함에 자신의 모든 것을 맡겨버리고 말았다.

얼마나 시간이 지났을까? 오네시모가 살며시 눈을 떴을 때, 그는 자신이 죽어 새 세상에 온 것으로 느꼈다. 그러나 슬며시 머리를 돌려보니 자신이 깨끗한 침상에 누워 있는 것이었다. 그때 인기척이 들리며 한 남자가 방 안으로 들어왔다.

"이제 깨어나셨나 봅니다!"

낯선 남자의 인자한 목소리에 오네시모는 작은 목소리로 물었다.

"여기가 어딥니까?"

남자는 대답했다.

"여기는 내 집입니다. 나는 유대 출신 기독교인인데 우리 교우들이 가난한 사람을 구제하러 함께 나갔다가 길거리에 쓰러져 있는 당신을 발견하고 이리로 데려온 것입니다. 많이 지치고 굶주린 것 같은데, 걱정하지 말고 몸이 회복될 때까지 여기서 몸조리를 하십시오."

오네시모는 자기를 구원해 준 기독교인들이 어떤 사람인지는 잘 알 수 없었지만 그들이 믿는 예수라는 분은 알았다. 주인 빌레몬의 집에 있을 때 지겹도록 많이 들었던 이름이었기 때문이다. 오네시모는 몸이 회복되고 나서 그 집에 거하며 집안일을 도왔다. 그리고 틈틈이 예수 그리스도의 복음에 관해 배우고 익혔다. 그는 비로소 자발적 기독교인이 되기 위한 준비를 착실히 해나갔다.

그러던 어느 날 그 남자와 함께 로마 감옥에 갇혀 있는 한 남자를 찾아갔다. 그곳에서 그의 설교를 들었다. 그때 오네시모는 그의 설교를 통해 큰 은혜를 받았다. 그는 바로 사도 바울이었다. 그가 전하는 말씀에 감동한 오네시모는 주인 빌레몬의 집에서 돈을 훔쳐 도망친 사실에 대해 하나님께 용서를 빌었다. 그리고 바울에게 모든 사실을 고백했다. 그리고 바울에게 이렇게 자신의 계획을 밝힌다.

"선생님, 저는 다시 골로새로 돌아가야겠습니다."

"갑자기 그곳에는 무엇 때문에 가려고 하느냐?"

바울이 부드러운 음성으로 물었다.

오네시모는 이렇게 말했다.

"주님을 알지 못했을 때는 저의 행위가 그렇게 큰 잘못인 줄 몰랐습니다. 그러나 이제 예수 그리스도를 알고 나니 저의 죄가 얼마나 중한지 알겠습니다. 저의 이런 모습이 너무나 부끄럽고 괴롭습니다. 골로새로 돌아가 제 주인님에게 용서를 빌고 죗값을 치르겠습니다."

바울은 예수 그리스도로 말미암아 회심한 오네시모의 순전한 마음을 이미 알아차렸다. 그리고 이렇게 말한다.

"오네시모야, 잘 생각했구나. 진정한 회개란 잘못한 곳으로 돌아가 그것을 다시 회복하는 것이다. 내가 네 주인 빌레몬에게 편지를 한 장 써 줄 테니 가지고 가거라."

그리고 바울은 친필로 편지를 쓴다. 평소 눈이 어두워 직접 편지를 쓰지 못하고 대필을 자주 했던 바울이었지만 빌레몬에게 보내는 편지만은 직접 작성한다. 비록 눈이 어두워 큰 글자로 써내려갔지만 그래도 직접 편지를 쓰는 일은 여간 힘든 일이 아니었다.

옆에 있던 디모데가 그 안쓰러움을 바라보며 이렇게 말한다.

"바울 선생님, 제가 대신 써드릴게요."

디모데의 말에 바울은 씽긋 한 번 눈웃음을 짓더니 이내 스스로 써내려간다. 비록 앞이 잘 보이지 않아 글씨가 비뚤어지고 크기가 뒤죽박죽이었지만 개의치 않고 그는 기쁨으로 편지를 쓴다. 이 편지에서 바울은 오네시모를 일컬어 "갇힌 자 중에서 낳은 아들", "이제는 유익한 자", "내 심복"이라고 표현했다. 이렇듯 오네시모는 바울을 만나 신실한 그리스도인이 된 것이다. 오네시모는 바울이 쓴 편지를 갖고 골로새의 빌레몬에게로 돌아간다. 이것이 바로 빌레몬서이다.

*돌아온 오네시모

도망쳤던 종 오네시모가 돌아오자 주인 빌레몬은 그동안 무던히 참고 있던 화가 다시 치밀어 올랐다. 분기가 탱천했다.

"이런 못된 놈이 있나, 네놈이 감히……."

그는 차마 말을 다 잇지 못하고 몸을 부르르 떨었다. 평소 믿음 좋고 인자한 사람이었지만 자신을 배반하고 많은 돈을 훔쳐 도망쳤던 노예 오네시모를 눈앞에서 보는 순간 빌레몬은 뱃속 깊은 곳에서부터 끓어오르는 분노를 참을 수 없었다. 오네시모는 그 자리에 꿇어 엎드려 사죄한다.

"주인님, 제가 죽을 죄를 지었습니다. 저를 용서하여 주옵소서."

오네시모는 바울의 친필 서신을 빌레몬에게 전한다. 두 손을 부들부들 떨면서 분을 참지 못한 채 겨우 편지를 받아 읽던 빌레몬의 굳은 낯빛이 서서히 누그러들기 시작한다. 편지를 다 읽은 빌레몬은 말없이 오네시모의 손을 잡아 일으킨다. 그리고 이렇게 말한다.

"오네시모야, 내가 너를 용서하노라."

오네시모의 눈에서는 뜨거운 눈물이 흐른다. 주인 빌레몬은 노예 오네시모를 힘차게 끌어안는다.

*용서와 사랑의 책

빌레몬서의 주제는 한마디로 용서와 사랑이다. 빌레몬서는 한 노예의 모습을 통해 용서의 구체적인 모본을 보여주고 있다. 앞에서도 언급했거니와 빌레몬서는 바울의 사적(私)인 편지 형태이다. 그러면서도 예수 그리스도의 용서와 사랑의 정신이 책 전반에 걸쳐 짙게 깔려 있다. 당시의 사회 법칙이나 분위기로 보아 중죄인이었던 도망친 한 노예를 위해, 그것도 감옥에서 고난 중임에도 기꺼이 그리스도의 사랑을 전하고 있는 바울의 헌신적 모습을 보여주고 있다. 그것은 바로 잃어버린 한 마리 양을 찾아 나서는 선한 목자 되신 예수 그리스도의 모습을 생각나게 한다.

이처럼 사도 바울은 한 영혼이 천하보다 귀하다는 그리스도의 말씀을 몸소 행동으로 실천하고 있는 것이다. 오네시모를 위하여 빌레몬에게 간청하는 바울의 모습 속에는 다음과 같은 아름다운 인격적 면모들이 담겨 있음을 알 수 있다.

첫째로, 사랑의 모습이다. 바울은 예수 그리스도의 사도의 권위로 빌레몬에게 명령할 수 있었음에도 불구하고 오히려 한 인간으로서 겸허히 간청하고 있다. 여기에 바울의 겸손함과 사랑이 나타나고 있다. 또한 바울은 주인의 돈을 훔쳐 달아난 노예 오네시모를 전도

하여 자기의 동역자로 삼았다.

둘째로, 겸손한 모습이다. 자신의 권위를 내세우지 않고 오직 그리스도의 마음으로 모든 것이 잘 이루어지도록 부탁하고 권면하는 겸손한 자세를 보여주고 있다. 그와 함께 오네시모로 인해 손해 본 금액을 대신 부담하겠다는 자기 희생의 모습까지 보여주고 있다.

셋째로, 복음에 대한 순수한 열정이다. 바울은 당시 로마의 감옥에 갇혀 말할 수 없는 고난을 당하고 있음에도 불구하고 자신의 걱정과 위로보다는 오히려 한 영혼의 구원에 더 큰 관심을 갖고 있는 복음의 열정을 바라본다. 위로받아야 할 자가 오히려 남을 위로하고 있는 것이다. 이것이야말로 예수 그리스도의 마음인 것이다. 바로 상처받은 치유자의 모습이다. 그러면 사도 바울이 감옥에 갇혀 있는 고난 중에도 이처럼 사랑을 실천할 수 있었던 이유는 무엇인가? 그는 바로 그리스도의 사랑에 빚진 자였기 때문이다. 그래서 바울은 갈라디아서에서 이렇게 고백하고 있는 것이다.

> **"오직 사랑으로 서로 종 노릇 하라"**(갈 5:13).

우리가 잘 알다시피 다메섹 도상에서 부활하신 예수 그리스도를 만난 바울은 이후 주님으로부터 받은 그 큰 사랑에 감격하여 죽기까지 충성하는 것이다. 도망친 노예는 죽임을 당할 수 있는 중한 죄인이었음에도 불구하고 바울은 주님 안에서 함께 동역하는 형제된 빌레몬을 신뢰했다. 그가 자신의 간곡한 부탁을 틀림없이 들어줄 것이라는 강한 믿음이 있었기 때문이다. 이처럼 사랑이란 바로 신뢰이다. 사랑은 존중이다. 그리고 사랑은 믿음이다. 사도 바울의 이 같은 강한 믿음 안에서 빌레몬이 어찌 사랑으로 답하지 않았겠는가!

그러면 빌레몬은 어떤 사람인가? 빌레몬은 바울이 에베소의 두란노 서원에서 복음을 전할 때(행 19:9-10) 구원을 받은 사람으로 추측되는데, 그는 바울이 이 서신을 쓸 당시에는 골로새 지방으로 이주해 살고 있었다. 그리고 빌레몬서에 기록되어 있는 압비아는 그의 아내, 그리고 아킵보는 그의 아들로 추정된다. 빌레몬은 그의 집에 교회를 세울 만큼 믿음이 깊고 인자한 사람으로 바울이 그를 '동역자'라고 불렀다. 그런 빌레몬을 바울은 마음속 깊이 사랑하였고, 빌레몬 또한 바울을 존경하였다. 그리고 빌레몬은 언제나 성도들을 사랑하였고, 심지어는 자기 집에 있는 종들에게조차 사랑과 은혜를 베풀며 신앙적으로 훌륭하게 키워냈던 것이다. 따라서 사도 바울은 그런 빌레몬을 신뢰하였고, 오네시모 편에 자기의 친필 서신을 보냈던 것이다.

*빌레몬서의 신학적 주제

빌레몬서는 바울의 사적인 편지임에도 불구하고 그 안에는 다음과 같은 신학적 메시지가 함축되어 있다.

첫째, 모든 사람은 예수 그리스도 안에서 한 형제, 자매라는 사상이다. 이 서신에 등장하는 바울, 빌레몬, 그리고 오네시모는 각기 다른 부류의 사람들이다. 한 사람은 그리스도의 사도요, 다른 한 사람은 소아시아의 부유한 신앙인이요, 그리고 다른 한 사람은 천한 노예이다. 더구나 그는 도망친 노예였다. 그런데도 이 서신 속에 등장하는 세 사람은 모두 예수 그리스도의 사랑이라는 한 카테고리 속에 묶여 있다.

> "너희는 유대인이나 헬라인이나 종이나 자주자나 남자나 여자 없이 다 그리스도 예수 안에서 하나이니라"(갈 3:28).

바울은 갈라디아서의 이 고백을 스스로 실천하는 것이다.

둘째, 용서와 사랑이다. 예수 그리스도께서 십자가 위에서 피 흘려 죽으시기까지 우리에게 가르치신 것은 바로 용서와 사랑이었다. 따라서 그리스도인의 모든 행위는 바로 주님의 그 사랑을 실천하는 것에서부터 나타난다. 바울은 빌레몬에게 바로 그 사랑으로 권면하는 것이다.

> "네가 나의 말보다 더 행할 줄을 아노라"(몬 1:21).

신실한 그리스도인이었던 빌레몬은 바울이 전한 그리스도의 사랑으로 오네시모를 용서하는 것이다. 바울의 편지를 읽고 감격한 빌레몬은 오네시모를 즉시 용서하고 자유인으로 선언하여 바울에게 다시 돌려보낸다. 그리고 오네시모 편에 자신의 친필 서신을 바울에게 보낸다. 그렇게 자유인이 된 오네시모를 감옥 속에서 다시 만난 바울은 반가움에 그를 부둥켜 안고 감격의 눈물을 흘린다. 오네시모는 이후 날마다 감옥으로 바울을 찾아가 예수 그리스도의 복음을 듣고 배웠다. 전에는 그토록 따분하고 싫증나던 하나님의 말씀이 꿀보다 더 달콤함을 그때서야 비로소 깨달았다.

그는 신실한 크리스천이 되어 갇혀 있는 바울 대신 로마에 복음을 전했다. 그리고 바울의 충실한 동역자가 되어 예루살렘 교회와 각처에 있는 교회들, 그리고 다른 사도들에게 바울의 말을 전했다. 또 로마의 상황과 그곳에 있는 크리스천의 상황을 소개하는가 하면, 다른 사도들의 이야기와 교회의 상황을 바울에게 전달하며 기독교의 부흥과 복음 전파에 혼신의 힘을 다하였다. 전해 오는 교회사의 이야기에 따르면, 오네시모는 후에 에베소 교회의 주교 자리에 올랐다고 한다.

우리는 모두 오네시모와 같은 사악한 자였다. 생명의 주인이신 하나님을 대적하고 죄악 세상으로 떠나갔던 무익(無益)한 종과 같은 자였다. 따라서 마땅히 죽을 수밖에 없는 죄인이었다. 그럼에도 불구하고 하나님은 독생자 예수 그리스도를 제물로 삼아 십자가에 못 박기까지 우리를 사랑하고 용서하셨다.

빌레몬서는 하나님의 넘치는 사랑과 예수 그리스도의 한없는 은혜의 이야기를 우리에게 훈훈하게 전해 주고 있다. 그 사랑과 은혜를 체험한 신실한 믿음의 사람들을 통해서 말이다.

다메섹 언덕에서 예수 그리스도의 놀라운 은혜를 체험했던 사도 바울이, 자신이 체험한 그 은혜를 빌레몬에게 전했을 때, 빌레몬 또한 똑같은 그리스도의 은혜로 받은 그 은혜에 화답하는 것이다. 빌레몬서는 용서를 베풀 때 한 사람의 삶에 어떤 변화가 일어날 수 있는가를 보여주는 아름다운 실체이다. 그렇다! 예수 그리스도의 은혜는 오직 그 은혜를 체험한 자만이 누릴 수 있다. 그리고 은혜는 오직 그 은혜를 체험한 자만이 또한 나눌 수 있다. 이것이 은혜의 신비이다. 그리고 은혜의 능력이다. 빌레몬서는 바로 용서의 책이다. 사랑의 책이다. 그리고 은혜의 책이다.

*빌레몬후서가 쓰여졌다면

오네시모가 돌아온 후 곧이어 바울은 다시 친필로 빌레몬에게 감사와 사랑의 편지를 쓴다. 이것이 빌레몬후서이다. 그 책은 아마 이렇게 쓰여졌을 것이다.

빌레몬후서

1그리스도 예수를 위하여 갇힌 바 된 바울과 및 형제 디모데는
우리의 사랑을 받는 자요 신실한 동역자인 빌레몬에게 다시 편
지하노니 2하나님 우리 아버지와 주 예수 그리스도의 은혜와
평강이 너희에게 있기를 원하노라 3네가 거룩하신 하나님의 사
랑과 그리스도의 은혜로 말미암아 오네시모를 용서하고 내게
다시 보냄을 진심으로 감사하노라 4내가 알고 들은 대로 네 믿
음이 깊고 또 우리의 교제가 그리스도 안에서 날마다 크게 역사
하심을 믿노라 5내가 너의 그 믿음과 넓은 사랑의 마음으로 많
은 기쁨과 위로를 얻었노라 6이제 네가 오네시모를 자유인으로
허락하였으니 그가 나를 도와 이후로 실로 많은 일을 이룰 것을

확신하노라 7그는 이제 나와 너의 사랑하는 동역자요 형제라
내가 그를 통하여 예수 그리스도의 복음을 땅 끝까지 전하기를
원하노라 8오직 너는 열심을 더하여 그리스도 예수께서 다시 오
시는 그날까지 수고를 아끼지 아니할 것이요 마지막 날 하나님
의 상급이 누구보다 네게 클 것임을 내가 아노라 9주께서 너를
모든 악에서 건져 주시고 기쁨과 평강을 더하시리니 너와 네 집
과 네 집에 있는 교회에 영광이 세세무궁토록 있을지어다 10나
바울은 친필로 문안하노니 우리 주 예수 그리스도의 은혜와 평
강이 영원히 있을지어다. 아멘.

책을 닫으며

이제 우리는 방금 '성경 속 여백 여행'을 끝냈다. 필자(筆者)와 함께 이 여행에 동참해준 여러분에게 깊이 감사드린다. 이 여행은 참으로 멀고 긴 여정이었다. 우리는 이 여행을 통해 많은 믿음의 선진들을 만났다. 그리고 그들을 통해, 성경 속에서 미처 다하지 못한 주옥 같은 뒷이야기를 들었다. 그 많은 이야기들, 그것은 때론 기쁘고 때론 가슴 벅찬 이야기였는가 하면, 때론 슬프고 마음 아픈 이야기도 있었다. 그런가 하면 견딜 수 없는 고통과 절규의 소리도 들었다.

그러나 그들이 들려준 그 이야기들은 한 번 듣고 가볍게 넘길 우스갯소리도 아니고, 또 쉽게 망각해도 될 단순한 과거의 역사 이야기도 아니다. 그들이 전해 준 이야기는 우리의 삶과 신앙의 바른 길을 인도해 줄 영원토록 꺼지지 않는 진리의 찬란한 빛이었다.

'성경 속 여백 여행'은 비록 여기서 끝났지만, 그럼에도 우리의 신앙 여정은 아직 끝나지 않았다. 그리고 이제 우리는 다시 새로운 여행을 떠나지 않으면 안 된다. 그것은 미래에의 여행이다. 그것은 우리 삶의 여정인 동시에 신앙의 여정이다. 그것은 바로 영국의 존 번연(John Bunyan)이 걸었던 천로역정(天路歷程)의 길이다.

'성경 속 여백 여행'에서 만나 많은 사람들과 나누었던 숱한 이야기들은 이제부터 다시 시작되는 우리의 천로역정의 여정에 큰 도움이 될 줄 믿는다. 이제 우리 모두 '성경 속 여백 여행'을 통해 얻은 작은

진리의 등불을 들고 함께 그 길을 걷는다면, 어떤 고난이 다가올지라도 결코 넘어지거나 두려워하지 않고 천성을 향한 우리의 믿음의 발걸음을 계속할 수 있을 것으로 믿는다.

이것이 '성경 속 여백 여행'에서 만난 수많은 믿음의 선진들이 오늘 그 뒤를 따르기 원하는 우리 후진들에게 전해 주려는 진정한 마음이 기도 하다.

또한 이것이 '성경 속 여백 여행'이 바라는 바이다.

여러분의 신앙 여정에 축복이 있기를 기도하며

이종구 목사

성경 속 여백 여행_사랑, 은혜 그리고 믿음

1판 1쇄 인쇄 _ 2015년 12월 24일
1판 1쇄 발행 _ 2015년 12월 30일

지은이 _ 이종구
펴낸이 _ 이형규
펴낸곳 _ 쿰란출판사

주소 _ 서울특별시 종로구 이화장길 6
편집부 _ 745-1007, 745-1301~2, 747-1212, 743-1300
영업부 _ 747-1004, FAX 745-8490
본사평생전화번호 _ 0502-756-1004
홈페이지 _ http://www.qumran.co.kr
E-mail _ qrbooks@gmail.com / qrbooks@daum.net
한글인터넷주소 _ 쿰란, 쿰란출판사
등록 _ 제1-670호(1988.2.27)
책임교열 _ 박신영·송은주

 ISBN 978-89-6562-826-2 03230

책값은 뒤표지에 있습니다.